Harvard Business Review

Manual de Empresas Familiares

Série de Manuais da Harvard Business Review

Os manuais da HBR fornecem a profissionais ambiciosos as estruturas, os conselhos e as ferramentas necessárias para que tenham êxito em suas carreiras. Com orientações detalhadas, recomendações de práticas aprimoradas ao longo do tempo, histórias reais e explicações concisas de pesquisas publicadas na *Harvard Business Review*, os volumes são completos e ajudam você a se destacar no seu grupo — independentemente da sua função.

Os livros desta série incluem:

Harvard Business Review Entrepreneur's Handbook

Harvard Business Review Manual de Empresas Familiares

Harvard Business Review Leader's Handbook

Harvard Business Review Manager's Handbook

Harvard Business Review

Manual de Empresas Familiares

Como Construir e Manter uma Empresa Bem-sucedida e Duradoura

JOSH BARON | ROB LACHENAUER

ALTA BOOKS
GRUPO EDITORIAL
Rio de Janeiro, 2023

Harvard Business Review – Manual de Empresas Familiares

Copyright © 2023 STARLIN ALTA EDITORA E CONSULTORIA LTDA.

Alta Books é uma empresa do Grupo Editorial Alta Books (Starlin Alta Editora e Consultoria LTDA).

Copyright © 2021 BanyanGlobal Family Business Advisors.

ISBN: 978-85-508-2093-4

Translated from original Harvard Business Review – Family Business Handbook. Copyright © 2021 by BanyanGlobal Family Business Advisors. ISBN 9781633699052. This translation is published and sold by Simon & Schuster, the owner of all rights to publish and sell the same. PORTUGUESE language edition published by Starlin Alta Editora e Consultoria Ltda, Copyright © 2023 by STARLIN ALTA EDITORA E CONSULTORIA LTDA.

Impresso no Brasil — 1ª Edição, 2023 — Edição revisada conforme o Acordo Ortográfico da Língua Portuguesa de 2009.

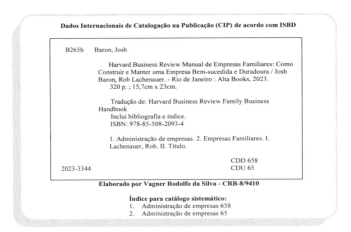

Dados Internacionais de Catalogação na Publicação (CIP) de acordo com ISBD

B265h   Baron, Josh
       Harvard Business Review Manual de Empresas Familiares: Como Construir e Manter uma Empresa Bem-sucedida e Duradoura / Josh Baron, Rob Lachenauer. - Rio de Janeiro : Alta Books, 2023.
       320 p. ; 15,7cm x 23cm.

       Tradução de: Harvard Business Review Family Business Handbook
       Inclui bibliografia e índice.
       ISBN: 978-85-508-2093-4

       1. Administração de empresas. 2. Empresas Familiares. I. Lachenauer, Rob. II. Título.

2023-3344   CDD 658
                     CDU 65

Elaborado por Vagner Rodolfo da Silva - CRB-8/9410

Índice para catálogo sistemático:
1. Administração de empresas 658
2. Administração de empresas 65

Todos os direitos estão reservados e protegidos por Lei. Nenhuma parte deste livro, sem autorização prévia por escrito da editora, poderá ser reproduzida ou transmitida. A violação dos Direitos Autorais é crime estabelecido na Lei nº 9.610/98 e com punição de acordo com o artigo 184 do Código Penal.

O conteúdo desta obra fora formulado exclusivamente pelo(s) autor(es).

Marcas Registradas: Todos os termos mencionados e reconhecidos como Marca Registrada e/ou Comercial são de responsabilidade de seus proprietários. A editora informa não estar associada a nenhum produto e/ou fornecedor apresentado no livro.

Material de apoio e erratas: Se parte integrante da obra e/ou por real necessidade, no site da editora o leitor encontrará os materiais de apoio (download), errata e/ou quaisquer outros conteúdos aplicáveis à obra. Acesse o site www.altabooks.com.br e procure pelo título do livro desejado para ter acesso ao conteúdo..

Suporte Técnico: A obra é comercializada na forma em que está, sem direito a suporte técnico ou orientação pessoal/exclusiva ao leitor.

A editora não se responsabiliza pela manutenção, atualização e idioma dos sites, programas, materiais complementares ou similares referidos pelos autores nesta obra.

Produção Editorial: Grupo Editorial Alta Books	**Produtor Editorial:** Thales Silva
Diretor Editorial: Anderson Vieira	**Tradução:** Ellen Andrade
Vendas Governamentais: Cristiane Mutüs	**Copidesque:** Isabella Veras
Gerência Comercial: Claudio Lima	**Revisão:** Helen Suzuki; Denise Himpel
Gerência Marketing: Andréa Guatiello	**Diagramação:** Joyce Matos
	Revisão Técnica: BanyanGlobal Brasil

Rua Viúva Cláudio, 291 – Bairro Industrial do Jacaré
CEP: 20.970-031 – Rio de Janeiro (RJ)
Tels.: (21) 3278-8069 / 3278-8419
www.altabooks.com.br — altabooks@altabooks.com.br
Ouvidoria: ouvidoria@altabooks.com.br

Editora afiliada à:

Agradecimentos

Ao longo deste livro, celebramos o poder e a alegria de trabalhar juntos em busca de objetivos comuns. Descobrimos que nosso processo de escrita conjunta refletiu essa crença. Compartilhamos nossas experiências e instigamos as ideias um do outro, criando um livro muito mais forte no processo.

Embora o livro liste apenas dois autores, a obra reflete as contribuições de muitas pessoas importantes para nós. Primeiro, agradecemos aos nossos clientes, que não podemos nomear, mas podemos afirmar que foi um enorme privilégio trabalhar e aprender com eles. Segundo, agradecemos à nossa equipe da Banyan pelos comentários que nos ensinaram tanto e pelo apoio durante o processo — Natalia Amaya, Lauren Ayres, Vlad Barbieri, Devin Bird, Fernanda Brasil, Sam Bruehl, Carlos Costa, Rob Davies, Nick Di Loreto, Natasha Falke, Henry Foley, Ben Francois, Lisa Frelinghuysen, Marcos Herszkowicz, Sharon McDermott, Seth McLaughlin, Marcella Mendonca, Philip Moore, Kelly Nealon, Meredith Nealon, Aline Porto, Sarah Reichert, Ana Resende, Laureen Robinson, Omar Romman, JoEllen Ross, George Stalk, Bruce Stevens, Hilla Talati, Leigh Terhaar e Judy Lin Walsh. Não podemos imaginar uma equipe de profissionais melhor. Esperamos não ter feito besteira.

Embora todos na Banyan tenham contribuído de alguma forma, queremos destacar nossos parceiros Marion McCollom Hampton e Steve Salley, que se "voluntariaram" para fazer a revisão técnica e generosamente ofereceram seus profundos conhecimentos. Nossa colega Megan Hayes nos

Agradecimentos

ajudou incansavelmente a nos manter organizados e no caminho certo, e Alison Hiler passou horas editando meticulosamente o manuscrito. Nossa editora da Banyan, Karen Dillon, guiou-nos sábia, graciosa e incansavelmente para entregar o melhor dos nossos pensamentos e escrita. Nossa campeã na *Harvard Business Review*, Susan Francis, foi uma verdadeira parceira do início ao fim. Patricia Boyd e Jen Waring tornaram o livro muito melhor com seus olhares afiados e seu toque de especialistas.

Os melhores profissionais de empresas familiares nos forneceram sua sabedoria e experiência de inúmeras maneiras, incluindo David Ager, Rodrigo Amantea, Ari Axelrod, Jorge Becerra, Gifford Booth, Brad Bulkley, Barney Corning, Jim Coutre, Diane Coutu, Sebastian Ehrensberger, Ken Foraste, Kathryn George, Jim Grubman, Ute Hagehulsmann, Fredda Herz Brown, Dennis Jaffe, Ellen Libby, Heinrich Liechtenstein, Luiz Lima, Doug Macauley, Kathryn McCarthy, Dave McCabe, Arden O'Connor, San Orr, Laird Pendleton, Jennifer Pendergast, Thiago Penido, Ben Persofsky, Michael Preston, Andrew Tanner, Daniel Van Der Vliet e Dave Whorton. Agradecemos, também, aos nossos revisores anônimos pelos comentários pertinentes.

Josh: Agradeço aos meus pais, Pam, Sol, Sara e Art, por uma vida repleta de amor e apoio; a Kathryn, Melissa, Elisa e Mark, meus quatro irmãos extraordinários; a meus alunos da Columbia Business School, especialmente os da disciplina Gestão de Negócios Familiares nos semestres de primavera e verão de 2020, por terem servido de cobaias para o rascunho deste livro; a minha esposa Beth, por tornar tudo possível e a vida, maravilhosa; e a nossos gêmeos Eloise e Charlie, que são a luz de nossas vidas e nossa maior fonte de alegria.

Rob: Agradeço a meu pai e minha mãe, Gus e Ruth Ann, e a meus sogros, Eugene e Patricia, que nos deram lições valiosas sobre como criar uma família forte e amorosa; a meu irmão e minha irmã, Bruce e Kathy, que também são meus melhores amigos; a minhas três filhas, Anna, Elena e Sophia, que trazem tanta alegria; e, acima de tudo, a minha esposa, Catherine, pela paciência, sabedoria e amor.

Sobre os Autores

DR. JOSH BARON é cofundador e sócio da BanyanGlobal. Por mais de uma década, trabalhou de perto com famílias que compartilham ativos, como empresas operacionais, fundações familiares e *family offices*. Ele as ajuda a definir seus propósitos como acionistas e estabelecer as estruturas, estratégias e habilidades necessárias para atingir seus objetivos. Antes da Banyan, trabalhou na Bain & Company e no Bridgespan Group. Baron ministra cursos de empresas familiares nos programas de MBA, MBA Executivo e Educação Executiva da Escola de Negócios de Columbia. Ele publica e fala com frequência sobre empresas familiares e é um colaborador regular da *Harvard Business Review*, tendo escrito textos como "Why the 21st Century Will Belong to Family Businesses", "Why Family Businesses Need to Find the Right Level of Conflict" e "Every Business Owner Should Define What Success Looks Like". Formado pela Universidade da Pensilvânia, pela Universidade de Cambridge e pela Universidade de Columbia, ele também é autor do livro *Great Power Peace and American Primacy: The Origins and Future of a New International Order*.

ROB LACHENAUER, cofundador, sócio e CEO da BanyanGlobal, já atuou como consultor, líder empresarial e escritor ao longo de sua carreira. Como consultor, foi sócio do Boston Consulting Group (BCG), onde ajudou empresas familiares e outros negócios a definirem e implementarem estratégias de crescimento. Enquanto estava no BCG, ele escreveu com George Stalk o livro *Hardball: Jogando Para Valer*. Publicado pela Harvard Business School

Sobre os Autores

Press em 2004, *Hardball* foi posteriormente traduzido para dez idiomas. Como CEO fundador da Banyan, Lachenauer trabalhou em estreita colaboração com dezenas de empresas familiares em todo o mundo, ajudando seus acionistas a tomar as decisões que enfrentam como tal e, ao mesmo tempo, a fortalecer as relações familiares. É especialista em liderança e governança para empresas familiares, formado pela Harvard Business School e pela Universidade Cornell. Lachenauer também faz contribuições frequentes para a *Harvard Business Review*, como os textos "Making Better Decisions in Your Family Business", "What Happens When You Lose Your Mentor" e "Why I Hired an Executive with a Mental Illness".

Sumário

Prefácio	*xiii*
Entendendo Sua Empresa Familiar	*1*
O que você aprenderá no *Manual de Empresas Familiares da HBR*	4

PARTE UM
Decodificando a Empresa Familiar

Decifre Sua Empresa Familiar	**9**
O impacto dos indivíduos	10
Relações tudo ou nada	13
Dinâmica de sistemas	17
Resumindo	23
O Poder da Propriedade Familiar	**25**
A pirâmide oculta	26
O poder de destruir	28
O poder de perdurar	33
Os cinco direitos dos acionistas familiares	35
Resumindo	39

ix

Sumário

PARTE DOIS

Os Cinco Direitos dos Acionistas Familiares

Desenhar: Escolha Seu Tipo de Propriedade Familiar	**43**
Qual tipo de propriedade familiar você quer?	45
Entendendo as implicações atuais e futuras do seu tipo de propriedade	54
Mudando seu tipo de propriedade familiar	56
Resumindo	58
Decidir: Estruture a Governança para Tomar Grandes Decisões Conjuntas	**59**
O modelo das Quatro Salas	61
Estruturas: monte suas Quatro Salas	64
Processos: integração entre as salas	74
Renove a governança	80
Resumindo	81
Valorizar: Crie uma Estratégia de Acionista para Definir Seu Sucesso	**83**
O direito de definir valor: crescimento, liquidez e controle	85
Definindo o propósito de uma família empresária	88
Definindo metas dos acionistas	91
Criando limites para os acionistas	95
Desenvolvendo sua declaração de Estratégia de Acionistas	98
Resumindo	103
Informar: Use Comunicação Efetiva para Construir Relações de Confiança	**105**
Construindo confiança	107
O equilíbrio entre transparência e privacidade	108
Esboçando seu plano de comunicação	115
Resumindo	124
Transferir: Planeje a Transição para a Próxima Geração	**125**
O direito de transferir: 2G ou não 2G?	126
Os elementos essenciais de um plano de continuidade bem-sucedido	129
Como colocar em ação o plano de continuidade	149
Resumindo	151

PARTE TRÊS

Desafios que Você Enfrentará

A Família Empresária: Quatro Rupturas que Você Enfrentará e Como Lidar com Elas	155
Morte na família	156
Novos membros na família empresária	160
Desigualdade	164
Distúrbios comportamentais	166
Como se estabilizar após uma ruptura	170
Resumindo	173
Trabalhar em uma Empresa Familiar	175
Decidindo trabalhar na sua empresa familiar	176
Entrando na empresa como um parente por afinidade	179
Preparando-se para uma vida sob vigilância total	183
Prosperando como um externo na empresa familiar	185
Resumindo	190
Política de Emprego Familiar	191
Decida como atrair os talentos da sua família	194
Crie regras para a entrada de funcionários familiares	195
Estruture as carreiras dos funcionários familiares	197
Planeje feedbacks e desenvolvimento para funcionários familiares	199
Remunere os funcionários familiares	202
Prepare um plano de saída para os funcionários familiares	204
Elabore sua política de emprego familiar	205
Resumindo	210
Como Ser Responsável ao Administrar o Patrimônio da Sua Empresa Familiar	211
Proteja a galinha dos ovos de ouro	212
Construa um portfólio que dure gerações	215
Prepare a família para administrar a riqueza com responsabilidade	219
Resumindo	226

Sumário

Conflito na Empresa Familiar	**227**
Encontrando a zona habitável do conflito	229
Passando da falsa harmonia ao conflito construtivo	231
A espiral de conflitos: dos interesses divergentes às guerras familiares	234
Fugindo de uma rixa familiar	239
Evitando a espiral de conflitos	243
Resumindo	245
O *Family Office* em uma Empresa Familiar	**247**
As funções de um *family office*	249
Como saber se você precisa de um *family office*	252
Tipos de *family office*	256
Construindo seu *family office*	258
Decidindo quando fechar seu *family office*	261
Resumindo	262
Os Perigos de Perder o que Você Construiu	**263**
Reconhecendo os alertas de que você pode estar perdendo o controle	264
Mantendo os valores familiares	267
Respondendo a uma crise econômica	272
Resumindo	278
Uma Boa Jornada, Juntos	*279*
Notas	*283*
Leitura Adicional	*289*
Índice	*295*

Prefácio

A importância das empresas familiares no Brasil não pode ser diminuída. Especificamente, em nosso país, segundo dados do Sebrae e do IBGE (2018), as empresas familiares geram 65% do Produto Interno Bruto (PIB) brasileiro; empregam 75% da força de trabalho; representam 90% dos empreendimentos no Brasil. Ou seja, pode-se dizer que os negócios familiares são "a" força motriz da economia brasileira. Empresas familiares são aquelas cujos acionistas ou grupo controlador são pessoas da mesma família (ou algumas famílias).

Mas isto é só parte da história. Em nossa experiência trabalhando com famílias empresárias ao redor do mundo, há algo especial sobre os negócios familiares no Brasil. Vimos famílias empresárias brasileiras que apresentam sua melhor forma de contribuição à sociedade — criando empregos, desempenhando um papel relevante em suas comunidades, provendo oportunidades para membros da família e não membros crescerem, mantendo coerência com o duramente construído legado da família. De acordo com um estudo publicado em 2023, as 500 maiores empresas familiares do mundo estão crescendo quase o dobro da taxa das economias avançadas e cerca de 1,5 vezes mais que a taxa de crescimento de mercados em desenvolvimento.

Mas isto não significa que estar em um negócio familiar é sempre fácil. Ser parte de uma família empresária vem com uma complexidade que outras formas de negócio não precisam navegar. E para muitas famílias, cada nova geração se preocupa em não estragar o duramente construído legado

Prefácio

da geração anterior. As recompensas do negócio familiar podem ser enormes, mas também as pressões.

Para endereçar estes desafios dos negócios familiares e compartilhar a experiência adquirida por eles e nossos colegas da BanyanGlobal, **Josh Baron** e **Rob Lachenauer**, se dedicaram à escrita do livro, "**Harvard Business Review - Manual de Empresas Familiares**", um detalhado manual para quem quer sobreviver como empreendedor e fazer seu negócio perdurar por gerações.

Como explorado por Baron e Lachenauer neste livro, para que as empresas familiares se tornem mais prósperas e longevas é crítico que construam um alinhamento forte dos acionistas ao redor de cinco direitos fundamentais que estes acionistas detêm e que devem exercer:

1. **Desenhar:** determinar que tipo de grupo familiar se vai ter, ou seja, qual é a "arquitetura" do portfólio de negócios;

2. **Decidir:** definir com clareza como as decisões serão tomadas, isto é, o dono decide como vai decidir e quem vai decidir o quê;

3. **Valorizar:** possuir uma visão conjunta da estratégia de acionistas e dos objetivos financeiros e não financeiros que buscam com o negócio;

4. **Informar:** desenhar como vão se comunicar, sobre o que e com quem, incluindo gerenciamento de conflito, com a ciência da importância da comunicação na construção da confiança;

5. **Transferir:** estabelecer como transferir a propriedade, a responsabilidade executiva e o conhecimento e experiência, trabalhando num processo sucessório onde a passagem do bastão é um processo e não um ponto no tempo.

No livro, Baron e Lachenauer oferecem orientações e conselhos práticos para quem, de alguma forma, está envolvido neste tipo de negócio e busca construir, crescer e sustentar suas empresas por anos e gerações futuras. Os dois apresentam métodos comprovados e abordagens para a comunicação eficaz, gerenciando conflitos, construindo estruturas de governança corretas e muito mais. São abordados temas como:

Prefácio

- Novas perspectivas sobre fatores fundamentais para a longevidade da empresa familiar;

- Como a família pode tomar boas decisões unida;

- Um passo a passo para orientar o gerenciamento da sucessão em um negócio familiar;

- Perguntas-chave sobre riqueza e patrimônio que os donos de empresas familiares não podem ignorar;

- Avaliações que ajudam empresas familiares a determinar onde estão e onde querem chegar;

- Histórias verídicas de empresas familiares de diferentes portes e segmentos.

Temos no Brasil bons exemplos de empresas que, sendo familiares, se adaptaram aos novos tempos, promoveram transformações importantes, assumiram os valores de compromisso com o meio ambiente e de diversidade. Adicionalmente estas empresas familiares alinharam seus acionistas em relação aos cinco direitos e adotaram gestão séria e competente.

Pensar sobre negócios familiares através da lente da propriedade pode ser transformativo. Vimos em primeira mão a força destas ideias, no Brasil. Por exemplo, acompanhamos a transformação de um grande grupo empresarial familiar quando criamos uma Sala de Acionistas, onde membros de mais de uma geração estavam representados, e com eles trabalhamos proativamente cada um dos cinco direitos dos acionistas. Isso levou à construção de um novo portfólio de negócios e ao desenvolvimento de um modelo de governança e engajamento mais adequado para as futuras gerações. Outra bem reconhecida família brasileira que conhecemos foi capaz de preparar sua empresa familiar para a sucessão, utilizando o conceito de que esse processo deve envolver não somente a transferência de ativos, mas também de liderança e competências. Ao refletir e tomar medidas específicas sobre cada um destes aspectos, a família empresária pode organizar uma transição estruturada e planejada, incluindo a passagem de bastão do CEO familiar para um membro da próxima geração. E acreditamos que as ideias fundamentais deste livro podem auxiliar negócios familiares de todos os tamanhos e gerações.

Prefácio

Não temos dúvida de que o Brasil continuará contando com empresas familiares para crescer e que o conteúdo aqui apresentado é útil para qualquer família empresária que queira ver seus negócios e sua família prosperarem e durarem por gerações.

Aline Porto,
Ana Resende e
Fernanda Brasil

Introdução

Entendendo Sua Empresa Familiar

Você é o líder de uma empresa familiar multigeracional e deseja manter o crescimento e a prosperidade da empresa e da família?

Você é o fundador de uma empresa de sucesso tentando decidir se deve passar o negócio para seus filhos?

Você é membro da geração mais jovem de uma empresa familiar, ansioso para contribuir, mas não sabe ao certo como fazê-lo?

Você está tentando dar conta da dupla função de acionista e funcionário na empresa da sua família?

Você é um dos acionistas de uma empresa familiar que não desempenha papel ativo nas operações diárias, mas está comprometido com o sucesso da empresa em longo prazo?

Você é cônjuge de um acionista de uma empresa familiar que se preocupa em sustentar tanto seu parceiro quanto seus filhos, mas não entende totalmente os limites da sua função?[1]

Entendendo Sua Empresa Familiar

Você é um acionista, membro do conselho ou consultor não familiar de uma empresa familiar que respeita profundamente, mas não sabe como ajudar?

Você é um acionista externo de uma empresa familiar tentando descobrir se tem chance de prosperar nesse ambiente?

Você faz parte de uma empresa que, tecnicamente, não é familiar, mas opera como se fosse, talvez por ter participação acionária dos funcionários ou ser uma sociedade?

Se você se enquadra em qualquer uma das categorias acima — seja sua empresa familiar um conglomerado internacional ou uma pizzaria local —, este manual é para você.

Família e negócios são duas das forças mais poderosas do mundo. As famílias nos fornecem nossa essência por meio dos genes e boa parte da criação que recebemos. Os negócios empregam nossos recursos mais valiosos — nosso pessoal, tempo e capital. Quando combinados, família e negócios amplificam seu impacto e complexidade. Se está lendo este livro, você vive e trabalha nessa relação intensa e tem insights e experiências que pessoas de fora raramente entendem.

As estruturas e práticas que serão apresentadas são baseadas em décadas de experiência que adquirimos trabalhando com empresas familiares em ampla variedade de tamanhos, indústrias e localizações geográficas. Compartilharemos as histórias de algumas dessas famílias ao longo da obra, mas, por necessidade, modificaremos detalhes que possam identificá-las. As táticas deste livro funcionaram para centenas de famílias empresárias, e esperamos que, de algum jeito, elas também possam auxiliá-lo. Você precisará avaliar se nossas recomendações caberão a sua família, às circunstâncias e ao período de tempo específicos da sua situação — e se haverá necessidade de adaptá-las. São muito poucas as práticas recomendadas que todas as empresas familiares deveriam adotar; vamos alertá-lo quando houver exceções.

Temos enorme respeito por empresas familiares. Como consultores do ramo, compartilhamos a paixão de ajudar as pessoas que precisam tomar decisões conjuntas importantes em meio às diversas camadas da empresa. Ambos começamos nossas carreiras como consultores de estratégia, Rob, no Boston Consulting Group (BCG), e Josh, na Bain & Company. Rob tem experiência prática em liderança por ser o CEO de três empresas, enquanto Josh traz a perspectiva acadêmica por lecionar no MBA e na educação executiva na Escola de Negócios de Columbia. Passamos mais de uma década aconselhando empresas familiares em todo o mundo enquanto navegavam por estes mares turbulentos. Sempre aprendemos algo importante com as famílias com as quais trabalhamos e admiramos profundamente o que elas construíram e preservaram.

Por meio do nosso trabalho, também aprendemos que as empresas familiares podem representar tanto as melhores quanto as piores formas do capitalismo. No melhor cenário, elas investem, em longo prazo, em sua comunidade e no trabalho e crescimento conjuntos. No pior, como costumam ser retratadas na mídia, as empresas familiares são atormentadas por conflitos terríveis, destruindo patrimônio, dezenas de empregos e as relações familiares no processo.

Afinal, o que separa o melhor do pior? As empresas familiares mais bem-sucedidas têm três características em comum:

1. **Curiosidade:** empresas familiares de sucesso são lideradas por eternos aprendizes. Esses líderes fazem ótimas perguntas em vez de presumir que já sabem todas as respostas. Estão sempre explorando o que os outros estão fazendo e buscando novas ideias.

2. **Trabalho em equipe:** empresas familiares eficazes sabem que manter o bom funcionamento dos negócios exige um esforço constante. Elas identificam problemas emergentes, não têm medo de conversar sobre assuntos complicados, fazem escolhas difíceis — e reconhecem a importância de fazer tudo isso juntos.

3. **Adaptabilidade:** elas abraçam os desafios que surgem e estão dispostas a mudar para enfrentá-los. Reconhecem que, só porque algo funcionou excepcionalmente até o momento, nada garante que continuará funcionando.

Entendendo Sua Empresa Familiar

O que você aprenderá no *Manual de Empresas Familiares da HBR*

Estruturamos este manual de modo a abordar cada uma dessas três características. Na Parte 1, compartilhamos os principais insights para ajudá-lo a superar a complexidade inerente de uma empresa familiar e mostramos como usar sua influência para sustentar seu negócio. Você aprenderá dois aspectos gerais do trabalho em uma empresa familiar:

- Como decifrá-la, entendendo a influência de indivíduos-chave, relacionamentos multidimensionais e dinâmica de sistemas.

- Por que ser um acionista traz consigo o poder de destruir sua empresa ou posicioná-la para prosperar por gerações.

Na Parte 2, explicamos as tarefas básicas que precisam ser feitas em qualquer empresa familiar para que ela continue seu legado duradouro. Você aprenderá a realizar as seguintes etapas:

- Identificar seu tipo de empresa familiar e determinar se ela precisa mudar para prosperar.

- Construir as estruturas e processos de governança necessários para tomar boas decisões.

- Desenvolver uma Estratégia de Acionista que defina o sucesso da sua empresa.

- Criar uma abordagem de comunicação que o ajude a promover os relacionamentos de confiança dos quais sua empresa depende para prosperar.

- Estabelecer um plano de transição para a sua empresa a fim de preparar a próxima geração para o sucesso, não para o conflito.

Na Parte 3, você aprenderá os principais desafios que poderá enfrentar em sua empresa familiar. Descrevemos maneiras de lidar com eles, incluindo como atingir as seguintes metas:

Entendendo Sua Empresa Familiar

- Preparar-se para as inevitáveis rupturas em sua família empresarial.
- Ter sucesso no trabalho na sua empresa familiar.
- Definir uma política de emprego para a família.
- Gerenciar o patrimônio da sua família com responsabilidade.
- Ajustar o nível de conflito corretamente.
- Construir um *family office*.
- Minimizar o risco de perder o que construiu.

Você pode se sentir tentado a pular para o capítulo que fale sobre seu desafio atual, e com certeza pode fazer isso. Porém esperamos que leia este livro de ponta a ponta. Para entender a sua empresa familiar como um todo, precisa considerar todas as suas partes, bem como sua conexão inextricável. Ao final do livro, a seção "Leitura Adicional" também fornece pontos de partida caso queira se aprofundar. Este manual será muito útil para você desencadear novos insights e conversas colaborativas entre as partes interessadas na sua empresa familiar. Uma empresa familiar — e também uma família empresária — saudável pode ser alcançada, por gerações futuras, se todos estiverem dispostos a trabalhar coletivamente.

Seu papel na empresa familiar exigirá muito de você — intelecto, inteligência emocional e até mesmo coragem. Se bem-feitos, seus relacionamentos familiares se tornarão mais profundos e gratificantes, sua empresa prosperará, e sua comunidade se beneficiará.

Este livro o ajudará a explorar a empresa familiar que você já conhece e ama, mas talvez nem sempre entenda. Esperamos que esse conhecimento produza mais empatia pelos outros em sua empresa, pessoas que também enfrentam situações e decisões complexas, e o ajude a identificar as situações em que você pode ter uma influência positiva. Se achar este manual útil, pode mantê-lo por perto, compartilhá-lo com outras pessoas da família e consultá-lo de vez em quando, conforme novos desafios surgirem. Desejamos-lhe uma boa jornada.

PARTE UM

Decodificando a Empresa Familiar

1.

Decifre Sua Empresa Familiar

Quem cortou as roseiras da mamãe? Roseiras! Essa briga quase fez uma empresa familiar bem-sucedida de 2ª geração descarrilar. Tínhamos agendado uma reunião com os acionistas para discutir se deveríamos manter o CEO não familiar, de baixo desempenho. Em vez disso, eles passaram o tempo quase todo discutindo se um dos irmãos tinha o direito de "podar" ou "matar" (dependendo da versão em que você acreditasse) as valiosas roseiras da mãe na casa de campo da família. Apesar dos nossos esforços para mudar de assunto, eles não conseguiram deixar o incidente de lado. A reunião terminou em um impasse, o grupo foi incapaz de tomar qualquer decisão em conjunto.

É difícil imaginar o conselho de uma empresa de capital aberto paralisado por causa de paisagismo. Quem está de fora costuma ficar confuso sobre as empresas familiares, pois parecem desafiar as regras convencionais dos negócios. Isso acontece porque elas são diferentes. Se você faz parte de

Harvard Business Review – Manual de Empresas Familiares

tal negócio ou trabalha para um, essa singularidade não será surpresa, mas não quer dizer que sempre entenda como e por que a empresa opera desta maneira. Você só sabe que os princípios convencionais dos negócios nem sempre se aplicarão. Afinal, quais são as regras?

Temos boas notícias. Empresas familiares podem ser entendidas se você parar de examiná-las como empresas convencionais e, em vez disso, usar estes três níveis de análise:

- Os indivíduos, especialmente os acionistas, têm um enorme impacto.
- As relações são multidimensionais e interligadas.
- A dinâmica de sistemas molda o comportamento de todos de maneiras que você talvez não perceba.

Neste capítulo, vamos ajudá-lo a identificar e entender a influência de indivíduos críticos em sua empresa familiar, a decifrar e mapear relacionamentos-chave e a reconhecer a, muitas vezes invisível, mas presente, dinâmica de sistemas que moldará seu futuro.

O impacto dos indivíduos

Muito se fala dos "poderosos CEOs" de empresas de capital aberto, mas esses executivos não chegam nem perto da influência de um líder de empresa familiar dotado do poder da propriedade. Os acionistas, que são relativamente poucos (a maioria das empresas familiares pertence a bem menos de cem pessoas), têm autoridade máxima sobre todas as decisões. Podem demitir o CEO, adicionar ou remover membros do conselho, mudar a estratégia, vender a empresa, decidir quem pode ser acionista e até cortar as roseiras, para citar alguns exemplos. A propriedade familiar mantém o poder nas mãos de poucos indivíduos, cujas identidades e vontades terão um impacto profundo na empresa familiar. E é claro que este impacto variará de empresa para empresa e de família para família.

Há uma empresa de entretenimento dos Estados Unidos que já pertence discretamente a uma só família há gerações e conseguiu crescer e

Decifre Sua Empresa Familiar

prosperar com apenas uma marca global, uma raridade no inconstante mundo do entretenimento voltado para o consumidor e dominado por conglomerados multimarcas, como a Disney. Mesmo o CEO familiar tendo inúmeras oportunidades, ao longo dos anos, de comprar concorrentes e diversificar seu portfólio, manteve-se firme em suas ideias. Ele — vamos chamá-lo de Frederick — sabe o que quer: possuir e administrar apenas uma empresa. Frederick é um homem de rotina. Sua agenda é planejada com um ano de antecedência, seu almoço é servido sempre às 12h45, e ele sai do escritório a tempo de ver a família e ler livros. "Possuir muitas marcas seria um pé no saco", ele nos contou. "Alguém precisaria administrar os negócios. E esse alguém seria eu", continuou. Ele não é fã de surpresas, então estrutura sua vida e seu negócio de forma previsível. Gosta de aperfeiçoar sua empresa familiar incremental, prudente e meticulosamente. E, enquanto estiver no comando, essa estratégia nunca mudará. Frederick não mudaria nada em seu modo de dirigir a empresa. Sua abordagem é parte fundamental de sua identidade.

Em contrapartida, há uma empresa familiar europeia que tem um CEO que chamaremos de Ian. Durante seu reinado de 30 anos como diretor--executivo, a sua empresa adquiriu mais de 25 negócios em diversas indústrias, como peças automotivas, seguros, tecnologia da informação e fabricação de móveis. Não importava a indústria, Ian a comprava na baixa, atualizava a gestão, descobria como poderia aumentar o preço e partia para a próxima aquisição. Ele conferia como estavam as empresas adquiridas anteriormente apenas duas vezes por ano, passando o dia inteiro analisando os balanços patrimoniais e demonstrações de lucros e perdas — documentos estratégicos sofisticados eram deixados de lado. "Nossa estratégia é ganhar dinheiro!", declarava Ian. Ele adorava a emoção de sair à caça de empresas e sabia o que era preciso para ser bem-sucedido. Depois de se "aposentar" aos 75 anos, comprou vários negócios no continente africano para se manter ocupado.

Você topará com Fredericks e Ians na história de toda empresa familiar de sucesso — líderes cujas estratégias refletem profundamente suas personalidades. Sem essa pessoa e seu "talento singular", a empresa familiar provavelmente seria muito diferente. Se colocarmos Ian na empresa de entretenimento, ou Frederick no conglomerado, é provável que o resultado obtido seja radicalmente distinto. A permanência média do CEO em uma empresa familiar é de pelo menos treze anos, já em empresas de capital aberto, cinco. Com mais tempo no cargo e mais poder de decisão como acionistas, esses CEOs familiares imprimem sua própria marca nas empresas.

Apesar do mito difundido de que apenas os fundadores podem ter uma vasta influência na empresa (como Sam Walton, do Walmart), as próximas gerações também podem ter um impacto profundo. Por exemplo, Rupert Murdoch pegou a modesta empresa de mídia australiana do pai e construiu um império global multibilionário. Pessoas como Frederick (3G, terceira geração) e Ian (4G) desempenham um papel que chamamos de *criador*; estão no centro de poder de suas empresas familiares.[1] Como discutiremos, outros acionistas familiares também podem desempenhar funções importantes, mesmo não sendo CEOs.

No entanto, os proprietários estão longe de serem os únicos que, como indivíduos, tomam e moldam decisões importantes nas empresas familiares. Ainda que não apareçam no organograma ou nos documentos de propriedade, cônjuges, filhos, primos, sogros, executivos não familiares e membros do conselho podem influenciar o rumo dos negócios. Em uma empresa de capital aberto, pouco importa quem são os cônjuges, pais, irmãos ou amigos do CEO, mas em uma familiar, essas pessoas podem ser muito importantes. Um CEO não familiar, mas que tem o apoio total dos acionistas da empresa, mesmo que eles não estejam muito envolvidos nos negócios, também pode desempenhar um papel significativo na formação de uma empresa familiar por causa desse apoio. (Pense no poder e influência da editora-chefe de longa data da *Vogue*, Anna Wintour, que teve o apoio contínuo, por décadas, do lendário S. I. Newhouse, coproprietário da Advance Publications.)

O caráter das pessoas tem um papel fundamental no destino de uma empresa familiar. Por exemplo, conhecemos uma família que é uma das maiores proprietárias de terras da Colômbia. O pai amava o mundo dos negócios e buscava, com paixão, aumentar a riqueza familiar. Como a esposa cresceu em outra empresa familiar, porém cheia de conflitos, estava determinada a doar a fortuna da família antes de morrer. Ela pediu que os lucros da empresa fossem distribuídos, em vez de reinvestidos, e depois doados para a caridade. O filho do casal era indiferente à empresa e à riqueza dos pais, seguindo contente a carreira de rancheiro em uma das fazendas de gado da família. Ele é provavelmente um dos caubóis mais ricos do mundo. Já a filha, sentindo-se profundamente culpada pela riqueza da família, casou-se com um religioso e, juntos, eles se mudaram para as favelas de Bogotá. Nenhum desses membros da família está de acordo quanto ao que se deve fazer com a riqueza gerada pela empresa — porém todos têm voz ativa no que acontece com ela.

Para prever o que acontecerá com esta empresa na próxima geração, precisamos entender os planos da filha e do filho para a empresa familiar. Irão dividi-la para que cada um possa decidir o que fazer com sua parte? Deixarão suas profissões atuais e assumirão um papel ativo na liderança empresarial? Um irmão vai querer vender sua parte para o outro? A única certeza é que as escolhas serão guiadas, pelo menos parcialmente, por suas prioridades pessoais, que pouco têm a ver com a empresa em si.

As decisões aparentemente irracionais das empresas familiares muitas vezes refletem escolhas racionais de pessoas ponderadas que valorizam outros fatores além de lucros mais elevados. Uma vez que elas são as proprietárias da empresa ou influenciam aqueles que a possuem, podem "querer o que bem entenderem" — seja crescer com uma estratégia adaptada à sua personalidade, como as que Frederick e Ian aplicaram, focar na distribuição de dinheiro para fora da empresa ou direcioná-la para o combate das mudanças climáticas ou da pobreza. Como indivíduos com objetivos e desejos únicos, eles podem traçar os próprios rumos.

Relações tudo ou nada

Você também pode decodificar sua empresa familiar examinando as **relações** dentro dela. Ao contrário de uma empresa não familiar, onde geralmente há limites claros separando as relações profissionais e pessoais, a familiar envolve relacionamentos multidimensionais que se influenciam

Harvard Business Review – Manual de Empresas Familiares

mutuamente de maneira profunda e, muitas vezes, inesperada. Na verdade, há três tipos distintos de relações em jogo simultaneamente.

As **relações familiares** estão no seu melhor momento quando são inclusivas, indulgentes, protetoras e apresentam desafios encorajadores. A "moeda de troca" são sentimentos — amor e, às vezes, algumas emoções negativas. As famílias estão emocionalmente conectadas. E as relações familiares são, para a maioria das pessoas, as mais longas de suas vidas.

As **relações comerciais**, por outro lado, são hierárquicas; há um chefe e uma estrutura de subordinação, e elas geralmente são meritocráticas. Se você não cumprir os requisitos, ou é demitido ou vai embora. Nos Estados Unidos, o tempo médio de permanência dos funcionários é inferior a cinco anos. A "moeda de troca" dos negócios são as competências. Você contrata um vice-presidente da indústria de manufatura pelo seu conhecimento e experiência nas questões de negócios que você enfrenta. E a pessoa permanece no cargo apenas enquanto o investimento mútuo fizer sentido para ambas as partes.

As **relações entre acionistas** se resumem àqueles que detêm o controle de voto da empresa e os que influenciam os outros por meio da opinião, mesmo sem voto. A "moeda de troca" é o poder, e eles fazem parte de um clube exclusivo: ou você é acionista ou não. Em empresas familiares, ao contrário, digamos, da Apple, a propriedade é fixa. A maioria dos negócios limita os possíveis compradores das suas ações e como se dá a venda. Saída e entrada não são opções simples, rápidas.

Na empresa familiar, toda grande decisão que você toma — reduzir o pagamento de um dividendo para a mãe a fim de proteger o balanço, comprar a parte do primo, não comparecer à reunião de família ou demitir o irmão — está dentro de uma expressão complexa de sentimentos familiares, hierarquia empresarial e poder de acionistas. As decisões nunca se tratam apenas da empresa ou da família.

Essa complexidade está presente em um número impressionante de relações importantes, sempre com um significado distinto. Por exemplo, Ian, o criador do conglomerado, é filho, irmão de duas outras pessoas, marido, pai, tio, primo, sogro e avô. Na empresa, ele era o CEO, com doze subordinados diretos, e presidente do conselho. Como acionista, ele foi *trustee*, beneficiário do *trust*, parceiro de investimento junto aos irmãos, investidor, tendo comprado ações adicionais de outras pessoas da família, e membro do conselho de fundação da família. No final das contas, Ian tem mais de cinquenta relações importantes.

E cada membro da família desempenha vários papéis uns com os outros. Veja, por exemplo, o relacionamento de Ian com sua irmã Alison. Com ela, ele precisa administrar sete papéis: (1) irmão mais velho; (2) colega de conselho; (3) cunhado do marido de Alison (que atuou como CEO da empresa por dois anos e era subordinado a Ian, na época presidente do conselho); (4) *trustee*, assim como ela; (5) beneficiário do *trust* como ela; (6) colega de conselho de fundação e (7) tio do filho de Alison, que também é membro do conselho. Tais relações multifacetadas muitas vezes levam à confusão desses papéis. Um momento famoso nas histórias da família foi o dia em que, num momento de frustração com a postura dominadora do irmão, Alison soltou, durante uma discussão: "Ian, sou sua irmã, não sua funcionária. Você não é meu chefe."

Os genogramas de empresas familiares

Para começar a entender a complexidade da sua empresa, identifique os indivíduos no seu sistema familiar e as relações presentes entre eles. Provavelmente, é mais complicado do que você imagina. Comece esboçando um genograma (árvore genealógica) com todos os membros da sua família, incluindo cônjuges, e vá voltando até a geração que fundou seu negócio. Um genograma ajuda a mapear rapidamente uma família empresarial — e a identificar possíveis problemas futuros (consulte a sessão "Leitura Adicional"). Na Figura 1-1, mapeamos os Dillon, uma típica empresa familiar de 3ª geração que atua no setor de cuidados com animais de estimação.[*]

---

[*] O nome e a natureza do negócio são fictícios.

FIGURA 1-1

Exemplo de genograma da família Dillon

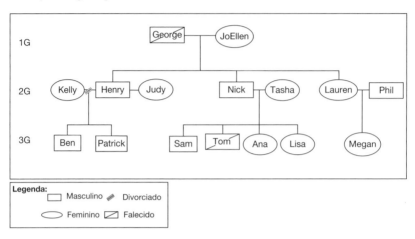

Nota: 1G, primeira geração; 2G, segunda geração; 3G, terceira geração.

Dois anos após se aposentar como CEO, Ian, como presidente do conselho da empresa, estava insatisfeito com o desempenho do cunhado CEO, que também era marido de Alison. Se Ian o demitisse, uma decisão que achava ser a melhor para a empresa, como essa mudança afetaria seu relacionamento com Alison? As relações geralmente envolvem triângulos entre três pessoas (consulte "Leitura Adicional" no final deste livro para saber mais sobre o tópico). Com o cunhado na berlinda, será que Ian, Alison e seu marido ainda continuariam participando juntos das tradições de fim de ano na casa da família? A família se dividiria? Se a demissão não fosse bem administrada, o ramo de Alison quereria vender suas ações? Isso desencadearia conflitos entre os primos?

Uma única decisão pode repercutir por anos a fio — ou até mesmo por gerações. Apenas empresas familiares enfrentam tais desafios nos relacionamentos.

Dinâmica de sistemas

Uma empresa familiar é um *sistema*, ou seja, as pessoas que fazem parte dela estão em um ambiente interconectado que afeta tudo o que acontece. Sim, os indivíduos e as relações conduzem grande parte do comportamento em uma empresa familiar, mas cada negócio enfrenta circunstâncias legais, culturais, geográficas etc., que o afetam de maneiras fundamentais. A dinâmica de sistemas molda o que acontece em uma empresa familiar, como as pessoas agem e até o que desejam. Há quatro dinâmicas principais em jogo: semelhança, reciprocidade, interesses conflitantes e consequências involuntárias. Vamos examiná-las.

Semelhança

Embora a empresa familiar seja única, ela se comportará de maneiras previsíveis, semelhantes a algumas empresas e diferentes de outras, independentemente da indústria ou do tamanho. Por exemplo, o estágio de desenvolvimento da sua empresa familiar determinará como ela opera. No livro de negócios familiares *De Geração para Geração: Ciclos de Vida das Empresas Familiares*, Marion McCollom Hampton e seus coautores descrevem três configurações principais desses estágios: acionistas controladores, sociedade entre irmãos e consórcio de primos. Os padrões distintos de comportamento para cada configuração são similares em todo o mundo. Se você conhecer uma empresa familiar pertencente a irmãos na Austrália ou na Áustria, eles enfrentarão alguns dos mesmos desafios, não importando a indústria ou tamanho do negócio.

As leis e impostos do seu país e a cultura em que sua empresa opera criarão semelhanças importantes com outras companhias da região. Por exemplo, se mora em um país que, como os Estados Unidos, tem altos impostos de transmissão de bens, é provável que você tome decisões semelhantes às tomadas por empresas conterrâneas a fim de minimizar esse impacto tributário. Se mora em um país com impostos imobiliários baixos, suas escolhas serão diferentes. Por conta das diferenças nesses impostos, muitas grandes empresas familiares americanas são controladas por *trusts*, enquanto a maioria das brasileiras não são.

As influências culturais também afetam a estrutura das empresas familiares. Em algumas delas, o homem mais velho de uma geração é, geralmente, preferido como líder, e os outros homens são acionistas. As mulheres nessas situações raramente são acionistas, apenas receberão o cuidado da família. O gênero ainda desempenha um papel significativo em relação à propriedade em várias culturas, muitas empresas familiares ignoram as herdeiras em favor dos homens. Todos esses fatores podem significar que empresas em diversas indústrias e tamanhos compartilhem vários pontos em comum em contextos específicos.

Provavelmente, sua situação tem mais em comum com outras empresas familiares do que você pensa. E é possível aprender com as experiências delas.

Reciprocidade

A empresa familiar é um esporte coletivo. Você e sua família ganham juntos e podem perder juntos. A natureza interconectada desse modelo significa que só se pode alcançar alguns resultados, possivelmente os mais importantes, trabalhando em equipe. Muitas empresas familiares querem passar o negócio para a próxima geração, mas um interesse comum como esse não pode ser realizado na marra. Os fundadores podem querer que seus filhos assumam, mas se a próxima geração não quiser se comprometer com o empreendimento, não há empresa familiar. Fazer acontecer vai além da sua vontade. Mesmo as pessoas mais poderosas em uma empresa familiar devem aprender a fazer concessões se quiserem atingir objetivos que dependem das ações de terceiros. Em longo prazo, esses negócios alcançam sucesso por meio da reciprocidade — tomando decisões que são de benefício mútuo para os membros da família. Interesses comuns só podem ser alcançados por meio da colaboração.

Os cônjuges, por exemplo, podem desempenhar um papel significativo na forma como a próxima geração vê o legado e a empresa familiar. Se não forem bem tratados, podem encontrar maneiras de limitar o envolvimento dos filhos com a família. Parentes por afinidade infelizes podem desencorajar os filhos a participarem de reuniões familiares ou a aceitarem estágios na empresa familiar. Também poderiam desaconselhar a prole a buscar uma carreira no ramo. A empresa familiar terá dificuldades sem o apoio dessas pessoas.

Interesses conflitantes

A dinâmica de sistemas cria concorrência dentro de uma empresa familiar. *Erro fundamental de atribuição* é como os psicólogos sociais chamam a tendência humana de atribuir as ações das pessoas às suas personalidades, e não a quaisquer outras causas, como às situações. Você pode descartar em um piscar de olhos as objeções de um membro da família considerado "estranho" e acabar achando que essa pessoa está sempre tentando ser "do contra". Porém, na realidade, ela pode estar examinando uma decisão por outra perspectiva e apenas expressando uma objeção de maneira desajeitada. O membro da família pode ter uma observação válida que você nunca vai levar em consideração porque acha que ele está apenas sendo teimoso. Quem sabe um jeito melhor de entender esse comportamento venha do pensamento "sua atitude depende da posição que você ocupa". Os desejos das pessoas dependem significativamente do seu cargo na empresa familiar. Uma vez que essas posições serão diferentes — considere, por exemplo, o proprietário controlador versus alguém não envolvido no negócio, mas dependente dos dividendos para segurança financeira —, os indivíduos terão interesses conflitantes.

Normalmente, esses conflitos surgem com o tempo. Na geração fundadora, uma pessoa, ou um casal, muitas vezes possui todas as ações e lidera tanto a empresa quanto a família. Nenhum interesse conflitante parece importar, já que o fundador é visto como aquele que pode fazer todas as compensações entre a empresa, a propriedade e as decisões familiares. Seus motivos por trás de uma regra muitas vezes são simplesmente "porque eu quis!"

Mas, à medida que sua empresa se expande para novas gerações, com muito mais gente envolvida, surgem vários interesses conflitantes. Pessoas

Harvard Business Review – Manual de Empresas Familiares

bem-intencionadas podem querer muitas coisas — dividendos, o crescimento ou a venda da empresa, status, amor, reconhecimento e empregos para si e para a próxima geração são alguns exemplos. Exigências conflitantes são impostas à empresa, aos acionistas e à família.

Na década de 1980, dois professores da Harvard Business School, Renato Tagiuri e John Davis, criaram o que ficou conhecido como *modelo de três círculos*, que mostra três círculos sobrepostos — família, empresa e propriedade — em um diagrama de Venn. É possível ocupar múltiplas seções do diagrama. Por exemplo, um membro da família pode ser, também, acionista e funcionário da empresa, exercendo três funções diferentes em um determinado momento.

Essa simples representação destaca os prováveis interesses e papéis das pessoas em um complexo sistema de empresa familiar. Os sete papéis têm interesses distintos, muitas vezes conflitantes e bastante previsíveis (Tabela 1-1).

À medida que as famílias e os negócios crescem, é inevitável que as pessoas compitam pelo que desejam de modo previsível. Com isso em mente, você deixará de atribuir erroneamente os comportamentos às personalidades: "o Seth é um preguiçoso", "a tia Laureen é uma maníaca por controle", "o papai nunca quer que aproveitemos os bens da nossa família, ele só se importa com a empresa", e assim por diante. Ao considerar como o papel de cada pessoa no sistema da empresa familiar influencia seus respectivos interesses, você entenderá melhor os impactos sobre os comportamentos e decisões tomadas, podendo evitar o erro fundamental de atribuição.

Antes de prosseguirmos, preencha sua própria versão da tabela (talvez nem todas as funções sejam preenchidas). Você verá que seu ponto de vista — e o de outras pessoas de sua empresa familiar — pode não ser sempre o mesmo.

Pense em uma decisão recente e difícil em seu negócio, como demitir um parente executivo, comprar a parte de outro membro da família, criar um conselho ou transferir a propriedade para a próxima geração. Veja se o seu novo conhecimento sobre a conexão entre os papéis das pessoas e seus interesses primários pode ajudá-lo a avaliar as atitudes alheias, baseando-se

Decifre Sua Empresa Familiar

nos cargos que elas ocupam. Observe seus interesses comuns e os conflitantes. Ao observar os interesses de cada pessoa, você obterá explicações úteis sobre as coisas que estão acontecendo na empresa da sua família. As razões serão variadas, é claro, mas não tão confusas.

TABELA 1-1

Os sete papéis possíveis em uma empresa familiar

Papel	Exemplo do papel	Exemplos de interesses primários
1. Acionistas familiares que são funcionários	Fundadores como Frederick e Ian	Investir para aumentar o valor da empresa, fazer um trabalho significativo, administrar o negócio
2. Funcionários não familiares	Um diretor financeiro (CFO) não familiar	Progredir na carreira, proteger o emprego, receber remuneração justa
3. Acionistas não familiares	Um investidor externo da empresa	Aumentar o valor econômico da empresa e de suas distribuições financeiras
4. Membros da família que não são funcionários nem acionistas	Cônjuge de um proprietário	Proteger a família nuclear, especialmente o cônjuge e os filhos, de possíveis danos, ter oportunidades empregatícias e financeiras para o cônjuge e os filhos
5. Membros da família que são funcionários da empresa, mas (ainda) não são proprietários	Uma filha que ingressou recentemente na empresa familiar em uma posição inicial	Construir uma carreira, ser acionista de uma empresa próspera
6. Acionistas familiares que não trabalham na empresa	Pai ou mãe donos de casa e acionistas	Administrar bem a empresa, aumentar seu valor e distribuições financeiras
7. Funcionários não familiares que também são acionistas	Um CFO que recebeu ações, mas não faz parte da família	Progredir na carreira, proteger o emprego, receber remuneração justa e aumentar o valor da participação acionária

---

Consequências involuntárias

Nunca se pode fazer uma coisa só.[2] Isso soa familiar? Você tenta resolver um problema e, no processo, acaba criando outro maior em outra instância. Trabalhamos com uma empresa familiar dirigida por três irmãos que queriam evitar a situação de dois deles se unirem contra o terceiro. Então, eles estabeleceram uma regra de que qualquer decisão importante exigia unanimidade. Essa abordagem funcionou bem enquanto eram apenas os três, e seus interesses estavam mais ou menos alinhados. Todavia, isso acabou quando a próxima geração chegou, e cada irmão passou a focar o que era melhor para os próprios filhos. Como bastava a oposição de um deles para bloquear uma decisão, muitas vezes acabavam em um impasse.

Em um sistema complexo, as ações têm efeito cascata. Um exemplo bem conhecido é o efeito borboleta, segundo o qual uma borboleta hipotética bate as asas e desencadeia uma série de eventos que causam um tufão do outro lado do mundo. Essa hipótese de sistemas caóticos ou complexos sugere que, quando as ações estão interconectadas, pequenas coisas podem ter grandes impactos, quase impossíveis de se ver a princípio, revelando-se bem mais tarde. Você nunca consegue mudar apenas uma coisa em uma empresa familiar; uma única mudança quase sempre desencadeia outras consequências. Quando você se posiciona ou faz uma grande alteração, muitas vezes cria um resultado que é diferente, ou até mesmo oposto, do que pretendia originalmente.

As empresas familiares parecem complicadas, mas enganam. Considere a família discutindo sobre roseiras no início do capítulo. Enquanto trabalhávamos com ela, logo percebemos que, na briga, não se tratava realmente das rosas. Foram anos de ofensas, jogos de poder e feridas profundas, mas também havia o profundo desejo mútuo de preservar o legado dos pais. A briga pelas roseiras foi apenas um indicador da dificuldade dos irmãos em tomar decisões em grupo. Os membros da família acabaram conseguindo resolver esse problema por conta própria.

Decifre Sua Empresa Familiar

Após entender como funcionam as empresas familiares, é possível compreender como uma decisão que parece irracional pode fazer todo o sentido no seu negócio. Mais importante ainda, você entenderá melhor sua família e sua empresa. Focar os problemas certos pode ajudá-lo a manter uma grande empresa e uma ótima família empresária. E, com sorte, você evitará perder seu tempo precioso discutindo sobre rosas.

Resumindo

❍ Existem três "níveis de análise" para decodificar a dinâmica única de uma empresa familiar: indivíduos, relações e o sistema. Ao ler este livro, você encontrará muitos exemplos de instâncias em que esses três níveis se mostram fundamentais para entender o que de fato está acontecendo.

❍ São relativamente poucos os **indivíduos** que determinam o que acontece em uma empresa familiar. Descubra quem são essas pessoas-chave. Em seguida, tente entender suas histórias e como isso influencia sua maneira de agir, bem como o que mais lhes importa (ou seja, seus interesses) em seus vários papéis.

❍ Dentro da empresa familiar existem **relações** complexas e multidimensionais que atravessam as diferentes culturas familiares, empresariais e proprietárias. Avalie quais são os relacionamentos mais fortes na família (por exemplo, gerações e suas ramificações). Procure relações que tenham tensão significativa e tente entender o motivo disso. Ao tomar uma decisão, considere as possíveis repercussões nesses relacionamentos. E procure pessoas com diversas relações que ultrapassam barreiras e podem ajudar a fazer a mudança acontecer.

❍ Uma empresa familiar é um **sistema** moldado pelo ambiente ao seu redor. Fique atento às regras explícitas ou implícitas que moldam os comportamentos na sua empresa familiar. Conforme navega nesse sistema, lembre-se destes pontos:

● Sua situação provavelmente tem mais em comum com outras empresas familiares do que você pensa. É possível aprender com as experiências delas.

● Os resultados mais importantes exigem colaboração. Ninguém detém poder absoluto.

Harvard Business Review – Manual de Empresas Familiares

- Interesses conflitantes são inevitáveis, e a atitude de cada pessoa em relação aos problemas está relacionada tanto à sua posição no sistema quanto à sua personalidade.

- Muitas vezes, as ações têm consequências involuntárias. Tente pensar nos efeitos secundários e terciários antes de fazer grandes mudanças.

○ Fique atento às mudanças dentro da sua empresa familiar que afetam a dinâmica nos níveis do indivíduo, da relação ou do sistema. Quando essas alterações acontecerem, tenha em mente que as regras anteriores podem não se aplicar mais.

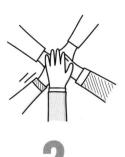

2.

O Poder da Propriedade Familiar

Ao contrário das empresas de capital aberto, nas quais as forças do mercado ditam quase todas as decisões, os acionistas de empresas familiares podem fazer suas próprias regras, basicamente moldando não apenas o negócio, como também a família. São eles que definem o sucesso da empresa, decidindo quem a lidera, se ela deve permanecer privada ou abrir seu capital, e quanto dos lucros serão mantidos no negócio ou distribuídos.

Seja você um acionista, um parente por afinidade, um executivo não familiar ou um concorrente, não é possível saber o que de fato está acontecendo nesse tipo de empresa até entender o poder da propriedade familiar. Neste capítulo, explicaremos essa força — que pode destruir a empresa familiar ou mantê-la por gerações. Descreveremos os cinco direitos essenciais que lhe permitem aproveitar esse poder para atingir os objetivos desejados. Entendida e manejada adequadamente, a propriedade é a ferramenta mais importante para ajudar sua empresa familiar a prosperar em longo prazo.

A pirâmide oculta

Todos estamos familiarizados com a pirâmide corporativa clássica, na qual um CEO está acima de todos. Entretanto, nas empresas familiares, há ainda uma pirâmide oculta e invertida que fica no topo da clássica (Figura 2-1). Nessa estrutura de poder, o CEO está subordinado a um conselho, que é contratado pelos acionistas para representar seus objetivos. Os *acionistas* estão no topo da estrutura como um todo.

FIGURA 2-1
A pirâmide invertida: o poder oculto dos acionistas

A ideia de acionistas no topo faz pouco sentido em uma empresa de capital aberto, dada sua influência limitada para além da venda de ações. Quanto ao potencial em longo prazo desse tipo de negócio, os acionistas não são tão essenciais. O conselho e o CEO são as vozes que importam.

No entanto, para uma empresa familiar, a propriedade é fundamental. Pense na diferença entre alugar e comprar uma casa — um locatário é passageiro e raramente investe para transformar a casa em um lar. Mas quando você possui casa própria, ela se torna uma parte importante da sua identidade. Imagine quanto tempo deve ter gasto pensando se investia em novas janelas ou reformava sua cozinha. Ser dono de uma empresa familiar

O Poder da Propriedade Familiar

é quase a mesma coisa. A propriedade pode ser fonte de recursos, de identidade, de responsabilidade. Pode trazer um enorme orgulho para sua família e seu legado, uma conexão profunda com as comunidades nas quais você emprega pessoas e faz negócio. E a propriedade pode oferecer o que talvez seja a melhor recompensa: estar no comando. Seja positiva, negativa ou um pouco de cada, ser acionista da sua empresa familiar provavelmente é algo significativo para você. Quando falamos de propriedade neste livro, estamos nos referindo não apenas aos detentores diretos das ações, mas também à que se dá por meio de *trusts*, que incluirão *trustees* e beneficiários.

A importância da propriedade tem sido frequentemente negligenciada, mesmo por especialistas em empresas familiares. Em vez de se concentrarem nisso, eles têm focalizado a união da família e o desenvolvimento da próxima geração na empresa. Esses esforços para organizar e buscar consenso na família empresária levaram à criação de abordagens valiosas e reconhecidas globalmente, como conselhos, reuniões e constituições familiares e protocolos (que serão discutidos mais adiante).

São ideias importantes, mas que ignoram o papel crítico dos membros da família na tomada de decisões como *acionistas da empresa*. O exercício do poder da propriedade é muito diferente dos esforços para unir e desenvolver as famílias, cuja maioria se esforça para ser inclusiva e harmoniosa. Por outro lado, no fim das contas, as decisões sobre a propriedade precisam vir dos próprios acionistas, uma prática que pode ser desequilibrada e exclusiva. Algumas famílias tentaram usar sua governança familiar para tomar decisões nesse sentido, mas essa abordagem mistura alhos com bugalhos e geralmente não funciona. Há, ainda, outras famílias que focam em conter o resto dos familiares para que não interfiram na empresa. Embora esses limites possam ser úteis, também podem criar um vácuo no qual o poder de propriedade familiar não é exercido por ninguém. Portanto, apesar de todo o trabalho feito em nome da organização da família empresária, o papel indispensável da propriedade tem sido um ponto fraco específico dessa abordagem.

Nesse contexto, as questões da propriedade vêm sendo deixadas para os advogados, cujo trabalho principal é proteger os ativos das mãos do governo (ou de outros membros da família). Os advogados são extremamente

Harvard Business Review - Manual de Empresas Familiares

importantes para certos aspectos da proteção das empresas familiares em meio a estruturas jurídicas confusas, como *trusts*, bens e acordos de acionistas. Por conta dessas estruturas difíceis, os membros da família raramente entendem por completo como a propriedade funciona na própria empresa familiar. E, claro, há outros âmbitos, além do legal — por exemplo, o financeiro, tributário, psicológico, cultural, estratégico e político —, que dificultam a compreensão desse conceito. Mas os poderes e responsabilidades da propriedade são importantes demais para serem simplesmente deixados para os advogados mapearem em documentos complexos. Se incompreendido e mal direcionado, o poder de propriedade pode destruir o que uma família passou gerações tentando construir.

O poder de destruir

Em qualquer ambiente de trabalho, há discordância sobre estratégia, dinheiro, status, autoridade etc. As empresas familiares, é claro, não são exceção. No entanto, o conflito pode se intensificar de uma maneira diferente. Em uma empresa de capital aberto, fica claro quais são as regras e quem está no comando. Os acionistas delegam a maior parte do poder ao conselho de administração. Os CEOs podem ter autoridade quase ilimitada para tomar decisões enquanto estão no cargo, mas até eles podem ser substituídos pelo conselho. E quando são demitidos, é o fim da história. Um CEO pode deixar a empresa muitas vezes bem mais rico do que quando começou, mas a capacidade do conselho quanto à tomada de decisões tão importantes raramente é questionada. Em uma empresa familiar, é ainda mais complicado manter conflitos sob controle.

Para ver o poder destrutivo da propriedade em ação, considere a história da Market Basket, uma rede de supermercados de 3ª geração com sede em Massachusetts, pertencente à família Demoulas. Durante sua gestão como CEO, Arthur T. Demoulas, neto do fundador, aumentou as vendas para mais de US$5 bilhões no total e quase dobrou o número de funcionários da empresa. A rede abriu novas filiais em toda a Nova Inglaterra em uma época na qual outros mercados estavam se retraindo

O Poder da Propriedade Familiar

por problemas financeiros e pela concorrência com o Walmart e a Costco. Carinhosamente apelidado de "Artie T" pela equipe da Market Basket, o CEO ficou conhecido por sua capacidade de lembrar os nomes dos funcionários e por sua intimidade com eles, tendo inclusive comparecido a casamentos e enterros. Artie T criou um generoso programa de benefícios para funcionários e, após a recessão de 2008, até aportou mais dinheiro de volta no programa de participação de lucros e resultados para que os funcionários ainda recebessem seus bônus. Sua liderança promoveu profunda lealdade entre seus funcionários e clientes.

A gestão de Demoulas como CEO chegou a um impasse em 2014, quando ele foi demitido pelo conselho da Market Basket após anos de brigas intrafamiliares pelo destino da empresa. Embora a decisão formal tenha sido tomada pelo conselho, tudo foi arquitetado por seu primo e coacionista, Arthur S. Demoulas, cujo ramo ganhou o controle após uma pequena, mas importante, mudança no equilíbrio do poder de propriedade. A demissão de Artie T levou à renúncia de seis executivos do alto escalão e protestos em massa de funcionários, incluindo piquetes. Comovidos com a impressionante lealdade dos funcionários a Artie T, os clientes da Market Basket se afastaram, provocando uma perda relatada em mais de US$400 milhões. Após meses de dolorosas disputas públicas e privadas, Arthur S. Demoulas concordou em vender sua metade da empresa para o ramo de Artie T, que voltou como CEO no fim de 2014 para os braços abertos de sua leal força de trabalho. A Market Basket sobreviveu à guerra dos acionistas, mas o negócio precisou batalhar para voltar à base econômica sólida de que desfrutava há décadas. O dano sofrido tinha sido real.

A saga da Market Basket ilustra perfeitamente o poder destrutivo da propriedade familiar. O conflito entre os acionistas se transformou em uma "troca de socos" que quase destruiu a empresa em questão de meses. Originalmente, o negócio estava dividido igualmente entre os dois ramos da família Demoulas, mas após um processo na 2ª geração, o ramo de Arthur S. ganhou e passou a ter o controle sobre 50,5% da empresa e a controlar o conselho. Depois que as manobras internas do conselho permitiram que Artie T impusesse sua vontade como CEO da empresa, a lealdade do ramo da família retornou para o lado de Arthur S. apoiando a demissão de seu

Harvard Business Review – Manual de Empresas Familiares

primo — dando início ao conflito que ameaçou a sobrevivência da empresa. Graças à incapacidade de chegar a um acordo sobre o caminho que a empresa deveria seguir, os acionistas quase destruíram um dos negócios mais respeitados e lucrativos daquela indústria.

Como são os proprietários das empresas familiares que fazem as regras, eles também podem quebrá-las. Conselhos independentes não conseguem resolver disputas, já que os donos podem demiti-los de acordo com suas vontades. Sem o envolvimento do sistema judicial, os acionistas não têm poder superior a que recorrer e, a menos que o resolvam por conta própria, o conflito pode continuar a se agravar. (Para uma discussão completa sobre como o conflito pode sair do controle em uma empresa familiar — e como evitar esse destino —, consulte o Capítulo 12: "Conflito na Empresa Familiar".) Quando isso ocorre, pode ser desencadeado o poder de propriedade destrutivo, demolindo o que foi construído ao longo de anos e gerações. As empresas familiares raramente sobrevivem a uma guerra civil entre os acionistas. Como diz uma família com quem trabalhamos: "O maior perigo para esta empresa somos *nós*."

Esses tipos de histórias destrutivas, muitas vezes públicas, podem fazer com que muitas empresas familiares pareçam estar destinadas à falência. Esse sentimento é reforçado por uma ideia frequentemente citada quando se fala em empresas familiares: a chamada "regra das três gerações" diz que apenas 30% desses negócios subsistem à 2ª geração, somente de 10 a 15%, à 3ª, e de 3 a 5%, à 4ª. De acordo com essa regra, poucas empresas familiares sobrevivem além de três gerações, e a fortuna da família também se perde no caminho. Esses números desanimadores geram ansiedade na 3ª geração de qualquer negócio, que teme pela sua sobrevivência, precisando superar adversidades.

Essa ideia é enganosa. Embora a maioria das empresas familiares não passe de três gerações, essa taxa de insucesso também se aplica a todos os outros tipos de negócios. Fazer uma empresa durar décadas é um grande feito. E não há nenhuma evidência que sugira que as companhias familiares sejam mais frágeis do que outros tipos de empreendimentos. Na verdade, na maioria das listas das empresas mais duradouras do mundo, são as familiares que dominam. A regra das três gerações também ignora a possibi-

O Poder da Propriedade Familiar

lidade de algumas famílias não terem tentado manter suas empresas para a posteridade ou de terem vendido seus negócios e começado algo novo. Para saber mais, consulte o quadro "Desmistificando a regra das três gerações" na próxima página.

Essa regra é destrutiva porque cria um complexo de inferioridade para os acionistas de empresas familiares, fazendo-os acreditar que seus negócios e sua família estão fadados ao fracasso. Esse ponto de vista, por sua vez, cria uma profecia autorrealizável. Em vez de focar a energia em estratégias para ter sucesso, eles se preocupam com o fracasso. Ou estão tão aflitos com os perigos que não querem nem tentar.

O medo generalizado de que as empresas familiares não consigam sobreviver ao longo das gerações quase descarrilou uma família que aconselhamos. Um membro independente do conselho havia dito aos irmãos fundadores de uma empresa de sucesso: "Empresas familiares nunca passam de três gerações. Se você quiser que seu negócio sobreviva, não deve passá-lo aos seus filhos." Os irmãos realmente se importavam muito com sua empresa e com as pessoas que trabalhavam lá.

Desmistificando a regra das três gerações

Um estudo da década de 1980 sobre empresas de manufatura de Illinois, EUA, é a base para a maioria dos fatos citados sobre a longevidade das empresas familiares. Os pesquisadores pegaram amostras de empresas e tentaram descobrir quais delas ainda existiam durante o período estudado. Em seguida, agruparam-nas em períodos de trinta anos com base em sua longevidade para estimar a quantidade de gerações.

Algumas observações sobre o estudo são dignas de nota. Em primeiro lugar, suas principais descobertas são, com frequência, descritas incorretamente. Muitas pessoas interpretam os resultados como se 30% das empresas familiares só chegassem *até* a 2ª geração. Na verdade, o estudo diz

Harvard Business Review – Manual de Empresas Familiares

que 30% chegam *até o* final da 2ª geração (ou 60 anos). Isso representa uma diferença de 30 anos na longevidade dos negócios, então escolha suas palavras com cuidado!

Em segundo lugar, os pesquisadores descobriram que 74% das empresas familiares sobreviveram por pelo menos 30 anos, 46% duraram 60 anos ou mais e 33% perduraram por 90 anos ou mais. Por fim, o estudo não fornece informações sobre o desaparecimento de algumas empresas. Embora uma disputa familiar ou um problema comercial pudesse tê-las destruído, talvez os acionistas simplesmente tenham vendido seus negócios e começado um novo.

Ressalvas à parte, o estudo ainda levanta a questão: as empresas familiares têm vidas mais longas ou mais curtas em comparação a outros tipos de negócios? Um estudo com 25 mil empresas de capital aberto entre 1950 e 2009 descobriu que, em média, elas duraram cerca de 15 anos (ou nem mesmo uma geração). Além disso, sua permanência no S&P 500 está ficando mais curta. Se uma empresa entrasse no índice em 1958, ficaria lá por 61 anos. Já em 2012, o tempo médio de permanência era de 18 anos. Uma análise do BCG feita em 2015 descobriu que as empresas de capital aberto nos Estados Unidos enfrentavam 32% de "risco de saída" em 5 anos, ou seja, quase um terço desapareceria nos próximos 5 anos. Em comparação, elas enfrentavam um risco de 5% em 1965.

Os dados ainda podem ser interpretados de outra forma: fazer um negócio durar décadas é difícil e, pelo menos para as empresas de capital aberto, está ficando cada vez mais complicado. Os estudos não indicam que as empresas familiares sofram essencialmente com taxas de sobrevivência cruéis. Na verdade, os dados sugerem que elas costumam durar muito mais do que as de capital aberto.

Eles também valorizavam muito a ideia de deixar esse empreendimento como um legado para a família, em vez de vendê-lo e passar o dinheiro para a próxima geração. Então, quando os irmãos estavam prontos para se aposentar, sofreram com a dúvida entre vender o negócio para seus executivos não familiares de longa data ou passar a propriedade para a próxima geração. A fala do conselheiro os fez acreditar que precisavam escolher entre fazer a empresa durar ou mantê-la na família. Depois de perceberem que, como acionistas, não precisavam presumir que os negócios não sobreviveriam até a próxima geração, eles decidiram dar uma chance para a propriedade familiar. Agora, estão em uma transição bem-sucedida para a próxima geração, com uma empresa próspera liderada por executivos não familiares, que estão fazendo a ponte entre os acionistas em processo de aposentadoria e os filhos.

O poder de perdurar

Sem dúvida, os acionistas têm o poder de destruir. Entretanto, aprendemos uma lição diferente com o nosso trabalho: os donos de empresas familiares também têm o poder de construir negócios que podem ser perpetuados por gerações.

Veja, por exemplo, a incrível história da vinícola italiana Marchesi Antinori, que foi fundada em 1385 e sobreviveu como empresa familiar por mais de seis séculos. Entre muitas crises, Marchesi Antinori subsistiu à inadimplência da realeza inglesa, à Segunda Guerra Mundial e à crise do metanol dos anos 1980, que matou dezenas de pessoas que bebiam certos vinhos da região do Piemonte, na Itália, e que ameaçou fechar a indústria de exportação de vinhos italianos (na época, avaliada em US$900 milhões). Em 2020, o negócio já era propriedade da 26ª geração da família Antinori.

Embora essa longevidade tenha certamente contado com sorte, os acionistas tomaram decisões específicas para sustentar a empresa de geração para geração. Por exemplo, a prática de passar o controle da vinícola para um descendente masculino sempre garantiu que a terra e o negócio permanecessem unidos ao invés de divididos e que houvesse um membro da família que dedicasse sua carreira à produção de vinhos. Entretanto, a 26ª geração não tem homens. Em vez disso, o patriarca Piero Antinori tem três filhas: Albiera, Allegra e Alessia. Isso trouxe um dilema: "sou de uma geração diferente, e as mulheres não participavam dos negócios da família", ele nos contou. Mas as filhas de Piero começaram a demonstrar interesse em administrar e comandar o negócio juntas. Ao invés de dar a vinícola para só uma delas, Piero decidiu torná-las acionistas. A conexão entre propriedade

Harvard Business Review - Manual de Empresas Familiares

e se mostrar ativo na empresa permanece, mas agora são três vozes que decidirão em vez de uma.

Parte da continuação do legado tem sido um investimento claro no desenvolvimento da próxima geração. Como Piero costuma dizer: "as pessoas são como os vinhedos. É importante compreender as suas qualidades e potenciais, mas também semear no solo certo para que floresçam e cresçam da melhor forma possível." Piero começou a ensinar às filhas o amor pelo vinho e pela empresa quando ainda eram meninas, levando-as em viagens de negócios e permitindo que desenvolvessem relacionamentos precoces com a empresa, os funcionários e o trabalho.

Os Antinori tomaram outras decisões que permitiram tanto o desenvolvimento geracional quanto a estabilidade financeira. Por exemplo, eles sempre se mantêm conservadores no âmbito tributário, incorrendo em baixos índices de endividamento, financiando o crescimento por meio da reserva de contingência e diversificando suas propriedades apenas dentro do foco em vinhos.

Para empresas como a Marchesi Antinori, a propriedade familiar se tornou uma vantagem que ajuda o negócio a prosperar em um mercado cada vez mais competitivo. As empresas familiares têm maior retenção e engajamento de funcionários, um direcionamento em longo prazo para investimentos — em vez de um foco em resultados trimestrais — e relações mais confiáveis com os clientes do que as empresas de capital aberto (conforme confirmado pelo Edelman Trust Barometer). E, em comparação com estas, as familiares tomam decisões importantes com mais rapidez e alinham melhor os interesses dos acionistas e dos executivos.

Durante a maior parte do século passado, esses benefícios foram superados — ao menos nas economias avançadas da América do Norte e da Europa —, pelos limites de crescimento decorrentes da falta de acesso ao capital externo, especialmente no adquirido por meio da venda de porcentagens ao público. Na corrida pelo crescimento, as empresas familiares estavam em clara desvantagem. Hoje, o jogo virou. Na lista da *Fortune 500* de 2015, 84% dos CEOs concordaram com a afirmação de que "seria mais fácil administrar minha empresa se ela fosse privada." Esses CEOs acreditavam que "sobreviver à nova revolução tecnológica requer pensamento em longo prazo e investimento inteligente. Mas os acionistas públicos... estão exigindo resultados de curto prazo. CEOs de empresas de capital aberto estão sempre na mira de todos."

Portanto, em vez de acreditar que sua empresa familiar está fadada ao fracasso, note que ela tem o potencial de construir uma vantagem competitiva sustentável na economia do século XXI. (Para saber mais sobre o assunto, consulte a obra *Why the 21st Century Will Belong to Family Businesses* citada na seção "Leitura Adicional".) Sua decisão de perpetuar a empresa pode ajudá-la a alcançar mais sucesso do que qualquer outra. Isso é vantajoso não só para os acionistas de empresas familiares, mas também para a sociedade. Essas empresas demonstraram ser melhores empregadoras e membros mais comprometidos com suas comunidades. Em todo o seu potencial, esses negócios representam a melhor face do capitalismo.

Os cinco direitos dos acionistas familiares

O poder de destruir ou perpetuar uma empresa familiar vem da habilidade única dos acionistas de fazer escolhas que influenciam praticamente todos os aspectos das empresas. A propriedade pode ser considerada uma série de direitos. Exercer esses cinco direitos concede aos acionistas o poder de moldar não apenas a empresa, mas também a família empresária:

1. **Desenhar.** Os acionistas têm o direito de decidir que tipo de empresa familiar vão criar. Somente eles podem determinar o que terão, quem será elegível para ser acionista e como o controle de propriedade será dividido. Por meio dessas escolhas, os acionistas projetam suas empresas familiares.

2. **Decidir.** Os acionistas têm o direito de tomar todas as decisões na gestão da empresa, se assim quiserem. Eles escolhem quais decisões manter para si e quais delegar a terceiros. Também determinam como elas serão tomadas, seja pela regra da maioria, unanimidade ou de outra forma. Podem, ainda, optar por tomar as decisões à medida que as situações surgirem ou instituir polí-

Harvard Business Review – Manual de Empresas Familiares

ticas que estabeleçam precedentes com antecedência. Assim, os acionistas exercem o direito de decidir.

3. **Valorizar.** Os acionistas têm o direito de definir o sucesso como preferirem. Podem maximizar os retornos dos acionistas, da mesma forma que as empresas de capital aberto fazem, ou sacrificar esses retornos por objetivos não financeiros, como a sustentabilidade. Também podem determinar quanto do lucro anual reter na empresa ou pagar em dividendos e decidir se mantêm o controle total sobre o negócio ou abrem mão de parte dele, encorajando a participação societária ou assumindo dívidas externas.

4. **Informar.** Os acionistas têm o direito de acessar informações sobre seus negócios, especialmente acessar como está o desempenho financeiro e quem é o acionista do quê. Esse acesso, por sua vez, lhes concede o direito de determinar o que compartilhar com outras pessoas, incluindo familiares, funcionários e a comunidade. Se o negócio se torna uma empresa de capital aberto, os acionistas abrem mão de grande parte desse direito como parte do cumprimento dos requisitos de *disclosure* (divulgação). Quando uma empresa é privada, os acionistas escolhem quanta informação será disponibilizada tanto para quem está dentro da empresa quanto para quem está fora dela.

5. **Transferir.** Por fim, os acionistas têm o direito de escolher como e quando abrir mão da propriedade. Podem decidir quem será o próximo acionista, que forma essa propriedade assumirá (por exemplo, ações ou *trust*) e o momento da transição. Os direitos de transferência têm níveis variados de restrições, dependendo de onde os acionistas moram. Por exemplo, nos Estados Unidos, eles podem essencialmente vender ou passar suas empresas a quem quiserem, exceto se as ações forem mantidas em um *trust*, que estabelece requisitos específicos. Já no Brasil, as leis de herança exigem que os proprietários distribuam 50% dos bens igualmente entre os herdeiros legítimos, na maioria das vezes filhos e cônjuge, tendo flexibilidade para escolher a outra metade. Embora o grau de liberdade varie, a decisão de quem recebe a propriedade da empresa e de quando isso acontece cabe aos proprietários atuais.

A chave para a longevidade de uma empresa familiar está na forma como seus acionistas exercem esses cinco direitos fundamentais (Figura 2-2). Compreendê-los e exercê-los efetivamente leva ao sucesso em longo prazo. Porém, caso sejam mal-entendidos ou mal direcionados, também podem acarretar na destruição do patrimônio que a família passou gerações tentando construir.

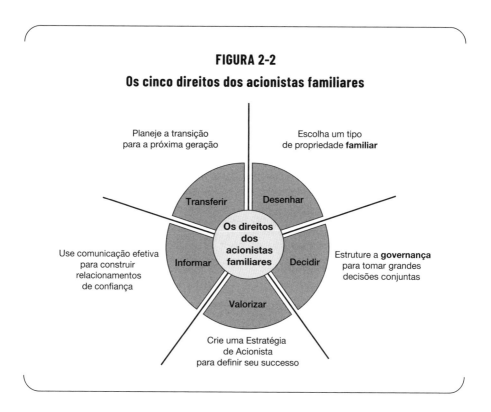

FIGURA 2-2
Os cinco direitos dos acionistas familiares

Os acionistas precisam trabalhar juntos ao tomar essas decisões (mais detalhes na Parte 2). Geralmente, escolhas específicas não têm tanta importância quanto a quantidade de acionistas por trás delas. E essas deliberações precisam ser revistas com o tempo, afinal, o que funcionou de maneira brilhante em uma geração pode semear o colapso da empresa na próxima.

Harvard Business Review – Manual de Empresas Familiares

Não vamos amenizar nosso argumento: sem o trabalho árduo (e inteligente) dos acionistas, familiares, funcionários etc., as empresas familiares muitas vezes implodem naturalmente. É preciso energia para impedir que interesses inevitavelmente conflitantes a destruam, e sustentar uma empresa familiar por gerações é trabalhoso. Neste livro, traçamos claramente o caminho. Você e os outros acionistas do negócio têm o poder de perpetuá-lo se cooperarem. Unidos vocês podem perdurar, mas divididos, fracassarão.

Reserve um momento para entender como vocês estão exercendo o poder de propriedade hoje. Para organizar essas informações de um jeito de fácil visualização, faça duas listas. Na primeira, anote as principais ações que tomou para ajudar a manter o negócio da família. Podem ser coisas tangíveis, como um acordo de acionistas ou quotistas ou uma política de dividendos; ou menos tangíveis, como uma próxima geração comprometida com o negócio ou férias anuais que fortalecem os laços familiares. Na segunda, liste os problemas que, na sua opinião, apresentam o maior risco de criar rixas nos negócios da família — problemas que, se não resolvidos, podem destruir sua empresa familiar. Eles podem ser conflitos atuais ou aqueles que você vê despontando no horizonte.

Revise esse levantamento inicial com outras pessoas em seu negócio: acionistas ou futuros acionistas, membros da família estendida e consultores e funcionários de confiança. E retome a lista depois de terminar este livro. Isso o ajudará a desenvolver uma visão mais ampla dos seus poderes como acionista e das ações que pode tomar para manter a empresa familiar. No fim, você deve conseguir enxergar um meio de aproveitar os pontos fortes da empresa familiar e abordar suas vulnerabilidades.

Nossa mensagem para você é esta: é preciso entender a propriedade se quiser que sua empresa familiar perdure. Você pode contratar uma equipe de gerenciamento externa ou trazer diretores independentes para o conselho. Entretanto, a propriedade é a única coisa na empresa familiar que não se pode terceirizar. Na próxima parte do livro, exploraremos cada um dos cinco direitos dos acionistas familiares e o ajudaremos a entender como exercê-los ponderadamente, a fim de criar uma base para o sucesso multigeracional da sua empresa familiar.

O Poder da Propriedade Familiar

Resumindo

○ A propriedade é o que une as empresas familiares de todos os portes ao redor do mundo. Os negócios pertencentes a pessoas com algum tipo de relação entre si são, fundamentalmente, diferentes dos relativos a investidores que delegaram a maior parte de seus direitos ao conselho.

○ A propriedade familiar traz consigo um poder destrutivo que é ativado quando os acionistas se dividem. Nada pode arruinar um grande negócio mais rápido do que a animosidade entre os acionistas.

○ Tenha cuidado com o mito da regra das três gerações. Apesar de garantir a longevidade de qualquer negócio ser um desafio, não há evidências de que as empresas familiares sejam mais vulneráveis do que outros tipos de negócios. Muito pelo contrário: a maioria das empresas mais duradouras do mundo é familiar.

○ Os acionistas familiares têm cinco direitos principais: desenhar, decidir, valorizar, informar e transferir. Na Parte 2, discutiremos como exercer esses direitos para criar um sucesso duradouro para a sua empresa.

PARTE DOIS

Os Cinco Direitos dos Acionistas Familiares

3.

Desenhar

Escolha Seu Tipo de Propriedade Familiar

Na faculdade, Megan finalmente encontrou sua paixão. Uma professora de biologia lhe inspirou o sonho de seguir na mesma profissão um dia. Porém, após a formatura, a mãe da jovem, Lauren, que administrava um negócio com os dois irmãos, convenceu sua única filha a se juntar à empresa familiar, voltada para cuidados com animais de estimação. Deixando de lado as próprias aspirações acadêmicas, Megan aceitou um cargo no setor de marketing e vendas.

Por mais que tentasse, ela nunca se adaptou ao trabalho. Depois de passar muitas noites sem dormir, criou coragem para contar à mãe que queria deixar o negócio para fazer um doutorado. Megan não estava preparada para a resposta da mãe.

"Megan", disse ela, "você não pode deixar a empresa. Nosso acordo de acionistas estipula que apenas funcionários da empresa podem ser proprietários. Se você sair, não terei para quem passar minhas ações quando me

Harvard Business Review – Manual de Empresas Familiares

aposentar. Serei forçada a vendê-las para os meus irmãos e simplesmente não suporto a ideia de que uma vida inteira de trabalho acabe beneficiando seus primos em vez da nossa família."

Elas, que fazem parte da família Dillon apresentado no genograma do Capítulo 1, encontravam-se com um dilema de cortar o coração. Mesmo a propriedade sendo dividida irmãmente, Lauren precisou lutar por cada migalha de reconhecimento, que os irmãos lhe deram a contragosto. Se ela fosse forçada a vender sua propriedade para os sobrinhos e sobrinhas, veria uma vida inteira de trabalho desaparecer, e seus irmãos sairiam, de certo modo, vitoriosos. Ao mesmo tempo, se Megan sacrificasse os próprios sonhos para sustentar os da mãe, temia acabar se ressentindo amargamente dela.

Como a família Dillon acabou em uma encruzilhada tão penosa? O tipo de empresa familiar que eles criaram — uma que restringia a propriedade aos familiares ativos no negócio — era a fonte de conflitos que poderia potencialmente destruir sua empresa e suas relações. A decisão de proibir quem não trabalhava na empresa de se tornar acionista parecia a melhor maneira de garantir que o negócio fosse liderado por familiares envolvidos, mas não levava em conta como essa escolha limitaria a próxima geração.

Sob a amplo rótulo de *empresa familiar*, há uma gama delas que opera de formas completamente diferentes. Embora existam empresas híbridas, a maioria se encaixa em um dos quatro tipos básicos de propriedade, os quais aprofundaremos ao longo deste capítulo:

- **Acionista Único:** um único membro da família por geração detém toda a propriedade.
- **Parceria:** somente quem participa ativamente do negócio pode ser acionista.
- **Distribuído:** qualquer descendente é elegível para ser acionista.
- **Concentrado:** qualquer descendente pode ser acionista, mas um subconjunto tem controle de propriedade.

Talvez você nunca tenha parado para refletir sobre como sua família administra a empresa. O tipo de propriedade pode parecer uma mera formalidade determinada em documentos legais há muito tempo, mas desenhá-lo é um dos seus principais direitos. Cada tipo traz vantagens e desvantagens para o bem-estar em longo prazo da empresa e da família empresarial. Então, neste capítulo, vamos ajudá-lo, apresentando várias etapas para desenhar seu negócio:

1. Compreender os três principais modos de desenhar a sua empresa familiar.

2. Identificar seu tipo de propriedade familiar e entender suas implicações em longo prazo.

3. Refletir se o tipo de propriedade que você possui ainda funciona para sua família ou se é preciso considerar uma mudança.

Qual tipo de propriedade familiar você quer?

A base da empresa familiar é construída em cima de três escolhas de desenho principais, que você fez implícita ou explicitamente. São elas:

1. Até onde vai a divisão de patrimônio?

Imagine, em um espectro, como seu patrimônio é compartilhado com sua família. De um lado, vocês dividem praticamente tudo — por exemplo, no caso de uma família que não só reinveste quase todos os lucros da empresa para fomentar o crescimento, mas também possui outros bens conjuntos, como coleções de carros, casas de férias, bem como investimentos e doações filantrópicas. Algumas famílias dispõem de tudo coletivamente, incluindo as economias pessoais e as casas dos familiares. No outro extremo do espectro, estão as empresas cujos acionistas reinvestem apenas o suficiente para manter o negócio funcionando. Por exemplo, uma empresa familiar com a qual trabalhamos distribuía anualmente 100% dos lucros aos acionistas, que pegavam o dinheiro para gastar ou investir fora da família empresária.[1] A maioria das famílias está entre esses dois extremos. A Tabela 3-1 resume os motivos mais comuns pelos quais os acionistas de negócios mantêm seus bens integrados ou separados.

Harvard Business Review – Manual de Empresas Familiares

TABELA 3-1

Benefícios nas suas escolhas de desenho

Por que integrar?

- Fornece uma motivação poderosa para manter a família unida.
- Permite que a família obtenha benefícios tanto nos negócios quanto em áreas como investimento e filantropia.
- Evita grandes diferenças nos níveis de riqueza da família como um todo — que poderiam advir da busca individual por investimentos.
- Protege a empresa e a riqueza da família, mantendo seus bens juntos.

Por que separar?

- Diminui o risco de conflito familiar ao reduzir o número de decisões que vocês precisam tomar juntos.
- Cria mais "diversificação emocional" ao reduzir a dependência total de ativos compartilhados.
- Evita a dependência dos familiares em relação ao negócio; que pode ser perigosa à medida que a família cresce ou que os negócios declinam.
- Reduz a complexidade empresarial e familiar, que pode ser difícil de gerenciar.

Por que ser inclusivo?
(operadores, governadores, investidores)

- Evita incentivar que familiares ingressem na empresa a fim de serem acionistas, mesmo quando não estão aptos ("algemas de ouro").
- Mantém o capital na empresa, em vez de usá-lo para comprar as partes dos acionistas que já não atendem aos requisitos de elegibilidade.
- Amplia o banco de talentos da família com o passar das gerações.
- Expande as ferramentas de planejamento patrimonial sucessório, separando a propriedade da função exercida na empresa (ver Capítulo 7).
- Evita colocar parentes uns contra os outros caso as funções disponíveis sejam limitadas.
- Evita conflito sobre a definição e aplicação dos critérios de elegibilidade de propriedade.

Por que ser exclusivo?
(apenas operadores e/ou governadores)

- Alinha melhor os interesses entre os acionistas da empresa (ver discussão sobre o modelo de três círculos no Capítulo 1).
- Reduz conflitos quanto ao porquê de alguns estarem se beneficiando do trabalho árduo de outros.
- Permite mais foco na empresa, e menos em perguntas ou interferências de pessoas não envolvidas ativamente.
- Estabelece uma saída clara para os membros da família que não estão interessados na empresa.
- Garante que todos os acionistas da família tenham conhecimento e compreensão da empresa em primeira mão.

Por que dividir o controle?

- Equilibra o poder; impede que alguém tome decisões que possam prejudicar a empresa.
- Evita situações em que os acionistas queiram vender o negócio se outrem estiver no controle, o que poderia desviar o capital do crescimento ou ameaçar a viabilidade da empresa.

Por que unificar o controle?

- Simplifica a tomada de decisões e, assim, permite que a empresa tome grandes decisões mais rapidamente.
- Impõe limites nos conflitos, por haver uma única autoridade que pode resolvê-los.

2. Quem pode ser um acionista?

A segunda principal escolha de desenho envolve definir quem tem permissão para ser o dono do seu negócio. A maioria das empresas familiares restringe deliberadamente a propriedade aos descendentes da linhagem dos proprietários originais. Ou seja, a filha de um fundador pode ter direito à propriedade um dia, assim como seus filhos, mas o marido ou os enteados, não. Em nossa análise de cem empresas familiares, todas, exceto uma, apresentavam alguns requisitos de linhagem familiar para conceder direito à propriedade. Algumas vão além e permitem que apenas descendentes do sexo masculino ou aqueles que carregam o sobrenome do fundador sejam acionistas. Há países, como aqueles regidos pela Sharia, em que a questão de determinar futuros acionistas é previamente estabelecida por lei ou costume. Em outros, os pais são legalmente obrigados a dividir suas heranças de forma equivalente. Mas, mesmo quando a distribuição igualitária da riqueza não é exigida por lei, muitos deles querem tratar os filhos da mesma forma. Se o principal patrimônio dos pais for a empresa, pode fazer sentido dividi-la igualmente entre os filhos. Isso cria ramificações familiares que se estendem por gerações.

Além dessas restrições de linhagem, muitas empresas familiares têm requisitos adicionais com base na participação na empresa. Acionistas individuais se enquadram em três papéis distintos:

- **Operadores:** acionistas que trabalham no negócio, geralmente em algum papel de liderança.

- **Governadores:** acionistas que contribuem significativamente para a tomada de decisões como acionistas responsáveis ou parte do conselho ou da governança.

- **Investidores:** acionistas que não participam das decisões de forma significativa além das reuniões anuais e revisão dos formulários de referência (*proxy statements*), como faria um acionista de empresa de capital aberto.

Harvard Business Review – Manual de Empresas Familiares

Algumas empresas familiares, como é o caso do negócio dos Dillon, estabelecem um limite mínimo de envolvimento para a propriedade, acreditando que um acionista passivo, que atua apenas como um investidor, ameaça a sobrevivência da empresa. Eles, portanto, permitem que apenas quem participa ativamente se torne acionista. Nessas empresas familiares, a definição de participação ativa varia: algumas só permitem operadores ou governadores, enquanto outras permitem ambos. O terceiro e o quarto tópicos da Tabela 3-1 comparam as vantagens das regras inclusivas e exclusivas de propriedade em empresas familiares. Uma abordagem inclusiva aceitaria todos os tipos de acionistas (operadores, governadores e investidores). Já uma exclusiva, apenas aqueles que atendessem ao critério para participação.

Criando um mapa de ativos compartilhados para sua família

Considerando o que você já sabe, crie um mapa de ativos compartilhados para sua família. A Tabela 3-2 mostra a gama de ativos compartilháveis e os divide em categorias. De acordo com o seu conhecimento, liste estes itens no caso da sua família, seus valores aproximados, quem pode administrá-los, a quais pessoas (ou *trusts*) pertencem hoje, quem poderá administrá-los na próxima geração e os problemas que a família pode enfrentar graças a esse desenho de propriedade. Incluímos um exemplo da empresa familiar dos Dillon para você começar (Tabela 3-2). Este mapa o ajudará a ter uma noção do desenho da propriedade da sua família e dos problemas que o acompanham.

Desenhar

Tipo de ativos	Ativo compartilhado (valor bruto)	Quem tem direito à posse?	Quem são os acionistas atuais (%)?	Quem pode ser acionista na próxima geração?	Problemas previstos
Empresas Ativas	Dillon Pet Care (US$30 milhões)	Somente operadores	Henry (33%), Nick (33%), Lauren (33%)	Apenas membros da 3ª geração que trabalham na empresa	Megan precisa trabalhar na empresa para ser acionista. Caso contrário, Lauren precisaria vender suas ações para os irmãos.
Investimentos Ativos (ex: empresas que sua família controla, mas não opera)	Controle acionário de fornecedor de frango probiótico (US$3 milhões)	Propriedade do *trust* da Família Dillon	*Trust* da Família Dillon (51%), cujos beneficiários são a 1ª e 2ª gerações. Administração de empresa não familiar.	Os futuros beneficiários do *trust* são todos os membros da 3ª geração da família Dillon (distribuído).	Haverá conflito de interesses entre o negócio, que pertence a toda a família, e o que pertence ao subconjunto que trabalha na Dillon Pet Care?
Investimentos Passivos (ex: fundos mútuos de propriedade conjunta)	Nenhum				
Imóveis (ex: casas de férias, terrenos, imóveis em uso)	Casa de praia (US$1,5 milhão)	Propriedade do *trust* da Família Dillon	*Trust* da Família Dillon (100%)	Os futuros beneficiários do *trust* são todos aqueles da 3ª geração da família Dillon.	Não há regras de propriedade compartilhada sobre o uso, a manutenção ou as despesas (veja o Capítulo 13).
Filantropia Familiar (ex: fundações, fundos de doadores, ONGs afiliadas)	Doações à Fundação Familiar Dillon para Adoção de Cães (US$0,5 milhão)	Controlado pela fundação	Propriedade da fundação	Propriedade da fundação	Toda a 3ª geração faz parte do conselho da fundação para fazer doações. As prioridades dos indivíduos com base nas contribuições variam muito.

3. Quais acionistas têm controle?

O controle de propriedade está, muitas vezes, ligado à participação geral de cada pessoa na empresa. Sob essa perspectiva, o nível de controle de cada indivíduo é baseado no número de herdeiros elegíveis em seu lado da família. Na família Dillon, por exemplo, Megan era uma dos seis primos (vivos) da 3ª geração. Porém, como filha única, poderia acabar administrando mais do negócio do que os primos, que dividiriam entre si o terço da propriedade que coube aos seus respectivos pais. Um dos três irmãos da segunda geração teve três filhos, o outro, dois. Então, se Megan acabasse ficando na empresa familiar, ela poderia, um dia, controlar um terço dela, enquanto sua prima Ana — uma das três crianças sobreviventes do primeiro irmão — poderia acabar com um nono (um terço de um terço), ou pouco mais de 11%. Em casos como esse, aqueles que nasceram em uma família menor terão a sorte de, eventualmente, exercer mais controle sobre a empresa. Quem tem mais irmãos está destinado a ter menos poder.

A alternativa para compartilhar o controle da propriedade nesse contexto é consolidá-lo nas mãos de um subconjunto de acionistas. Às vezes, um membro da família recebe a maior parte das ações, com o entendimento explícito de que ele ou ela administrará o negócio em benefício de todos os parentes. Em outros casos, as empresas familiares dividem a propriedade em ações ordinárias e ações preferenciais, de modo que um ou mais acionistas detêm a maioria das ações ordinárias, ou optam por uma *golden share* (portanto, pelo controle do negócio), mesmo que as ações preferenciais, que trazem a maior parte dos benefícios financeiros da propriedade, sejam divididas igualmente. Quando a propriedade é mantida em *trust*, ela pode ser consolidada por meio dos poderes do *trustee* ou pelo uso de um *voting trust*. Por exemplo, em algumas empresas familiares, o valor do negócio é dividido entre toda a família conforme o número de herdeiros, mas, em cada geração, um membro da família é escolhido como *trustee* e detém todas as ações ordinárias da empresa. Na prática, isso significa que, embora a família se beneficie uniformemente do sucesso do negócio, só uma pessoa tem o controle das decisões importantes. A parte inferior da Tabela 3-1 mostra as principais razões pelas quais as famílias unificam o controle em um subconjunto de acionistas ou o compartilham.

Desenhar

E então, qual o tipo de propriedade da sua empresa familiar? Vamos começar com a primeira questão do desenho, que é definir até onde vai a divisão de patrimônio (consulte o quadro "Criando um mapa de ativos compartilhados para sua família"). No caso desses ativos, o grupo de proprietários é consistente ou alguns são administrados de maneiras diferentes? Como no caso dos Dillon, você pode ter um negócio ativo com um conjunto de proprietários e um fundo imobiliário com outro conjunto. Para entender seu tipo de negócio, você precisa separar esses empreendimentos.

FIGURA 3-1

Os quatro tipos mais comuns de propriedade em empresas familiares

Agora, você precisa abordar a segunda e a terceira questões do desenho da(s) empresa(s) de propriedade conjunta. Colocá-las juntas na matriz 2x2 na Figura 3-1 aponta para os quatro tipos mais comuns de propriedade familiar.

Harvard Business Review – Manual de Empresas Familiares

O eixo *y* aponta se os membros da família precisam atender a algum critério de participação, como trabalhar no negócio, para ser acionista (Exclusivo) ou se qualquer descendente pode sê-lo (Inclusivo). O eixo *x* diferencia as empresas familiares, considerando se o controle está nas mãos de um subconjunto de acionistas (Unificado) ou distribuído entre eles (Compartilhado). Em uma pesquisa que realizamos com empresas familiares de vários tamanhos, indústrias e localizações geográficas, descobrimos que 13% têm, em cada geração, um único membro da família que detém toda a propriedade (Acionista Único), 24% exigem que os acionistas participem ativamente do negócio (Parceria), 36% permitem que qualquer descendente seja acionista (Distribuído) e 27%, que qualquer descendente seja acionista, desde que apenas um subconjunto tenha controle de voto (Concentrado).[2]

A maioria das empresas familiares começa no quadrado inferior esquerdo (Acionista Único). Nela, a propriedade é exclusiva do fundador, que detém o controle total de votos no negócio. Algumas permanecem nesse modelo, limitando a propriedade a uma pessoa por geração. Essa categoria inclui o que é conhecido como *primogenitura*. Outras, ainda, têm apenas um acionista, mas selecionam o da próxima geração com base em critérios além da ordem de nascimento e do gênero. A fabricante de conhaque House of Camus, sediada na França e fundada em 1863, é um exemplo da estrutura de Acionista Único. A cada geração, um único membro da família lidera a empresa. Essa pessoa é obrigada a comprar as ações dos irmãos e se tornar o Acionista Único. Cyril Camus, o acionista da 5ª geração, acredita que a proximidade do acionista com o negócio tem sido essencial para a longevidade do empreendimento.

Algumas empresas familiares passam da modalidade de **Acionista Único** para a de **Parceria** (o quadrado inferior direito na Figura 3-1). Elas mantêm a conexão entre propriedade e participação ativa, mas permitem que mais de uma pessoa administre o negócio. Muito parecida com a situação de um escritório de advocacia ou consultoria empresarial, a propriedade nesse tipo de empresa familiar geralmente requer habilidades para contribuir com o sucesso do negócio e termina quando o sócio deixa a empresa. Os Dillon es-

Desenhar

colheram uma Parceria. Este modelo pode funcionar por gerações. A família germano-holandesa Brenninkmeijer, por exemplo, é dona da COFRA, uma holding que controla a varejista de *fast fashion* C&A, entre outros. Na Parceria COFRA, os filhos dos atuais proprietários, conforme descrito em seu site, "passam por um rigoroso processo de seleção, avaliação e aprendizado com duração de cerca de quinze anos" antes de poderem obter o direito de propriedade. Atualmente, existem cerca de cinquenta acionistas familiares, parte de uma família muito maior que está entrando na 6ª geração.

Outras empresas passam para um modelo mais compartilhado e inclusivo (o quadrado superior direito na Figura 3-1) após a geração fundadora. Uma vez que tanto a propriedade quanto o controle são amplamente compartilhados, apelidamos esse tipo de propriedade de **Distribuído**. Nela, não há requisitos de participação, e as ações são transmitidas ao longo das linhagens. Por exemplo, a Bacardi Limited pertence aos membros da família Bacardí, descendentes do fundador Don Facundo Bacardí Massó, há sete gerações. Devido ao modelo Distribuído da empresa, um dos principais acionistas familiares do império Bacardi tem cerca de 1% de participação acionária.

Por fim, algumas empresas familiares saem do modelo Acionista Único e passam para o quadrado superior esquerdo. Elas adotam uma definição inclusiva de propriedade, geralmente contemplando todos os descendentes do fundador. No entanto, o controle unificado dele é mantido em um subconjunto de acionistas, muitas vezes composto por uma ou poucas pessoas, no máximo. Chamamos esse tipo de negócio de **Concentrado** por causa do poder diferencial daqueles que recebem o controle da propriedade. É o caso da Vitamix, fabricante e líder global em liquidificadores de alta performance, cujos acionistas familiares adotaram o chamado "modelo de liderança colaborativa". Embora o valor econômico dessa empresa centenária seja transmitido por meio dos descendentes, a cada geração, o CEO é obrigado a assumir ou controlar a maioria das ações ordinárias. Apesar dos acionistas buscarem um consenso nas decisões importantes, esse modelo permite que o CEO dê a última palavra se não conseguirem alinhar as ideias.

Harvard Business Review – Manual de Empresas Familiares

Entendendo as implicações atuais e futuras do seu tipo de propriedade

Vimos histórias de sucesso em todos os tipos de propriedade familiar. Conforme resumido na Tabela 3-3 na próxima página, cada tipo apresenta vantagens e desafios para empresas que navegam em um mundo dos negócios em constante mudança.

Em alguns casos, o que os acionistas fazem na prática pode diferir muito da forma legal da propriedade. Por exemplo, trabalhamos com um grupo de irmãos que, na teoria, dividiram irmãmente a empresa, entretanto, o mais velho exerce o controle sobre todas as decisões relacionadas ao negócio. Essa empresa familiar é, legalmente, do tipo Distribuído, mas, na prática, atua como um Concentrado. Operar sob um tipo de propriedade *promulgada* que difere da estrutura legal pode nunca levar a problema algum se as gerações futuras entenderem e concordarem com a prática. Porém isso também pode levar a conflitos e confusão se elas tiverem uma perspectiva diferente. Se a prática real difere da estrutura legal de liderança, considere, com o tempo, alinhar sua estrutura legal com o que foi promulgado ou vice-versa.

Reserve um momento para refletir sobre a propriedade da *sua* empresa familiar. Usando a Figura 3-1, responda às seguintes perguntas:

- Qual dos quatro tipos de propriedade mais se assemelha à sua empresa familiar hoje?
- O tipo de propriedade da sua família mudou com o tempo? Se sim, trace a evolução dela na matriz 2x2.

Desenhar

TABELA 3-3

Benefícios e desafios dos diferentes tipos de propriedade familiar

Definição	Benefícios	Desafios
Acionista Único: a cada geração um único membro da família detém toda a propriedade.	Funciona melhor quando a empresa requer um único líder com controle decisivo, quando existem outros ativos para aqueles que não se tornam o Acionista Único, ou quando a empresa gera liquidez suficiente para cuidar de quem não é acionista.	É preciso abordar a questão do sucessor, e o processo de seleção se torna fundamental. O Acionista Único também deve resolver quais benefícios o restante da família receberá. Por vezes, os pais dão outros ativos aos filhos que não são escolhidos. Outros mantêm a maior parte dos ativos na empresa, mas esperam que o Acionista Único cuide de toda a família. Por vezes, essa expectativa é documentada, mas geralmente é definida pela cultura familiar. Se o Acionista Único for selecionado por uma regra como a da primogenitura, o mérito do indivíduo para a função é definido pela regra, e não pela habilidade.
Parceria: somente quem participa ativamente do negócio pode ser acionista.	Funciona melhor quando a empresa se beneficia da participação ativa de vários acionistas familiares, e quando há outros ativos para aqueles que não se tornam acionistas, ou quando a empresa gera liquidez suficiente para cuidar de quem não é acionista.	Você deve esclarecer as regras pelas quais os familiares entram e saem do grupo de acionistas, assim como o que acontece com aqueles que não são participantes ativos. Algumas Parcerias limitarão os bens compartilhados às empresas ativas, mantendo investimentos ou propriedades familiares fora da empresa e permitindo que todos os descendentes tenham acesso a eles. Muitas Parcerias exigem que cada geração compre suas ações da anterior. Essa prática, no entanto, exige que a empresa se recapitalize a cada geração (reduzindo o investimento no negócio). A recapitalização também pode impedir o uso de valiosos veículos de planejamento sucessório que podem reduzir os impostos, mas exigem saber quem serão os acionistas com muitos anos de antecedência.
Distribuído: qualquer descendente é elegível para ser um acionista.	Funciona bem quando a maior parte da riqueza da família é mantida em um único ativo e quando a cultura familiar ou o sistema jurídico exige propriedade compartilhada entre todos os descendentes.	Será um desafio alinhar os interesses de diferentes acionistas, já que eles podem ter diversos níveis de engajamento. E como nenhum dono tem participação majoritária, será preciso definir formas de delegar e tomar decisões que gerem consenso. Uma vez que ninguém é obrigado a ser ativo na empresa, o grupo acionista corre o risco de se distanciar demais do negócio e perder o controle. (Para saber mais sobre essa situação, ver Capítulo 14.)
Concentrado: qualquer descendente pode ser um acionista, mas é um subconjunto que tem controle de propriedade.	Funciona bem quando o negócio requer ação decisiva, mesmo quando há vários acionistas.	Mesmo resolvendo muitos dos problemas do tipo de negócio Distribuído, surgem outros. Assim como no tipo Acionista Único ou Parceria, a questão de quem exerce o controle se torna mais complicada a cada geração. O controle será passado para a mesma linhagem? Ou, caso vá para os mais qualificados, como isso é definido? Como aqueles que detêm o controle vão impedir que os outros acionistas se desvinculem, já que seus votos não importam?

55

Harvard Business Review – Manual de Empresas Familiares

Mudando seu tipo de propriedade familiar

Seu tipo de propriedade familiar pode mudar ao longo das gerações, às vezes evoluindo naturalmente em resposta à dinâmica da família ou dos negócios. Por exemplo, os Antinori, os vinicultores italianos que mencionamos no Capítulo 2, modificaram a propriedade de sua empresa familiar. Em vez de colocar o negócio nas mãos de apenas uma das filhas, o patriarca Piero decidiu mudar a propriedade para uma Sociedade, na qual cada uma das três filhas (Albiera, Allegra e Alessia) seria acionista e ativa na empresa.

Pode ser que o tipo de propriedade dos Antinori precise evoluir de novo para a 27ª geração. Todos os seis netos serão acionistas, mas, no momento, parece improvável que todos acabem trabalhando no negócio. A família está definindo as regras para a administração pela próxima geração, dos desafios inerentes que surgem com o afastamento do modelo de Acionista Único. Entretanto, a disposição dos Antinori em mudar seu tipo de propriedade vem sendo fundamental para a sobrevivência da empresa ao longo das gerações.

Em outras circunstâncias, essa alteração pode ser necessária para lidar com um conflito que ameaça destruir o negócio em si. Quando as empresas familiares se veem presas nesse tipo de situação, o problema quase sempre é mais complexo do que uma mera questão de "quem está qualificado para ser um sucessor?" ou "qual carreira a próxima geração deve seguir?" Os desafios que essas famílias enfrentam com frequência refletem um descompasso entre o tipo de propriedade que funcionou para a geração atual e aquele que melhor atende às necessidades da próxima.

Como discutimos no início do capítulo, os Dillon se viram com esse tipo de dilema por causa da estrutura de Sociedade (que ninguém havia questionado abertamente antes que a situação com Megan surgisse). Felizmente, a jovem e a mãe não foram as únicas a sofrer com o estresse causado pelas escolhas de desenho da propriedade. Dos seis membros da próxima geração, apenas três estavam entusiasmados quanto a trabalhar na empresa.

Depois de bastante debate, os Dillon decidiram permitir que membros da família que não estivessem trabalhando na empresa se tornassem acionistas. Aceitar um modelo diferente de propriedade exigiu uma mudança sísmica no

Desenhar

pensamento da mãe e dos tios de Megan. A expectativa de que todos os filhos estivessem igualmente interessados em trabalhar na empresa — e qualificados nesse sentido — era irreal. Lauren e seus irmãos concluíram que, apesar do objetivo final de manter o empreendimento como um legado familiar, eles também queriam se manter fiéis à ideia de ter um negócio controlado por aqueles que de fato trabalham nele. Um tipo Concentrado, que, ao mesmo tempo, permitisse que todos os descendentes da família fossem acionistas e deixasse o controle nas mãos dos que trabalhavam no negócio, tornaria ambos os objetivos possíveis. Tal mudança exigiu novas estruturas de governança, políticas e planejamento de propriedade. Essas medidas demandaram um investimento significativo de tempo e energia, mas facilitaram uma transição suave para a geração seguinte, que, mais importante, poderia seguir suas paixões profissionais, em vez de viver as dos pais. Megan agora leciona em uma universidade e está ativamente envolvida como membro do conselho, comprometida em manter vivo o legado da mãe.

Esperamos que, ao descrever esses tipos de propriedade, tenhamos ajudado você a iniciar esse tipo de conversa. Ao revisar seu desenho, reflita se ele é apropriado para o futuro. As necessidades e os interesses familiares e empresariais mudam ao longo do tempo. Por exemplo, os acionistas podem crescer em número ou divergir em suas aptidões. Às vezes, um capital externo se faz necessário conforme a empresa cresce. Defina com sua família os seus objetivos como acionistas e explorem se a abordagem atual é a mais adequada para alcançá-los. É recomendável revisar e, possivelmente, alterar seu desenho nas seguintes circunstâncias:

- A próxima geração está entrando na empresa;
- O tamanho e a complexidade da empresa mudam significativamente;
- Você está enfrentando restrições de capital devido à necessidade de comprar a maior parte da empresa dos outros acionistas;
- Você está preso em um conflito cuja causa principal está relacionada à sua propriedade, a quem pode ser acionista ou a quem detém o controle;
- Você está no processo de transição da liderança familiar para a liderança não familiar na empresa.

Harvard Business Review – Manual de Empresas Familiares

Na base de toda empresa familiar estão as escolhas que definem sua forma básica. Embora muitas vezes sejam vistas como certas e definitivas, é essencial entender e revisar essas escolhas caso você queira que a empresa familiar faça parte do seu futuro.

Resumindo

○ Os acionistas têm o direito de escolher o tipo de propriedade familiar. Em especial, eles têm três escolhas principais quanto ao desenho:

- Qual a propriedade que vocês querem administrar juntos?

- Quem é elegível para ser acionista?

- Quais acionistas têm o controle?

○ Cada um dos quatro principais tipos de propriedade familiar — Acionista Único, Parceria, Distribuído e Concentrado — traz suas próprias vantagens e desvantagens.

○ As empresas familiares mudam seu tipo de propriedade com frequência ao longo do tempo. Trace a história do seu negócio, observando como o seu tipo evoluiu ao longo das décadas.

○ Seu tipo de propriedade familiar influencia significativamente suas estruturas de governança, opções estratégicas, padrões de comunicação e métodos de sucessão.

○ Se sua empresa familiar está enfrentando um grande desafio, reflita se o desenho de propriedade atual é o correto. Reveja quais ativos são de propriedade conjunta. Vocês podem se beneficiar adicionando novos ativos compartilhados ou separando os já existentes? Será que seu tipo de propriedade familiar permitirá que vocês enfrentem os desafios do futuro?

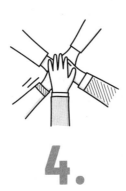

4.

Decidir

Estruture a Governança para Tomar Grandes Decisões Conjuntas

O poder de decisão dos acionistas de uma empresa familiar é enorme.[1] Em alguns negócios de tamanho considerável, nem um dólar pode ser gasto sem a sua aprovação. O que não significa que eles *devam* tomar todas essas decisões. À medida que o tamanho e a escala da família e da empresa aumentam, o papel dos acionistas se afasta da tomada de decisões diretas e se aproxima do exercício eficiente do poder decisivo. Quando envolve muita rigidez, o poder de controlar todas as decisões sufocará os negócios *e* a família.

É aí que a governança entra em jogo. A boa governança ajuda os acionistas a equilibrar a necessidade de manter o controle sobre o que é mais importante com a de delegar responsabilidades a terceiros, permitindo uma tomada de decisão melhor e mais rápida.

Harvard Business Review – Manual de Empresas Familiares

Se a sua empresa for pequena ou funcionar bem com um processo informal de tomada de decisões, você pode considerar a governança formal desnecessária. Porém, com o sucesso e o crescimento do negócio, o número e a dificuldade das decisões logo se tornam grandes demais para que alguém (ou grupo de pessoas) consiga resolver bem. E, sem voz sobre as decisões, outros membros da família e funcionários podem acabar se sentindo impotentes, descomprometidos ou em conflito uns com os outros. Repetidas vezes, vimos empresas apresentarem baixo desempenho e caírem no caos porque os envolvidos não aprenderam a tomar boas decisões em conjunto. Frequentemente, a culpa é colocada nos membros da família em funções de liderança, em vez de no fracasso coletivo na construção de uma boa governança.

Tome como exemplo o caso de Steve, presidente de uma empresa familiar de 3ª geração. "Sou um cauбói", ele nos contou, orgulhoso. "Aqui é preparar, apontar, fogo", continuou. Steve tinha bons motivos para se gabar dos instintos de cauбói, afinal, eles foram essenciais para o rápido crescimento da sua empresa familiar nas últimas duas décadas, passando de um pequeno número de lojas locais a uma rede regional admirada. Durante quase trinta anos, ele administrou a empresa com a irmã e o primo. A propriedade do negócio que haviam herdado dos pais era dividida irmãmente, mas os coproprietários não estavam lá muito felizes com os instintos empresariais de Steve. Na verdade, suas decisões de cauбói solitário eram a fonte do conflito que ameaçava descarrilhar a empresa. Quando a irmã e o primo lhe pediram que diminuísse a estratégia de crescimento agressivo e os mantivesse mais informados, ele se irritou com a restrição. "Não quero saber, inferno! Eu que construí isso aqui!", Steve nos confessou. O negócio estava prosperando, mas as relações estavam tensas, a ponto de os três acionistas se perguntarem se chegara a hora de seguirem cada um o seu caminho.

Em essência, as dificuldades de Steve não se davam por falta de boas intenções, mas sim pela falta de boa governança. Ele e seus coproprietários não tinham um processo saudável para tomar decisões em conjunto. Porém, uma vez que reconheceram esse problema, estabeleceram uma estrutura de governança formal que exigia que Steve buscasse a aprovação da irmã e do primo para qualquer decisão de negócios cujo impacto ultrapassasse um determinado valor em dólares. Essa solução teve o duplo efeito de aliviar as preocupações dos coproprietários quanto a serem deixados de fora das decisões importantes e de exigir que Steve planejasse e justificasse as mudanças com mais cuidado. Agora a empresa — e a família — estão de volta aos trilhos.

A qualidade das suas decisões determinará o futuro do seu negócio. Mas como classificar a miríade de decisões que toda empresa familiar enfrenta, como decidir quem deve tomá-las? Neste capítulo, vamos ajudá-lo a entender a boa governança por meio de quatro ferramentas:

1. O modelo das Quatro Salas, uma estrutura para ajudá-lo a organizar a tomada de decisões em sua empresa.

2. Um roteiro para montar as Quatro Salas no seu negócio.

3. Um guia para a criação de processos que atendam às várias pessoas e salas da sua empresa familiar.

4. Um plano para renovar sua governança atual a fim de tomar decisões mais eficazes.

O modelo das Quatro Salas

Uma estrutura simples para melhorar sua tomada de decisões começa com uma metáfora. Imagine que seu sistema de empresa familiar é uma casa de quatro salas: uma Sala dos Acionistas, uma Sala do Conselho de Administração, uma Sala da Gestão e uma Sala da Família. Cada uma tem regras claras sobre quem pode entrar, quais decisões são tomadas ali, e quem as toma. Chamamos essa estrutura de **modelo das Quatro Salas** (Figura 4-1). É um jeito simples, mas útil, de mapear quem deve tomar quais decisões no seu negócio. Empresas familiares bem administradas canalizam as decisões para a sala apropriada, e os membros da família e outras pessoas desempenham papéis diferentes e se comportam de maneiras distintas em cada sala. Um CEO não familiar, por exemplo, lidera a Sala da Gestão(que se concentra nos negócios cotidianos), mas não deve decidir

Harvard Business Review – Manual de Empresas Familiares

como os acionistas usarão seus dividendos. Da mesma forma, os familiares não podem simplesmente entrar em qualquer sala e tomar decisões. O valor de construir sua governança em torno do modelo das Quatro Salas é que as regras e os limites da tomada de decisão são claros: todos sabem em quais salas podem entrar e entendem como todos funcionam em conjunto. O modelo é uma maneira eficiente de organizar as pessoas, as relações e os sistemas de tomada de decisão na empresa familiar.

FIGURA 4-1
O Modelo das Quatro Salas

Sala dos Acionistas
- Proprietários
- Beneficiários
- Trustees

Sala da Família
- Descendentes
- Cônjuges
- Próxima geração

Sala do Conselho de Administração
- Diretores
- Conselheiros

Sala da Gestão
- CEO/Diretoria
- Gerência
- Funcionários

As Quatro Salas não são configuradas aleatoriamente, lembre-se da pirâmide invertida do Capítulo 2. A Sala da Gestão está subordinada à do Conselho de Administração que, por fim, está subordinada ao grupo Acionista. Mas a Sala da Família também tem um lugar importante. Como mostrado na Figura 4-1, ele não fica em cima das outras salas, porque esses não estão subordinados à família. Em vez disso, a Sala da Família é *adjacente* às outras neste modelo, indicando a importância de manter a influência e a união familiar, além de desenvolver o talento dos membros, que, se qualificados e interessados, podem se mudar para outras salas no futuro.

Decidir

A atmosfera em cada um deles deve diferir, e isso é intencional. Por exemplo, discutimos anteriormente a importância das relações em uma empresa familiar. As relações e o ambiente certos devem estar presentes em todas as salas para que funcionem. Idealmente, a dos Acionistas trata de poder, influência e da criação das regras. A do Conselho de Administração, de sabedoria e julgamento; a da Gestão, de competência e execução, e a da Família, de amor, união e desenvolvimento.

A decisão e o fluxo de informações entre as salas são fundamentais para o modelo. Cada uma tomará decisões ou criará políticas que as outras terão que conhecer para fazer um bom trabalho. Por exemplo, a Sala dos Acionistas pode criar uma política sobre a remuneração dos membros da família pelo seu trabalho na empresa ou sobre a época do pagamento dos dividendos. A política deve ser comunicada para que as pessoas nas outras salas, por sua vez, entendam como as próprias decisões devem apoiar essas políticas.

Muitas empresas familiares não são grandes ou complexas o suficiente para justificar a construção das Quatro Salas por completo. No entanto, você pode colocar em prática muitas das ideias em uma abordagem mais informal, como, por exemplo, envolver todas as salas apropriadas durante uma única reunião. Você só precisa definir uma pauta clara ("Discutiremos as decisões da Sala dos Acionistas das 12h às 14h, as decisões da Sala do Conselho de Administração das 14h às 15h" e assim por diante), certifique-se de que as pessoas certas estejam na reunião correta, e de *aplicar os limites que você estabeleceu*. As decisões essenciais são as mesmas para empresas familiares de qualquer porte.

Para melhorar a governança na sua empresa familiar, você precisará focar em duas áreas:

1. **Estruturas:** quais salas você criará, e quais decisões devem ser tomadas em cada uma? Esta é a planta da sua casa.

2. **Processos:** como as salas serão integradas? Este é o fluxo da sua casa — como os espaços estão conectados e se comunicam entre si.

Explicaremos detalhadamente cada uma das salas adiante.

Harvard Business Review – Manual de Empresas Familiares

Estruturas: monte suas Quatro Salas

A primeira tarefa é definir quais decisões são tomadas em cada sala e estabelecer os fóruns (órgãos de decisão com conhecimento e autoridade apropriados) necessários para fazer esse trabalho. Vamos ver como as decisões são normalmente alocadas nas Quatro Salas. O modelo que usamos neste capítulo pode ser personalizado para funcionar melhor na sua família e empresa familiar.

Montando sua Sala dos Acionistas

Independentemente das especificidades da sua empresa familiar, você precisa criar uma Sala dos Acionistas para tomar as decisões que moldarão sua empresa por anos (na verdade, por gerações). A ausência dessa sala, mesmo em uma empresa familiar com estruturas de governança bem desenvolvidas, é a maior lacuna que temos visto no decorrer do nosso trabalho.

Quais decisões acontecem na Sala dos Acionistas?

Ao configurar uma Sala dos Acionistas, os acionistas retêm objetivamente algumas decisões importantes. Delas, quatro cabem diretamente a essa sala e não devem ser delegadas:

- Definir como os interesses de propriedade podem ser comprados, vendidos e transferidos, inclusive para a próxima geração (isso geralmente está compreendido nos acordos de acionistas, que serão discutidos mais adiante neste capítulo).

- Ter a última palavra sobre ações que mudem a natureza do que significa ser um acionista na empresa, como a abertura do capital, contração de dívidas significativas ou venda do negócio.

- Estabelecer metas que definam o sucesso da empresa (para saber mais sobre o tema, consulte o Capítulo 5).

- Eleger familiares ou externos para participar do conselho, representando os interesses dos acionistas.

Além dessas decisões básicas, os acionistas também podem se reservar o direito de tomar ainda outras. Por exemplo, conhecemos um empresário familiar de 80 anos que decide a localização de cada uma das lojas de varejo da sua empresa. Acreditando com afinco que o local é o fator mais importante para o sucesso do negócio, ele se reserva o direito de decidi-lo. Os grupos de acionistas variam bastante em questão de se reservarem decisões. Para serem eficientes, é preciso decidir quais são as *poucas* delas que, de tão importantes, apenas eles devem tomar. Todo o resto pode e deve ser delegado.

Quem está na Sala dos Acionistas?

Os atuais acionistas da empresa são os principais membros da Sala dos Acionistas. Se o seu negócio pertence a *trusts*, os *trustees* e beneficiários estão envolvidos nesta sala. (Embora os *trusts* tragam grandes benefícios fiscais para os acionistas, eles complicam muito mais a tomada de decisão. Para saber mais, consulte o Capítulo 7.)

Os futuros acionistas só são convidados a entrar na sala quando a geração atual os considerar aptos para tomar parte nas discussões do grupo. Esses jovens geralmente podem participar delas a partir dos seus 20 e tantos anos. Tendo grande influência tanto na geração atual de acionistas quanto na próxima, às vezes, os cônjuges são convidados a participar da Sala dos Acionistas. (Em nossa base de clientes, cerca de 20% estabeleceram, nessa sala, uma função formal para os cônjuges, que, em alguns países, se tornam legalmente acionistas e são naturalmente incluídos.)

Como a Sala dos Acionistas funciona?

Empresas eficientes precisam definir o rumo correto para a Sala dos Acionistas. Ao contrário da Sala da Gestão, na qual o CEO é o chefe dos funcionários, os acionistas não têm chefe. Embora a pessoa ou grupo com 51% das ações ordinárias tenha o controle legal dos ativos, os acionistas minoritários também têm os próprios direitos e interesses resguardados por lei e, muitas vezes, claramente definidos em um acordo de acionistas. Um contrato assim pode, por exemplo, estipular que a empresa não pode ser vendida sem o consentimento da maioria absoluta dos acionistas, sendo que

Harvard Business Review – Manual de Empresas Familiares

os minoritários não estão subordinados a um majoritário. Essa falta de hierarquia torna a dinâmica do grupo na Sala dos Acionistas desafiadora. Sem um chefe, sua dinâmica funciona pelo poder e influência. Lá, as decisões são influenciadas pelo voto (no qual o peso do votante corresponde à porcentagem de ações detidas por um indivíduo ou grupo) e pela voz (na qual a contribuição de quem não vota pode desempenhar um papel importante na tomada de decisões). Mesmo em um modelo de propriedade Concentrado, um acionista controlador corre o risco de iniciar um conflito se deixar de ouvir os acionistas minoritários e a próxima geração. Salas dos Acionistas bem administradas garantem que todos os acionistas tenham voz nas principais decisões, mesmo sem voto. E a maioria opera por consenso, que é definido como uma decisão que pode não ser o que cada envolvido escolheria se dependesse apenas de si, mas com a qual todos podem conviver. Mesmo que você possua os votos, aconselhamos que tente, primeiro, chegar a um consenso para manter o máximo de união possível.

Uma Sala dos Acionistas geralmente tem duas estruturas: um conselho de acionistas e uma assembleia de acionistas. O **conselho de acionistas** representa os interesses de propriedade empresarial de uma família e oferece diversos benefícios:

- Um fórum para que os acionistas familiares recebam atualizações sobre a empresa e expressem suas opiniões.

- Um grupo de trabalho para fazer recomendações sobre questões-chave de propriedade (acordos de acionistas, políticas de dividendos)[2].

- Um elo entre os acionistas e os grupos que tomam as decisões: conselho, gestão, *family office* e conselho da família.

Um conselho de acionistas deve se reunir em algum período entre um e três meses. Se sua empresa tiver dez acionistas ou menos, geralmente todos participam de todas as reuniões. Em famílias maiores, ele costuma se tornar um órgão representativo que trabalha nas questões de propriedade em nome de todos os acionistas. Nesse caso, os membros são eleitos pelas filiais ou por todos os administradores. Em uma empresa familiar do tipo Concentrado, na qual um subconjunto de acionistas tem o controle, é possível que esse conselho não tenha nenhum poder de decisão. Em vez disso, ele serve como um mecanismo formal para que os demais acionistas possam ser ouvidos pelo(s) acionista(s) controlador(es).

É na **assembleia de acionistas** que os direitos legais dos acionistas normalmente são exercidos. Nela, membros do conselho são eleitos, estatutos são alterados, e as principais decisões são aprovadas. Todos os detentores de ações — seja direta ou indiretamente como *trustees* ou beneficiários de *trusts* — são convidados a participar. Em grupos menores de acionistas, a assembleia geralmente é uma formalidade, muitas vezes acontece durante a reunião do conselho de acionistas. Já em grupos maiores, a assembleia de acionistas costuma ser mais formal, e os votos são exercidos pessoalmente ou por meio de um procurador. Elas geralmente acontecem anualmente, a menos que uma decisão importante, como a venda de um negócio, surja antes e exija a aprovação dos acionistas.

Montando sua Sala do Conselho de Administração

Quais decisões acontecem na Sala do Conselho de Administração?

A função da Sala do Conselho de Administração reflete sua posição entre Sala dos Acionistas e o da Gestão. Um conselho de administração deve garantir que os gestores estejam operando a empresa de forma a cumprir os objetivos estabelecidos pelos acionistas. É possível identificar quais decisões são importantes o suficiente para solicitar o foco desse órgão por meio de um simples teste: a decisão é significativa a ponto de uma má escolha poder colocar o negócio em risco substancial?

As decisões que cabem ao conselho de administração geralmente incluem:

- Contratar ou demitir o CEO, decisão que muitos membros do conselho de administração consideram ser a mais importante de todas.
- Planejar a sucessão gerencial, seja o sucessor familiar ou externo.
- Definir a compensação adequada dos executivos, incluindo a do CEO e sua equipe (no caso de um executivo acionista, o conselho de administração deve separá-la dos retornos do acionista).
- Aprovar a estratégia de negócios recomendada pelo CEO e as decisões "materiais", como aquisições e empréstimos.

Harvard Business Review – Manual de Empresas Familiares

- Garantir a conformidade regulatória e legal adequada.
- Definir os dividendos anuais à luz da política definida na Sala dos Acionistas e do desempenho da empresa naquele ano.

O conselho de administração deve *supervisionar* o negócio, não administrá-lo.

A maioria das jurisdições tem a exigência legal de nomear um conselho de administração, mas às vezes não passa de uma formalidade para as empresas. Existem boas razões para ir além desses requisitos legais básicos e criar um conselho de administração que realmente ajude a orientar e aconselhar o seu negócio. São diversos os tipos de conselhos que podem ser úteis em uma empresa familiar, você não precisa automaticamente seguir o padrão de configuração clássica do conselho de administração de uma grande empresa. A Tabela 4-1 descreve as diferentes opções que você talvez queira considerar.

TABELA 4-1

Resumo dos conselhos de administração de empresas familiares: qual tipo atende você?

Descrição	Vantagens
Conselho consultivo informal: grupo que oferece assessoria informal a executivos e proprietários de empresas; não tem autoridade jurídica.	• É fácil de implementar • É flexível • Tem responsabilidade limitada
Conselho consultivo formal: equipe que se reúne regularmente para aconselhar acionistas e executivos; não tem autoridade jurídica.	• É flexível • Tem responsabilidade limitada • É estruturado • Possui memória corporativa • Alguns conslheiros externos assumirão apenas funções consultivas
Conselho estatutário: grupo formal de diretores legalmente autorizados a tomar decisões no âmbito de conselho sobre os negócios.	• Possui memória corporativa • Toma decisões difíceis • Pode fornecer liderança temporária • Os membros têm responsabilidade legal de representar todos os acionistas • Alguns conslheiros externos assumirão apenas funções estatutárias
Conselho estatutário/consultivo híbrido: misto de diretores familiares estatutários com poder de voto e consultores externos sem responsabilidade estatutária.	• Apresenta um misto de vantagens do conselho consultivo formal e do conselho estatutário

Quem está na Sala do Conselho de Administração?

Você pode se sentir tentado a limitar seu conselho de administração aos membros da família em um esforço de manter os detalhes da empresa privados. Reconhecemos que trazer alguém de fora é um grande passo para as empresas familiares, mas pedimos que você considere adicionar pelo menos algumas vozes independentes ao seu conselho. Conselheiros independentes podem mudar a dinâmica da Sala do Conselho de Administração e torná-lo mais profissional, além de ajudá-lo a gerenciar as carreiras dos membros da família na empresa e trazer conhecimentos complementares para as discussões do conselho de administração, só para citar alguns dos muitos benefícios.

Quem deveria estar no seu conselho de administração, então? Quando a empresa é suficientemente grande e complexa, adicionar conselheiros ou consultores independentes é uma das poucas práticas universais recomendadas que destacaremos para todas as empresas familiares. Lembre-se de que, como acionistas, vocês sempre terão o direito de demitir um independente se ele não atender aos seus interesses. Vocês continuam no controle. Seja qual for a configuração que escolherem, certifiquem-se de que seu conselho de administração seja composto por pessoas que entendam os interesses dos acionistas e consigam orientar e supervisionar sabiamente os negócios durante as deliberações.

"Sem parceiros, sem negócios" é uma boa regra prática. Você não deveria ter seu parceiro de golfe no seu conselho de administração, assim como não deve ter um consultor que preste serviços à sua empresa. E um conselho com vários membros da gestão carece de uma perspectiva independente. A administração não deve se autossupervisionar.

Montando sua Sala da Gestão

Quais decisões acontecem na Sala da Gestão?

O modelo das Quatro Salas deixa quase todas as decisões restantes relacionadas aos negócios para o da Gestão. É claro que toda empresa tem

Harvard Business Review – Manual de Empresas Familiares

uma longa lista de decisões administrativas — recomendar estratégias, operar a empresa, contratar ou demitir a equipe administrativa, entre outras. Embora os acionistas tenham o direito de fazer essas escolhas, com o modelo das Quatro Salas, os acionistas que não se mostram claramente como operadores se afastam dessas decisões de gestão. A abordagem das Quatro Salas concede à gestão a capacidade de colocar qualquer "conselho útil" de acionistas não operacionais ou outros membros da família de volta na sala apropriada, reforçando, assim, limites importantes.

Quem está na Sala da Gestão?

Nos estágios iniciais de uma empresa familiar, pode ser que só familiares atuem como gestores. Conforme a empresa cresce, você provavelmente precisará adicionar profissionais externos para ajudar a administrá-la. Algumas dessas empresas exigem que seus negócios sejam administrados por parentes, já outras os proíbem de trabalhar na empresa. A maioria dos lugares está no meio termo, e empresas familiares bem-sucedidas existem em todos os cenários. Mas você não precisa escolher entre ser administrado por um parente ou outro profissional. Com as políticas e processos certos, é possível ter ambos. (Abordaremos os desafios do trabalho familiar e não familiar no Capítulo 9.)

Um CEO externo pode ser fundamental para o sucesso do negócio. Porém, é importante reconhecer que, ao trazê-lo, os acionistas estão cedendo uma certa quantidade do poder de decisão. Para posicionar os acionistas e o novo CEO rumo ao sucesso, reserve um tempo para esclarecer qual o escopo da autoridade dele, bem como de que forma que vocês trabalharão juntos.

Montando sua Sala da Família

Quais decisões acontecem na Sala da Família?

O objetivo principal da Sala da Família é aumentar a união familiar e desenvolver seus talentos. Nesta sala, o amor e outros sentimentos entram em

Decidir

jogo, embora geralmente não sejam bem-vindos nas decisões empresariais. Ele permite que os membros da família — incluindo cônjuges e a próxima geração — construam e fortaleçam seus laços, compartilhem experiências e permaneçam conectados com o negócio.

Empresas familiares com modelo Distribuído e Concentrado que tenham dezenas ou até centenas de membros claramente precisam de Salas da Família fortes, enquanto as do tipo Acionista Único e Parceria podem ter menos necessidade disso.

Comparamos Salas da Família de uma ampla variedade de tamanhos, indústrias e regiões. Todas enfrentam desafios semelhantes:

- O que nos une enquanto família?
- Como desenvolvemos uma comunicação saudável dentro da família e entre a família e a empresa?
- Como desenvolvemos a próxima geração?
- Como organizamos nossa família para permanecermos juntos?
- Que políticas familiares devemos implementar para esclarecer as expectativas e administrar os conflitos?
- Como construímos conexões e nos divertimos juntos?

Quem está na Sala da Família?

Todos os familiares acima de certa idade podem fazer parte da sala. Mas quem exatamente constitui sua família empresária? Na maioria dos casos, estão inclusos todos os descendentes e cônjuges dos fundadores. Parece lógico, não é? Mas e se um ramo vender seu pedaço da propriedade, ela ainda faz parte da família empresária? E quanto aos cônjuges divorciados, cujos filhos, um dia, serão os acionistas? As empresas familiares têm diversas definições de família — e há muitas permutações comuns —, porém as mais bem-sucedidas são inclusivas.

Como a Sala da Família funciona?

A maioria das Salas da Família tem duas estruturas comuns: um conselho de família e uma assembleia familiar. O **conselho de família** é um pequeno grupo de familiares (de quatro a sete) eleitos por todos para liderar o trabalho nos desafios listados anteriormente. Normalmente, esse conselho pode ter algumas obrigações, como a responsabilidade de desenvolver e educar a próxima geração (enquanto acionistas, familiares, cidadãos e profissionais). Ele pode gerenciar a comunicação entre os familiares (muitas famílias com as quais trabalhamos se informam das atualizações por meio de plataformas de mensagens); ou pode assegurar a integração e preservar o legado familiar por meio de palestras, eventos e outras atividades. A participação no conselho de família pode oferecer às pessoas que não trabalham na empresa ou que não são acionistas ativas uma ótima oportunidade de contribuir para a longevidade do negócio.

A **assembleia familiar** é uma reunião familiar para famílias empresárias. Normalmente, ela ocorre a cada um ou dois anos, organizada pelo conselho de administração de família. A agenda abrange assuntos familiares e os negócios. Já vimos de tudo: de um piquenique até uma viagem com tudo pago para um resort cinco estrelas. Seja qual for o seu nível de gastos e formalidade, as assembleias bem-sucedidas reservam tempo para conexões familiares, diversão e educação. Uma família que conhecemos comemora os casamentos familiares ocorridos entre as assembleias. Outra pede que os membros acima de certa idade contribuam com sua biografia (no formato de preferência) para a biblioteca da família. Em uma abordagem criativa, uma terceira família prepara miniestudos de caso para a geração mais jovem entender o histórico dos negócios familiares. Também é reservado tempo para comunicar as mudanças na empresa, apresentar novos líderes e membros do conselho, além de novas estruturas e políticas que o conselho de família está desenvolvendo. Conforme as famílias aumentam e se espalham em ramificações, essas assembleias se provam cruciais. Irmãos crescem na mesma casa, dividindo experiências e laços profundos. Uma vez que os membros da família fazem parte de diferentes lares, esses vínculos já não podem ser reconhecidos. Primos são os que têm maior probabilidade de

Decidir

desenvolver laços familiares importantes por meio das experiências regulares e compartilhadas disponíveis nesses encontros.

A Tabela 4-2 fornece um esboço de como organizar as Quatro Salas. Porém é necessário pensar no que funcionará melhor para a sua família.

TABELA 4-2

Um vislumbre das Quatro Salas

Sala	Principais decisões	Ocupantes com autoridade de decisão	Fóruns típicos na sala
Sala dos Acionistas	• Decidir quem pode ser acionista. • Tomar decisões finais que mudam o significado de propriedade. • Definir metas e padrões de interesse dos acionistas. • Eleger membros do conselho de administração.	• Acionistas atuais • Acionistas da próxima geração • Beneficiários • *Trustees*	• Conselho de acionistas • Assembleia de acionistas
Sala do Conselho de Administração	• Contratar e demitir o CEO. • Planejar a sucessão da gestão. • Definir a remuneração dos executivos. • Aprovar estratégia de negócios e decisões relevantes. • Garantir o compliance. • Definir dividendo anual.	• Conselheiros familiares • Conselheiros independentes (que têm dever estatutário) • Consultores independentes (cuja orientação e sabedoria você valoriza)	• Conselho de administração • Conselho consultivo
Sala da Gestão	• Recomendar estratégias de negócios. • Implementar estratégias. • Administrar os negócios do dia a dia.	• CEO • Gestão • Funcionários	• Reuniões da gestão • Comitê executivo
Sala da Família	• Construir união familiar. • Educar os membros da família. • Desenvolver a próxima geração.	• Membros da família, incluindo cônjuges e a próxima geração	• Conselho de família • Assembleia familiar

Processos: integração entre as salas

Empresas familiares precisam de salas bem projetadas para uma governança eficiente. Lembre-se de que o negócio é um sistema — o que acontece em uma área afeta as outras, muitas vezes involuntariamente. Como é provável que as decisões importantes afetem a família, a empresa e os grupos de acionistas, elas requerem coordenação e cooperação. É necessário não apenas dispor de fóruns bem definidos para tomar decisões, mas também descobrir como eles interagem entre si. Sem bons processos de integração, até mesmo estruturas criadas com todo o cuidado perdem seu impacto.

Para serem eficientes, as Quatro Salas devem funcionar bem em conjunto. A fim de garantir essa integração, a boa governança inclui quatro elementos principais: as empresas familiares devem mapear os processos-chave de decisão, criar conexões formais e estabelecer políticas para lidar com pontos de interesse ou conflito e acordos formais entre as salas. As seções adiante discutem como as empresas familiares podem realizar essa integração.

1. Mapeie os processos-chave de decisão entre as salas

Certas decisões, por exemplo, como selecionar os membros do conselho de administração ou fazer uma aquisição, são suficientemente importantes e frequentes para justificar um sistema claro e previamente decidido para tomá-las. Uma ferramenta útil é uma **matriz de autoridade de decisão**, um mapa que categoriza os papéis desempenhados pelos grupos como parte de um **processo de tomada de decisão** saudável. As perguntas respondidas pela matriz incluem: quem contribui para uma decisão, quem reúne as informações para criar uma recomendação, quem toma a decisão final, quem (se for o caso) pode vetar tal decisão e quem é informado sobre ela, mesmo que não tenha participado do processo. (Consulte *Who Has the D?*, de Paul Rogers e Marcia Blenko, na seção de Leitura Adicional para mais detalhes sobre a matriz de autoridade de decisão.)

Essa matriz pode definir com clareza a passagem das decisões importantes pelas várias salas (consulte a Tabela 4-3). Por exemplo, o CEO pode recomendar a aquisição de uma pequena empresa para atender aos objetivos estratégicos do negócio. Essa recomendação começa com a gestão, depois segue para o conselho de administração. Os conselheiros têm autoridade para decidir a esse respeito, baseando-se no investimento que será necessário. Porém o conselho de acionistas pode vetar essa decisão tão importante. Por fim, o conselho de família deve ser informado sobre tal aquisição, talvez na reunião anual ou por meio de um comunicado especial.

TABELA 4-3

Amostra de matriz de autoridade de decisão

Decisões	Conselho de acionistas	Conselho de Administração	Gestão	Conselho de família
Aquisição ou venda significativa	A	D	R	I
Pagamentos anuais de dividendos	A	D	R	
Aumento importante de capital ou dívida	A	D	R	
Seleção/remoção de membros do conselho de administração	D	R		I
Contratação/demissão do CEO	A	D		I
Contratação/demissão de funcionários			D	

A = Aprovar   D = Decidir   R = Recomendar   I = Informar

Reserve um tempo para anotar as decisões importantes que sua empresa familiar enfrentará e como elas devem ser tomadas por meio das Quatro Salas. Você não vai conseguir anotar todas as decisões que passam pelas salas detalhadamente, mas nós o encorajamos a identificar aquelas que são frequentes e importantes o suficiente para justificar o esforço.

2. Crie conexões formais entre as salas

Uma tomada de decisão mais estruturada pode se tornar fragmentada, pode ser que nenhuma das Quatro Salas saiba o que as outras estão fazen-

Harvard Business Review – Manual de Empresas Familiares

do. Construir conexões entre as salas pode ser uma maneira valiosa de evitar que os encarregados da decisão ou as partes interessadas fiquem muito isolados. Por exemplo, pode-se considerar instituir duas práticas:

- **Sobrepor posições sempre que possível:** ter um acionista no conselho de administração, por exemplo, ajuda a criar um fluxo natural de informações de uma sala para outra.

- **Pontos distintos de interação:** algumas reuniões do conselho de administração e do comitê executivo têm espaço na pauta, possibilitando que um representante dos acionistas compartilhe o trabalho do conselho de acionistas, por exemplo, e expresse suas dúvidas ou preocupações sobre o negócio. Você pode criar oportunidades nas pautas de diferentes grupos para que eles se conectem.

3. Estabeleça políticas para lidar com conflitos entre as salas

As empresas familiares podem evitar conflitos recorrentes criando políticas com antecedência. Se puderem concordar de antemão, estabelecendo questões que sempre devem ser tratadas da mesma maneira, minimizarão os conflitos futuros. Por exemplo, em vez de tratar cada próxima geração que entra no negócio como uma decisão única, que desenvolvam uma política que estabeleça padrões para a entrada no negócio. (Para mais informações, consulte o Capítulo 10.) Definir políticas desta forma ajuda a aumentar a comunicação e a transparência entre as salas. Em nosso trabalho, também temos visto políticas eficazes de empresas familiares sobre dividendos (Capítulo 11), conflitos de interesse, uso de recursos da empresa e acesso a propriedades familiares (Capítulo 13).

4. Estabeleça acordos formais

Depois de todo o trabalho para definir como sua empresa familiar tomará as decisões, você precisa documentar essas políticas. Muitos negócios operam por meio de acordos e apertos de mão informais, que tendem a funcio-

Decidir

nar bem, mas acabam deixando de funcionar um dia. Considere dois tipos principais de acordos.

Uma **constituição familiar**, ou **protocolo**, reúne as principais regras e regulamentos da sua empresa familiar. Por exemplo, esse documento frequentemente consistirá no propósito ou valores da empresa, suas políticas--chave, regras básicas e diretrizes para resolução de conflitos. Esses acordos geralmente não têm vínculo jurídico. Já vimos famílias se concentrarem demais no desenvolvimento da própria constituição, correndo para colocá-la no papel ou até mesmo contratando pessoas de fora para escrevê-la. O processo é muito mais importante do que a impressão do documento. O objetivo é fazer com que todos concordem com as regras que você acredita que beneficiarão a família empresária.

Um **acordo de acionistas** codifica os mecanismos da propriedade. É um documento com vínculo jurídico. Ter em vigor um acordo de acionistas *que você leu e compreendeu* é outra prática que recomendamos para todas as empresas familiares. Se não tiver um, comece a correr atrás o quanto antes. Sem ele, seu acordo de acionista é o que as leis da sua jurisdição prescrevem, o que pode não ser o que você deseja. Por exemplo, alguns lugares dão aos juízes o direito de iniciar a venda de uma empresa se os acionistas estiverem em um impasse. Se já tiver um acordo de acionistas, mas não o lê há muito tempo, pegue-o e certifique-se de ter entendido suas implicações. Ele normalmente faz o seguinte:

- Esclarece a autoridade de tomada de decisão de propriedade, ou seja, quem toma quais decisões, as regras envolvidas (maioria, supermaioria, unanimidade) e a porcentagem de propriedade que constitui a maioria.

- Coloca restrições na transferência de propriedade, por exemplo, proibindo não descendentes de serem acionistas.

- Estabelece as regras de compra e venda das ações, inclusive estabelecendo quem tem cláusula de preferência caso alguém queira vender a propriedade e se os acionistas têm o direito de exercer o "put" de suas ações na empresa (ou seja, vender suas ações nos termos especificados).

Harvard Business Review – Manual de Empresas Familiares

- Especifica quaisquer situações em que a propriedade deve ser retomada, como quando um acionista viola os termos do acordo de acionistas ou é condenado por um crime.

- Confere aos acionistas minoritários ou majoritários certos direitos, como o *tag along* e *drag along*, em caso de venda do negócio[3].

- Determina metodologias de *valuation* das ações em várias situações.

Ao mapear as principais decisões, criar pontos de conexão, estabelecer políticas e acordos formais, você consegue construir os processos necessários para integrar as salas.

Quando a casa não está em ordem: identificando problemas com a tomada de decisão

Às vezes, as empresas familiares não percebem que sua estrutura de governança é deficiente até se depararem com problemas significativos na tomada de decisões. Como é o caso da abordagem estilo "caubói" de Steve — investir em novos negócios sem consultar a irmã e o primo, conforme descrito no início do capítulo —, que só começara a apresentar problemas recentemente. Quando a tomada de decisão não está funcionando em uma empresa familiar, é comum descobrimos que as salas não foram projetadas ou que não estão funcionando corretamente. David Ager, copresidente do programa *Families in Business* [*Famílias nos Negócios*, em tradução livre] da Harvard Business School, se depara frequentemente com esse problema. "Sou convidado a lidar com empresas familiares com pouca ou nenhuma governança familiar formal", ele nos contou. "Na maioria das vezes, é a geração mais velha que resiste à ideia de governança porque 'conseguiram se virar muito bem sem ela'. O que eles têm dificuldade em reconhecer é que promover a união, construir

Decidir

relações significativas e tomar decisões em um sistema de oito ou até dezesseis pessoas é bem menos complicado do que fazê-lo em um de quarenta, sessenta ou oitenta pessoas. Assim, parte da tarefa de iniciar uma governança mais formal em uma empresa familiar é persuadir a geração mais velha do propósito e valor que ela apresenta."

Encontramos quatro principais padrões de problemas na governança das empresas familiares. Seguindo com a analogia das Quatro Salas, nós os descrevemos como lofts, silos, salas faltantes e salas bagunçadas. A Tabela 4-4 mostra um resumo.

TABELA 4-4

Os problemas mais comuns na governança em empresas familiares

Problemas	Sinais de que há um problema
Loft: uma abordagem de tomada de decisão informal que não limita muito quem toma as decisões. As regras e funções não são claras. Por exemplo, a empresa raramente tem um organograma.	• Faltam limites; as decisões da empresa são tomadas na mesa de jantar. • A exclusão é um problema. Se você não estiver presente quando as decisões forem tomadas, talvez não tenha direito a nenhuma opinião, mesmo que a decisão o afete. • Decisões fundamentais (por exemplo, acordos de acionistas e planejamento sucessório) são evitadas.
Silos: replica a abordagem de tomada de decisão de um loft, mas dentro de áreas individuais (ou silos). As pessoas evitam qualquer decisão importante entre negócios.	• Os acionistas tendem a insistir nos motivos pelos quais seu ramo está certo, em vez de aprender a colaborar. • A empresa tem dificuldade em transferir a propriedade para a próxima geração, que não está preparada para colaborar entre os silos.
Salas faltantes: um fórum importante está faltando na governança. Com frequência, a sala faltante é a dos Acionistas.	• A empresa muitas vezes falha em tomar decisões importantes porque não está claro quem deve tomá-las. • O conselho de administração pergunta aos acionistas o que eles esperam da empresa.
Salas bagunçadas: uma ou duas salas perderam a função e o propósito originais.	• Novas pessoas, como cônjuges, entram no sistema. • Ninguém quer se juntar ao conselho de família, porque ele parece irrelevante. • Existe confusão entre a diretoria e o conselho de acionistas.

Harvard Business Review – Manual de Empresas Familiares

Renove a governança

Existem padrões comuns em tomadas de decisão ruins. Veja o quadro "Quando a casa não está em ordem". Se você concluiu que seus processos de tomada de decisão precisam de ajuda, por onde começar? Há inúmeras etapas que podem ajudá-lo a identificar o problema e agir para resolvê-lo:

1. **Esclareça a insatisfação.** Atente-se a uma sala em que você não pareça estar tomando decisões sensatas ou em que as decisões sejam contestadas pelos outros presentes no sistema. Quando as pessoas se sentem excluídas da tomada de decisões, geralmente é sinal de uma sala bagunçada. Forme um grupo de trabalho para recomendar mudanças, mas certifique-se de ter a autoridade de decisão adequada para fazê-lo. Os grupos costumam ser compostos de pessoas interessadas com papéis e pontos de vista variados — tanto os satisfeitos com o sistema atual quanto os insatisfeitos. Se as alterações propostas tiverem relação com as outras salas, então o grupo deve incluir, idealmente, representantes de cada uma delas.

2. **Escreva um regimento para as novas salas que os grupos de trabalho planejam criar.** Essas entidades incluem grupos como conselhos de família ou conselhos consultivos. Um regimento define o funcionamento do fórum de governança e descreve seus critérios, incluindo seu mandato, tamanho, qualificações, termos, papéis de liderança, direitos e processos de tomada de decisão, frequência das reuniões, fonte de financiamento e remuneração. Ele não precisa ser uma *magnum opus*; pode simples e brevemente expor os critérios anteriores. Muitas vezes, a mudança requer que as regras e processos de decisão implícitos sejam explicitados.

3. **Consiga a aprovação da autoridade correta para a mudança.** Por fim, os acionistas precisarão apoiar a mudança, mas não negligencie o *soft power* em seu sistema. Se, por exemplo, você estiver mudando sua Sala da Família, a aprovação e apoio de membros influentes da família é desejável. Lembre-se de que as empresas familiares precisam se comprometer. As alterações nunca serão exatamente o que você deseja, mas podem ser boas o suficiente para atender ao sistema como um todo.

Na maioria dos casos, as salas devem ser trabalhadas uma de cada vez. Muita mudança simultânea na governança facilita a confusão nas tomadas de decisões e funções.

Exercer seus direitos de decisão como acionista é uma responsabilidade importante. Uma estrutura de governança bem pensada pode parecer burocrática, especialmente para empresas familiares construídas em torno da "astúcia empresarial" de um empreendedor. Porém, em longo prazo, uma governança forte pode minimizar conflitos e, mais importante, ajudá-lo a tomar decisões melhores para atingir seus objetivos.

Resumindo

○ O modelo de governança das Quatro Salas divide o trabalho de uma empresa familiar em grupos mais adequados para determinadas decisões. O modelo define quem e quais escolhas pertencem à Sala do Acionista, à do Conselho de Administração, à da Gestão e à da Família.

○ Para que uma empresa familiar prospere, os acionistas devem identificar as decisões-chave a serem mantidas sob sua responsabilidade e delegar o restante às salas adequadas.

○ Os acionistas devem construir uma estrutura de governança, estabelecendo fóruns para fazer o trabalho de cada sala. Ainda que sejam as mesmas pessoas envolvidas em cada sala, a maneira de decidir diferirá.

○ Certifique-se de integrar as salas. Você deve mapear as decisões-chave, criar conexões formais, estabelecer políticas para lidar com conflitos e documentar as coisas com as quais vocês concordaram.

○ Fique de olho em lofts, silos e salas faltantes e bagunçadas. Quando esses problemas começam a surgir, isso significa que você deve considerar a renovação das suas estruturas e processos de governança.

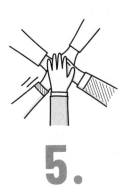

5.

Valorizar

Crie uma Estratégia de Acionista para Definir Seu Sucesso

"Como assim não podemos pagar os dividendos este ano?" Leigh estava incrédula. O conselho da marca de surfe que ela e suas irmãs Sarah e Sharon fundaram havia acabado de revisar o desempenho de fim de ano projetado. Geralmente, essa reunião celebrava mais um avanço incremental, apresentando ausência de dívidas, um crescimento moderado e dividendos significativos, que as três usavam para sustentar seus estilos de vida confortáveis e doações para a caridade. Naquele ano, no entanto, o crescimento da receita foi muito alto, mas os lucros caíram, e Leigh descobriu que o contrato da dívida contraída pela empresa a fim de alcançar esse crescimento não permitia dividendos. Pela primeira vez, ela sentiu que já não controlava a empresa que tinha ajudado a fundar.

Como era possível que as fundadoras de um negócio de sucesso se surpreendessem com sua incapacidade de pagar dividendos anuais? Leigh e as

Harvard Business Review – Manual de Empresas Familiares

irmãs fizeram muitas coisas certas na construção da empresa, incluindo a nomeação de um conselho independente e um CEO não familiar para ajudar o negócio a alcançar um nível de excelência. Mas, ao entregar a gestão do dia a dia ao CEO, elas se esqueceram de algo importante. Presumiram que ele orientaria bem a empresa, mas não expressaram claramente os resultados tangíveis que almejavam alcançar — e evitar — como acionistas. Isso deu espaço para o CEO seguir uma estratégia de negócios contrária ao que mais importava para elas.

Embora seja comum medir o sucesso das empresas de capital aberto pelo crescimento do valor recebido pelos acionistas, não é necessariamente esse o caso das empresas familiares. E essa é uma das melhores coisas da propriedade familiar, sua definição de sucesso não precisa ser a mesma dos negócios de capital aberto. É possível seguir seu próprio caminho para determinar o que mais importa para você e para a sua família.

Esse direito de definir o sucesso geralmente se traduz em três possíveis resultados para a empresa. Vocês podem almejar o *crescimento*, buscando maximizar o valor financeiro da empresa. Podem buscar *liquidez*, distribuindo fluxo de caixa para os acionistas usarem fora do negócio. E podem querer ter *controle*, mantendo a autoridade de tomada de decisão dentro do grupo de acionistas. Vocês têm liberdade para fazer o que quiser com a sua empresa. Ninguém de fora pode forçá-los a valorizar mais o crescimento da receita e abrir mão, digamos, de oferecer emprego aos familiares. Ou de escolher tratar os funcionários como família. Ou até de renunciar a oportunidades de crescimento que não combinem com suas crenças. Poder determinar o que valorizam é uma oportunidade e uma responsabilidade incríveis para os acionistas.

No entanto, garantir que sua empresa produza resultados tangíveis alinhados aos seus valores não acontecerá do nada, como Leigh e as irmãs descobriram. São poucos os acionistas familiares que descrevem como único objetivo a maximização dos repasses para os acionistas, como a maioria dos livros de negócios supõe. Para muitos, esse não é nem mesmo um dos objetivos principais. Ainda assim, os acionistas, muitas vezes, não deixam claras as suas vontades — ou querem coisas distintas. A menos que alinhem as ideias, eles perderão oportunidades de crescimento, funcionários talen-

Valorizar

tosos e o controle, à medida que a gerência preencher as lacunas com as próprias prioridades, ou venderão o negócio por conta da frustração.

Para evitar essas consequências, sua empresa familiar precisa de uma Estratégia de Acionistas que defina as regras do jogo, o acompanhamento dos resultados, a vitória e as jogadas proibidas. Neste capítulo, discutiremos como:

1. Definir o valor em termos de **crescimento, liquidez** e **controle**.

2. Articular um **propósito** atraente.

3. Traduzir esse propósito em **objetivos** específicos.

4. Definir **limites** para evitar que a empresa se desvie do curso.

5. Comunicar seu propósito, objetivos e limites em uma **declaração de Estratégia de Acionistas**.

Sua Estratégia de Acionistas é uma das expressões mais genuínas de quem vocês são como indivíduos, como família e como sistema de empresa familiar. É o caminho que vocês vão traçar.

O direito de definir valor: crescimento, liquidez e controle

Por que vocês devem reservar um tempo para definir objetivos claros na empresa familiar? Se não o fizerem, correm o risco de perder a *raison d'être* de estarem nos negócios juntos, especialmente à medida que a empresa cresce e faz a transição para as próximas gerações. Esse caminho geralmente leva ao fim da propriedade familiar.

Afinal, como determinar o que sua família mais valoriza? Comecem com três perguntas que só os acionistas de uma empresa conseguem responder.

Querem colocar alguma restrição no crescimento do negócio?

Essa primeira pergunta pode parecer contraintuitiva. A maioria das empresas de capital aberto mantém o foco total em aumentar seu valor financeiro, porque é isso que os acionistas exigem. Como sociedade, é assim que costumamos medir o sucesso. Mas, como Bo Burlingham aponta em *Pequenos Gigantes*, um livro que se concentra em empresas que optam por ser ótimas em vez de grandes: "Os interesses dos acionistas dependem de quem eles são."

Como acionistas, vocês podem querer limitar o crescimento, tirando da jogada quaisquer ações que lhe renderiam mais dinheiro ou ampliariam sua influência global, mas que não se alinham com seus valores. Várias empresas com as quais trabalhamos evitaram intencionalmente o crescimento para favorecer a criação de uma cultura forte e, como Frederick (o homem de rotina descrito anteriormente no Capítulo 1), um equilíbrio saudável entre vida profissional e pessoal para os acionistas e a gerência. "Poderíamos triplicar nossas vendas em um ano", um acionista nos contou. "Mas isso mudaria dramaticamente nossas vidas. O crescimento traz consigo muito estresse", continuou.

Quanta liquidez vocês querem tirar da empresa?

Os acionistas de uma empresa têm direito ao *residual*, os lucros que sobram depois que todas as contas foram pagas. Cabe a vocês decidir se devem reinvestir esses lucros ou distribuí-los em dividendos. As empresas familiares exercem esse direito de diferentes maneiras, seja pagando 100% dos lucros anuais aos acionistas ou nenhum dividendo por décadas, reinvestindo todos os lucros no negócio. O direito de tomar essa decisão é dos acionistas, seja diretamente, quando estão envolvidos de perto na tomada de decisões, ou indiretamente, por meio das políticas que estabeleceram para o conselho de administração.

Estão dispostos a abrir mão do controle sobre as decisões?

Os acionistas definem a estrutura de capital da empresa, ou seja, até que ponto ela utiliza dívida externa e capital privado. Como acionistas, vocês podem decidir se querem que o negócio opere apenas com os recursos que ele gera internamente ou acessar o dinheiro de outras pessoas. Muitas empresas familiares resistem a aceitar capital de investidores externos, pois desejam manter o controle total sobre suas decisões, permitindo que os administradores façam escolhas que beneficiem sua família, e que o investidor externo raramente permitiria. Por exemplo, a empresa familiar pode pagar os funcionários bem acima da média salarial. Os acionistas também tendem a se preocupar que a dívida reduza seu controle sobre o próprio destino, já que os empréstimos costumam vir com regras e restrições. "Uma coisa é negociar com meu irmão e minha irmã, que sabem como me tirar do sério e me irritar", disse o CEO e coproprietário de uma rede de varejo australiana, "mas com certeza prefiro lidar com eles a ter que dar satisfação para os 'engravatados' dos bancos, com suas papeladas e burocracias insanas." Como resultado, o negócio desse CEO evitou contrair dívidas — coisa que muitas outras empresas familiares também fazem.

Por meio dessa influência no crescimento, liquidez e controle, os acionistas moldam a estratégia da empresa. Vocês podem definir objetivos puramente financeiros (semelhantes a uma empresa de capital aberto) ou priorizar os não financeiros, como melhorar o ambiente ou pagar salários acima da média para os funcionários. Da mesma forma, vocês podem permitir que os gerentes usem quaisquer meios (legais e éticos) para maximizar esses objetivos, ou pode deixar certas medidas de lado, porque conflitam com seus valores fundamentais. A forma como vocês exercem esse direito os coloca na posição de criar uma empresa que busca o que mais valorizam.

Harvard Business Review – Manual de Empresas Familiares

Definindo o propósito de uma família empresária

Por que você escolhe administrar seu negócio *junto* a seus familiares?

Quando fazemos essa pergunta às famílias, às vezes surgem respostas superficiais: "Precisamos manter o legado do nosso avô." Outras utilizam um argumento financeiro: "Faz mais sentido financeiramente juntar nossos ativos." No fim, essas respostas não são convincentes — são o que chamamos de *propósito superficial*. Se a empresa familiar estiver unida apenas por isso, é improvável que dure em longo prazo. Não basta querer viver o sonho de outra pessoa ou maximizar lucros não distribuídos.

Você pode encontrar uma resposta melhor para essa pergunta trabalhando com outros acionistas a fim de identificar um motivo convincente para administrarem o negócio juntos. Apesar de gostarmos do termo *propósito*, algumas famílias preferem falar sobre sua missão, visão ou valores. Quaisquer que sejam as palavras utilizadas, você precisa definir seu propósito das seguintes maneiras:

- O propósito deve construir a união familiar, fazendo com que os familiares se orgulhem da propriedade e da família.

- Ele deve ser inspirador, inclusivo e atraente para todas as gerações e a família como um todo.

- Deve encorajar a família a passar mais tempo em conjunto.

- Deve definir como vocês exercerão seu direito de determinar seus valores.

Se vocês não tiverem uma compreensão clara — e compartilhada — do propósito da sua empresa familiar, podem começar a identificá-lo (ou testá-lo) por meio da perspectiva do crescimento, liquidez e controle:

1. **Vocês possuem a empresa juntos para expandi-la?** Pode ser que vocês valorizem o crescimento porque ele é um caminho para mudar sua situação econômica ou criar empregos e outras oportunidades para familiares. Podem ver isso como uma forma de ampliar sua influência sobre a sociedade, quanto maior a empresa, mais

vocês podem influenciar o mundo. Ou talvez não valorizem nem um pouco o crescimento — se ele surgir, vocês podem até achar ótimo, mas talvez já estivessem muito satisfeitos em administrar um negócio que permanece mais ou menos na mesma situação.

2. **Vocês possuem a empresa juntos para ganhar dinheiro?** Pode ser que vocês vejam a liquidez como uma forma de prover para a próxima geração o que seus pais não conseguiram. Podem considerá-la um mecanismo para financiar causas de caridade que lhes são importantes. Ou talvez enxerguem o patrimônio fora da empresa como algo a ser evitado, devido ao potencial de corromper a família.

3. **Vocês possuem a empresa juntos para ter autonomia sobre suas vidas?** Pode ser que vocês queiram controlar seus próprios destinos. Talvez tenham aberto a empresa, ou se juntado a ela, porque não queriam perseguir o sonho de outra pessoa. Ou, quem sabe, vejam o controle como fundamental para administrar o negócio da maneira que acharem melhor. Podem valorizar o que a empresa consegue fazer pela família. Por outro lado, pode ser que não valorizem o controle de jeito nenhum, desde que a empresa pareça estar no rumo certo.

Não há resposta certa para a questão do propósito de uma empresa. A maioria das famílias descobre que cada geração tem seus próprios motivos para permanecer unida como uma família empresária. A próxima geração, então, atualiza essas razões para a própria realidade, renovando e atualizando o propósito da empresa. Partindo dessa perspectiva, as empresas familiares podem expressá-lo de inúmeras formas.

Admiramos o senso claro de propósito de vários negócios. Por exemplo, há uma empresa familiar com sede nos Estados Unidos com a qual trabalhamos que perdeu parentes no Holocausto. Seus membros valorizam e apreciam profundamente o fato de terem sido recebidos pelos EUA em um momento de crise terrível. Parte do propósito da empresa é apoiar países comprometidos com a liberdade. Como organização, seus membros decidiram explicitamente investir apenas em países com pontuação alta na Freedom House, uma ONG sem fins lucrativos dos Estados Unidos que defende a democracia, a liberdade política e o investimento em direitos hu-

Harvard Business Review – Manual de Empresas Familiares

manos no país. A empresa protege seu controle de propriedade com rigor, pois os acionistas sabem que um investidor externo pode não compartilhar suas opiniões políticas ao tomar decisões de investimento.

Outra empresa, a Mars, Incorporated, estabeleceu metas agressivas e toma ações comprometidas com a melhoria da vida das pessoas em sua cadeia logística e a redução da pegada ecológica. Como explica o site da empresa: "a Mars tem orgulho de ser uma propriedade familiar há mais de 100 anos. É essa independência que nos dá o dom da liberdade de pensar em gerações, não em trimestres, para que possamos investir no futuro de nossos negócios em longo prazo, nossa gente e nosso planeta — sempre nos guiando por nossos Princípios duradouros. Acreditamos que o mundo que queremos amanhã começa com nosso jeito de fazer negócios hoje." Essa clareza de propósito levou a Mars a se comprometer em investir mais de US$1 bilhão ao longo de vários anos no início da década de 2020 para se tornar sustentável em uma geração, focar na melhoria do bem-estar das famílias em todo o mundo e aplicar e compartilhar suas pesquisas para criar um mundo melhor para os animais de estimação.

As famílias geralmente capturam seu propósito em uma declaração. Seguem dois exemplos.

Nossa família ama e respeita esta empresa. Ela representa a grande maioria das nossas posses familiares, é uma importante fonte de renda para nós, mantém-nos unidos como família e nos concede a oportunidade de contribuir positivamente para o nosso mundo conturbado. Queremos que nossos filhos e netos tenham as mesmas oportunidades de se beneficiarem dessa empresa.

Valorizamos profundamente a possibilidade de uma empresa familiar contribuir para o sucesso pessoal dos seus acionistas. Para nós, o sucesso inclui nosso envolvimento em um trabalho que seja significativo e que possa proporcionar autonomia financeira. Uma vez que o sucesso pessoal é único para cada membro da família, queremos que a empresa apoie os pais e os filhos adultos a fim de maximizar as oportunidades de desenvolvimento saudável e, ao mesmo tempo, proteja o patrimônio familiar de quaisquer diminuições. Estamos mais dispostos do que a maioria dos investidores a comprometer nossa renda atual para atingir nossos objetivos de ajudar os membros da família a encontrarem a própria realização. Acionistas não familiares podem não compartilhar dessas opiniões e, por esse motivo, queremos que a família mantenha o controle total da empresa.

A sua empresa familiar tem um propósito? Incentivamos que você debata com os outros acionistas e os líderes da família — incluindo a geração atual e a próxima, a linhagem e os cônjuges — o objetivo de vocês ao administrarem a empresa em conjunto. Fazer isso os ajudará não somente a decidir o motivo de estarem juntos no negócio, mas também a esclarecer como sua empresa familiar definirá o sucesso.

Definindo metas dos acionistas

Além de ajudar os familiares a se unirem como uma família empresária, uma definição clara de propósito também ajudará vocês a fazerem escolhas concretas (e entender as escolhas necessárias) sobre como e em que esfera criar valor. Chamamos essas escolhas de *metas dos acionistas*.

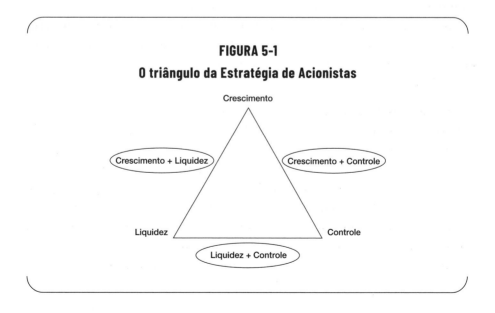

FIGURA 5-1
O triângulo da Estratégia de Acionistas

Harvard Business Review – Manual de Empresas Familiares

Os acionistas devem equilibrar suas metas, decidindo com que rapidez crescer, quanta liquidez tirar da empresa e quanto controle manter. Se vocês retirarem dinheiro dos lucros da empresa e distribuí-lo, uma menor quantia ficará disponível para investir no crescimento. Se mantiverem o controle, evitando dívidas externas ou capital privado, isso significa que menos dinheiro estará acessível tanto para investir no crescimento quanto para fornecer liquidez aos acionistas.

Esses podem buscar apenas um desses três objetivos (crescimento, liquidez e controle) ou um misto deles. Existem renúncias para todas as combinações. No triângulo da Estratégia de Acionistas representado na Figura 5-1, descobrimos que a maioria das empresas familiares prioriza uma abordagem de dois objetivos (que estão circulados) em detrimento do restante. Qual dessas três duplas melhor descreve os objetivos da sua empresa familiar? Vamos analisá-los melhor.

Crescimento e controle

Se vocês valorizam o crescimento e o controle, vão crescer principalmente por meio de lucros retidos, pagando poucos dividendos (ou nenhum). Também terão pouco (ou nenhum) capital privado ou dívida externa, já que responder a investidores externos ou a mutuários exige abrir mão de certa autonomia. Quando apostam em capital privado, geralmente é de forma limitada ou por meio de ações de classe dupla para garantir que os acionistas iniciais mantenham o controle.

Os acionistas de uma empresa que conhecemos no setor de construção na Ásia reinvestem a maior parte dos lucros no negócio todos os anos, crescendo por meio de lucros retidos. Eles pagam pouco mais que o necessário em impostos e têm poucas dívidas. Essa abordagem funciona para eles, pois vivem de forma relativamente modesta e desejam que o negócio continue no rumo atual. O conselho — especialmente os conselheiros não familiares — às vezes os pressionam a alavancar o negócio e adquirir outras empresas do setor. Os acionistas vêm se mostrando dispostos a fazer isso em um grau mínimo, mas não querem perder o controle contraindo dívidas com os bancos. Estão bem satisfeitos em limitar o crescimento a um nível que não comprometa o seu controle sobre a empresa. "Devagar e sempre" é o lema deles.

Crescimento e liquidez

Se vocês valorizam o crescimento e a liquidez, ainda estão focados em expandir, mas também em pagar os acionistas. Nisso, usam o dinheiro de outras pessoas (capital, dívida ou ambos) para manter as coisas funcionando, abrindo mão de certo controle como consequência.

Já trabalhamos com uma empresa do setor de combustíveis na América Latina. Desde sua fundação, há quase cinquenta anos, o negócio cresceu reinvestindo a maior parte dos lucros em novas instalações e estabelecimentos (a estratégia de crescimento e controle). Os acionistas continuavam a ver muito potencial de crescimento, mas estavam preocupados com a ameaça da disrupção da indústria em longo prazo, por conta das regulamentações de emissões de carbono, dos carros elétricos e dos serviços como o Uber. Recentemente, decidiram vender 30% da empresa para um investidor externo. Além de se beneficiarem das experiências do sócio, uma das principais razões para essa mudança foi a oportunidade de pegar um pouco de dinheiro para reinvestir fora da empresa. Para atingir essas metas de crescimento e liquidez, os acionistas sacrificaram parte do controle ao trazer um estranho para sua família tão unida. Desde então, tiveram que lidar com uma nova realidade, em que suas decisões são limitadas pelos direitos que deram ao sócio. Porém a família não se arrepende da decisão, pois concorda que o crescimento e a liquidez são as prioridades.

Liquidez e controle

Se vocês valorizam liquidez e controle, não estão muito preocupados com a rapidez do crescimento. Em vez disso, desejam produzir liquidez significativa enquanto mantêm o controle sobre a tomada de decisão. Vocês provavelmente têm dividendos de moderados a altos, dívidas baixas ou inexistentes e despesas de capital relativamente baixas.

Leigh e as irmãs se encaixam nesse perfil como acionistas da empresa de surfe. Elas começaram o negócio há várias décadas como um projeto criativo conjunto. O crescimento do negócio nunca foi uma prioridade para elas. Enquanto mantivessem a cultura da inovação e conseguissem usufruir dos frutos financeiros do trabalho, estariam felizes.

Conhecemos empresas familiares muito bem-sucedidas que definem seus objetivos usando uma dessas três maneiras. Essas são estratégias amplas, e os negócios podem encontrar um meio-termo. Ao definir seus objetivos, vocês precisam entender o que valorizam explícita ou implicitamente como acionistas. Embora o objetivo continue sendo sua declaração de propósito, revise como vocês o alcançarão por meio dessas compensações à medida que as coisas mudarem devido a fatores externos, como a economia, a consolidação da indústria e políticas governamentais, ou fatores internos, como uma transição geracional, conflito familiar e alterações na gerência sênior.

Para começar a refinar seus objetivos como acionistas, observem suas decisões anteriores como um grupo de acionistas. Qual das três abordagens melhor descreve suas ações: crescimento e controle, crescimento e liquidez ou liquidez e controle? Embutida nas decisões que tomaram, está a atual Estratégia de Acionistas, capaz de ajudar vocês a entenderem se desejam mudar os objetivos.

Cada uma das três abordagens traz seus próprios problemas para serem resolvidos. Vocês devem garantir que essas questões tenham lugar na pauta e na sala adequada:

- Os acionistas que optam pela abordagem de *controle e crescimento* precisam administrar as expectativas dos membros da família sobre distribuições de lucros, uma vez que elas só podem ser pagas em quantidades que não privem o negócio do capital de crescimento. Também notamos que essas empresas, muitas vezes, pecam no bom uso do patrimônio dos acionistas. Uma vez que a maior parte,

Valorizar

ou a totalidade, dos lucros são retidos no negócio, algumas equipes de gerência buscarão novos projetos simplesmente porque o capital está disponível, não porque os empreendimentos sejam um ótimo investimento.

- Os acionistas que optam por *liquidez e crescimento* precisam gerenciar até que ponto estão perdendo o controle da tomada de decisões para sócios de capital ou credores. É possível fazer isso ao prestar bastante atenção nos termos de empréstimo e negociação, bem como ao projetar estruturas de governança que maximizam a influência remanescente dos acionistas familiares.

- Os acionistas familiares que optam por *controle e liquidez* precisam administrar o ritmo de crescimento da empresa. Se ele for rápido demais, exigirá investimentos adicionais, que podem não estar disponíveis, para manter esse ritmo. Se for muito lento, a vitalidade do negócio será prejudicada, os funcionários podem se demitir, e a posição competitiva da empresa, se desgastar.

Criando limites para os acionistas

Alinhar suas prioridades por meio do propósito e dos objetivos dos acionistas é um bom começo, mas é só conversa fiada se vocês não as traduzirem em medidas específicas que os líderes da empresa possam usar para tomar decisões. Esses **limites** são o componente final da sua Estratégia de Acionistas. Assim como confiamos nos guarda-corpos em rodovias e estradas movimentadas para nos manter em segurança, os limites dos acionistas não lhes dirão o que fazer, mas fornecerão limites quanto às decisões estratégicas padrão do negócio (por exemplo, abrir novas lojas e investir em novas máquinas), permitindo algumas ações e proibindo outras.

Os limites dos acionistas ajudarão a garantir que aqueles que administram a empresa no dia a dia estejam direcionando as energias e recursos para o que mais importa para vocês. Limites claros permitem uma propriedade mais eficiente. Com eles para estabelecer como os acionistas definem o sucesso da empresa, é possível delegar decisões com mais confiança aos diretores e gerentes.

Harvard Business Review – Manual de Empresas Familiares

Eles são financeiros e não financeiros. Os *limites financeiros* estabelecem padrões específicos de desempenho alinhados aos objetivos dos acionistas. Identificam as métricas certas para avaliar o desempenho e o limite mínimo ou máximo de cada categoria. Imaginem que sua empresa tenha como foco o crescimento e a liquidez. Vocês precisam definir como medirão o sucesso dessas duas abordagens — quais parâmetros usar e quais marcos esperar que a empresa exceda. Por exemplo, vocês podem definir seus limites financeiros como um retorno mínimo sobre o capital de 10% e um índice de endividamento geral máximo de duas vezes o valor de seus ganhos antes dos juros, impostos, depreciação e amortização.

Os acionistas devem focar apenas algumas métricas financeiras (geralmente de quatro a seis). Isso fornece uma orientação clara para a liderança da empresa, concedendo ampla oportunidade para determinar a melhor estratégia de negócios. Esses parâmetros estão conectados com os três principais objetivos dos acionistas. A Tabela 5-1 descreve as metas das métricas para cada objetivo, além de fornecer exemplos.

Os *limites não financeiros* definem os resultados pelos quais os acionistas estão dispostos a sacrificar o desempenho financeiro. Esses limites avaliam aspectos mais abstratos da empresa, como o propósito de administrar o negócio em família e os objetivos dos acionistas. Eles também justificam a manutenção do controle sobre a tomada de decisões. Para algumas famílias, os objetivos não financeiros são tanto parte da cola que os mantém unidos quanto um meio de tornar o mundo um lugar melhor.

Esses limites não financeiros costumam se enquadrar em quatro categorias principais:

- **Liderança:** a empresa precisa mesmo ser liderada pelos acionistas, ainda que definitivamente não sejam os mais qualificados? Já trabalhamos com uma que acreditava com afinco que apenas um membro da família deveria administrar a empresa, mesmo que isso levasse a um crescimento mais lento do negócio. Essa crença permitiu que a família estimulasse a liderança em cada geração seguinte e, ao mesmo tempo, assegurava que apenas alguém que realmente compreendesse e valorizasse o legado da família lideraria a empresa no futuro.

Valorizar

- **Indústrias e localizações geográficas:** existe algum negócio (comércio de tabaco, armas de fogo, etc.) ou lugar (como a África do Sul durante o Apartheid) específico o qual os acionistas desejam evitar ou, inversamente, no qual estejam dispostos a investir, mesmo que os negócios não sejam lucrativos? Por exemplo, uma empresa familiar que começou na indústria siderúrgica se expandiu para novos setores ao longo dos anos, à medida que a lucratividade do negócio siderúrgico diminuía, aumentando os lucros. Porém a família estava relutante em se livrar do trabalho com o aço, mesmo vendo que ele estava se tornando um obstáculo para o seu portfólio de empresas, porque os familiares acreditavam que o aço era uma parte importante do seu legado. Estavam dispostos a pagar o preço pelo valor sentimental.

TABELA 5-1

Limites financeiros: como medir o sucesso

Meta e objetivo	Exemplos de limites ou métricas comuns
Crescimento: mostre aos acionistas que seus ativos estão gerando um retorno esperado em relação a empresas similares ou a outras oportunidades de investimento.	• Retornos: ROIC, ROE, ROA, EVA • Avaliação de ativos: *valuation*, múltiplos, fluxo de caixa descontado • Crescimento da receita: receita, volume (ex: libras, unidades) • Crescimento dos lucros: EBITDA, EBIT, receita líquida • Investimentos: capex para crescimento, M&A
Liquidez: mostre aos acionistas que a empresa está produzindo a quantidade esperada de liquidez para uso dentro ou fora do negócio.	• Rentabilidade: margem bruta, margem líquida • Fluxo de caixa livre: margem, retorno, fluxo de caixa do acionista • Dividendos: retorno, índice de distribuição
Controle: ajude os acionistas a entender e gerenciar os riscos expressivos que podem ameaçar seu controle da empresa.	• Dívida: dívida total, índice de endividamento, dívida líquida/EBITDA • Viabilidade: participação de mercado, tamanho do mercado • Volatilidade dos lucros (lucro líquido, EBIT, EBITDA), fluxo de caixa • *Stress test: quick ratio, current ratio* • Capex de manutenção

Nota: capex — despesa de capital; EBIT — lucros antes de juros e tributos; EBITDA — lucros antes de juros, impostos, depreciação e amortização; EVA — valor econômico agregado; M&A — fusões e aquisições; ROA — retorno sobre ativos; ROE — retorno sobre o patrimônio; ROIC — retorno sobre o capital investido.

- **Harmonia:** será que alguma decisão será tomada ou evitada para preservar a harmonia familiar? Algumas empresas familiares mantêm uma divisão ou um escritório aberto apesar do baixo desempenho

Harvard Business Review – Manual de Empresas Familiares

financeiro porque a operação é liderada por um dos acionistas, e seu fechamento perturbaria a harmonia do grupo como um todo. Outros têm a regra que proíbe um membro da família de estar subordinado a outro, mesmo que isso resulte em ineficiência.

- **Práticas empresariais:** até que ponto vocês estão dispostos a sacrificar o desempenho financeiro para alinhar as práticas empresariais com os seus valores (sociais, religiosos, ambientais etc.)? Por exemplo, algumas empresas pagam salários acima da média do mercado ou se comprometem com padrões de sustentabilidade ambiental que excedem as expectativas do setor. Consulte o quadro "Filantropia e sua empresa familiar".

Identificar os limites não financeiros pode ser uma das partes mais significativas de decidir o que valorizam. Ao estabelecer limites financeiros e não financeiros, vocês escolhem métricas para ajudar a informar decisões importantes e garantir que sua empresa familiar continue a representar verdadeiramente quem você e sua família são.

Desenvolvendo sua declaração de Estratégia de Acionistas

Por fim, para capturar e expressar o que vocês valorizam, os acionistas devem criar uma **declaração de Estratégia de Acionistas**, um documento que articula seu propósito, metas e limites. Essa declaração se torna uma espécie de credo para a sua empresa familiar e deve responder às três principais perguntas que vimos ao longo deste capítulo:

- **Propósito:** por que vocês possuem esse negócio juntos?

- **Objetivos:** quais escolhas farão entre crescimento, liquidez e controle para atingir seus objetivos?

- **Limites:** quais métricas e limites são necessários fornecer ao conselho e à gerência para ajudá-los a entender e implementar seus objetivos?

Valorizar

Essas três perguntas estão altamente inter-relacionadas. Vocês verão que, ao trabalhar em uma delas, acharão a resposta para a outra.

Desenvolver o propósito da empresa familiar deve ser uma atividade compartilhada entre a Sala dos Acionistas e a da Família. Os familiares não acionistas são afetados por esse propósito e desempenham papéis importantes na sua sustentação; portanto, envolvê-los no processo valerá a pena, mesmo que exija mais tempo e energia.

Traduzi-lo em metas e limites é uma atividade liderada pela Sala dos Acionistas, embora vocês devam contar com a experiência e a orientação do seu conselho de administração (se houver) e da sua equipe executiva. O trabalho do conselho é garantir que a administração desenvolva e execute uma estratégia de negócios alinhada com a Estratégia de Acionistas. Mesmo que sua empresa familiar ainda não tenha desenvolvido as Quatro Salas, vocês ainda se beneficiarão ao mapear as funções e esclarecer quem envolver em cada nível do desenho da sua Estratégia de Acionistas.

Filantropia e sua empresa familiar

A retribuição é uma prioridade para a maioria das empresas familiares que conhecemos. Em primeiro lugar, elas retribuem para tornar o mundo um lugar melhor. Além dessa motivação altruísta, muitas veem outros benefícios em suas contribuições sociais. Dentre eles, estão:

- Aprofundar a conexão entre os membros da família.

- Identificar e transmitir valores compartilhados.

- Criar um espaço para aprender sobre o significado e as responsabilidades do patrimônio.

- Desenvolver talentos e liderança na próxima geração.

- Mudar ativos familiares como parte do planejamento sucessório.

Harvard Business Review – Manual de Empresas Familiares

- Construir orgulho e propósito na empresa familiar.

- Melhorar as relações e a lealdade com clientes, funcionários e acionistas.

- Avaliar as capacidades dos membros da família antes de sua entrada no negócio.

- Criar uma oportunidade de contribuição para aqueles cujos talentos estão fora da empresa.

Assim, a filantropia pode ajudá-lo a manter uma empresa multigeracional. Não há nada de errado em ter diversas motivações para doar. Acreditamos que a sociedade se beneficia mais quando o valor da retribuição vai além do puro altruísmo. Se ele for essencial para seus objetivos, e não secundário a eles, é mais provável que vocês sustentem ações filantrópicas ao longo do tempo. Além disso, se os benefícios não altruístas só podem ser alcançados quando suas ações benevolentes são bem executadas, é mais provável que, reconhecendo um interesse individual, vocês se sintam motivados a conduzir a filantropia do modo mais eficiente possível.

Independentemente da sua motivação, existem três caminhos principais para atingir seus objetivos:

- **Filantropia familiar:** os veículos que muitas empresas familiares estabelecem para retribuir não têm relação com o negócio principal. Por exemplo, muitas geralmente formam uma fundação familiar, embora existam outros meios, dependendo do seu país (por exemplo, fundos de doadores nos Estados Unidos). Algumas fundações se concentram em doar; outras, em agir. Há famílias que provêm para sua fundação, vendendo ações da empresa, enquanto outras usam dividendos para financiar a filantropia. Embora doar dinheiro seja importante, não se esqueça do valor do seu tempo, experiência e capital político.

- **Responsabilidade social corporativa:** é cada mais frequente que as empresas familiares integrem práticas de negócios socialmente responsáveis em suas operações principais. Algumas também têm fundações corporativas que atendem a objetivos híbridos empresariais e sociais. E muitas empresas estabeleceram programas que facilitam o envolvimento dos funcionários na comunidade.

> **Valorizar**

- **Investimentos impactantes:** muitas famílias estão buscando conciliar decisões de investimento com objetivos sociais. Por exemplo, se uma empresa está focada na sustentabilidade ambiental em suas doações, ela não quer investir em empresas cujo modelo de negócio seja baseado no desmatamento indiscriminado de florestas tropicais. Algumas empresas familiares tomam decisões de investimento mais ativas, apostando em outras que estão claramente abordando as necessidades sociais.

Reserve um tempo para identificar seus objetivos filantrópicos, incluindo o papel da retribuição no cumprimento das metas definidas em sua Estratégia de Acionistas. Em seguida, certifique-se de que os recursos que vocês estão inserindo em sua família, negócios e investimentos estejam alinhados com esses objetivos. Mas cuidado: como a filantropia envolve valores fundamentais, ela também pode abordar tópicos delicados. Houve uma pesquisa da CCC Alliance envolvendo os mais de cem membros de sua rede de *family offices* que levantou o questionamento: "na ampla gama de atividades familiares em que seu *family office* está envolvido, liste três atividades que criam harmonia familiar e três que criam discórdia", fundações de caridade ou filantropia apareceram em ambas as listas.[*]

A declaração da Estratégia de Acionistas deve ser específica o suficiente para ajudar o conselho e a administração a tomarem decisões que exijam escolhas. Por exemplo, vocês podem definir um retorno de 15% sobre o capital investido como limite mínimo para lucros retidos. Quando o negócio estiver expandindo, podem reinvestir todos os lucros de volta na empresa, mas, conforme o mercado amadurece, vocês podem reduzir esse investimento e aumentar as distribuições aos acionistas. Já vimos várias empresas familiares com metas de controle e liquidez cujos conselhos estão focados no crescimento do negócio e corte de dividendos para investir nesse sentido — o que não é uma das características da abordagem escolhida. Esclarecer as metas ajudará a reduzir essas situações.

---

[*] Barney Corning e Laird Pendleton da CCC Alliance.

Harvard Business Review – Manual de Empresas Familiares

Uma declaração de Estratégia de Acionistas de qualidade deve formar a base do diálogo entre os acionistas, o conselho de administração e a gestão. Atuando como um painel que identifica as métricas usadas para medir o sucesso, essa declaração ajuda os acionistas a acompanharem se o negócio está atingindo os objetivos acordados e estimula o diálogo quando o negócio sai dos limites estabelecidos. Como uma declaração de Estratégia de Acionistas de qualidade é um documento vivo ao qual os acionistas se referem regularmente, ela deve ser revisada sempre que houver quaisquer mudanças significativas no ambiente interno ou externo.

No caso da empresa de surfe de Leigh e suas irmãs, o erro foi não ter articulado a Estratégia de Acionistas primeiro entre elas e, depois, passá-la ao restante da empresa. Após perceber a gravidade da situação, elas escolheram demitir o CEO não familiar e promover um veterano para o cargo. Embora o novo diretor executivo não tivesse as credenciais do antigo, elas sabiam que garantiria o retorno da priorização da cultura e da criatividade em detrimento do crescimento "taco de hóquei" (*hockey stick*). Para evitar que a experiência se repetisse, elas explicaram sua Estratégia para a empresa e trabalharam com o conselho de administração para alinhar a remuneração e incentivos do novo CEO.

Definir sua Estratégia de Acionistas coloca você e sua família na posição de criar uma empresa que faz o que *vocês* mais valorizam. Possuir uma empresa familiar cria a oportunidade de escolher sua própria aventura proprietária. Afinal, isso faz parte da diversão de construir uma empresa familiar e um legado duradouro.

Valorizar

Resumindo

○ Como acionistas, vocês têm o direito de definir o *valor* que desejam que a empresa crie, porque somente vocês podem responder essas três questões básicas:

- Quais restrições, se houver, devem ser impostas ao *crescimento* da empresa?

- Quanta *liquidez* deve ser retirada da empresa?

- Vocês estão dispostos a abrir mão do *controle* sobre as decisões ao aceitarem capital externo?

○ Uma *Estratégia dos Acionistas* define as regras do jogo para a sua empresa. Ela consiste em três elementos principais:

- Um *propósito* atraente, que responda à pergunta: por que vocês possuem a empresa juntos?

- Os *objetivos* que vocês desejam alcançar por meio da propriedade compartilhada. Enquanto o propósito está mais para uma aspiração, os objetivos dos acionistas são resultados específicos que abordam como vocês lidarão com as escolhas entre crescimento, liquidez e controle.

- Os *limites* que vocês desejam colocar em torno das ações da empresa para garantir que seus objetivos sejam alcançados, sejam eles financeiros ou não financeiros.

○ Capture esses três elementos em uma *declaração de Estratégia de Acionistas*, que ajudará a garantir o alinhamento entre os acionistas familiares e os líderes da empresa. A declaração deve ser um documento vivo que deve ser revisada sempre que houver grandes mudanças no ambiente interno ou externo.

6.

Informar

Use Comunicação Efetiva para Construir Relações de Confiança

Sophie estava ficando cada vez mais frustrada. Como professora de uma das principais escolas de negócios, era procurada por muitas empresas por sua expertise. Mas, pelo jeito, não era o caso da empresa de mídia de 4ª geração do marido Matthew, localizada na Ásia. Preocupada com o que parecia ser um comportamento blasé em relação à necessidade de mudança em uma indústria que passava por sérias rupturas, ela começou a indagar a estratégia em longo prazo da empresa. Entretanto, só recebeu respostas vagas, o que a frustrou ainda mais. Conforme Sophie fazia mais perguntas, a equipe executiva passou a compartilhar menos informações nas reuniões anuais de acionistas, nas quais os cônjuges eram bem-vindos há muito tempo. Para piorar, os irmãos de Matthew o instruíram a não compartilhar com ela os relatórios financeiros que recebiam, porque estava arrumando confusão demais.

Sophie estava ansiosa, não pelo impacto que sofreria, mas pela situação de suas filhas, sem saber se elas teriam algo de valor quando o negócio

Harvard Business Review – Manual de Empresas Familiares

chegasse às suas mãos. Como cônjuge que entrou para a família, ela não esperava decidir questões da empresa, mas achava que, como mãe de Ellie e Anna, acionistas da 5ª geração, merecia saber o que estava acontecendo e ter a oportunidade de expressar suas preocupações. *Que irônico*, pensou, *que sua opinião de especialista parecia ser a menos valorizada pela empresa com a qual mais se importava.* Sentindo-se frustrada, excluída e desconectada da empresa familiar, Sophie se retraiu emocionalmente. Ela desencorajava conversas sobre o negócio na hora do jantar. Programava as férias durante as assembleias familiares anuais, privando, com êxito, as filhas da melhor oportunidade de conhecer os primos — que, um dia, também seriam coproprietários do negócio. Dividido entre a família e a esposa, Matthew começou a se questionar se manter tudo tão privado era sensato.

Como acionistas, vocês têm o direito de informar, decidindo quem pode saber o quê sobre a empresa.[1] Esse poder, por sua vez, lhes concede controle sobre a função comunicativa na empresa familiar, já que nada de importante pode ser compartilhado sem a sua permissão. Ao exercer esse direito, vocês precisam decidir como equilibrar os objetivos de privacidade e transparência, muitas vezes conflitantes. O impulso de manter a privacidade é compreensível: ela pode proteger sua empresa e sua família de estranhos. Ao mesmo tempo, há um custo real para o excesso de sigilo. Um dos atributos mais valiosos das empresas familiares é a capacidade de construir relações de confiança que, por sua vez, ajudam a criar o capital necessário para a prosperidade. Ao reter informações, vocês correm o risco de privar sua empresa familiar da capacidade de cultivar relações valiosas que podem ter um efeito importante tanto no sucesso do negócio quanto na proximidade da família. Já vimos empresas cuja incapacidade de se comunicar efetivamente foi a grande razão de não terem durado, e outras cuja excelência em comunicação lhes permite sobreviver a tempos difíceis.

Neste capítulo, exploraremos três aspectos da comunicação:

1. Sua importância na construção do capital que será necessário à prosperidade de sua empresa familiar.

2. O equilíbrio entre privacidade e transparência para os principais públicos da sua empresa familiar — sócios atuais e futuros, côn-

Informar

juges, funcionários e o público —, assim como diretrizes para ajudá-los a decidir quanta informação compartilhar.

3. Os passos necessários para criar uma comunicação efetiva na sua empresa familiar.

Se bem exercido, o direito de informar permite que vocês criem bons relacionamentos que servirão aos seus negócios por muitos anos.

Construindo confiança

Relações de confiança são um dos ativos mais valiosos em uma empresa familiar. A confiança pode ajudá-los a lidar com os desafios inevitáveis que acompanham o trabalho em equipe e a formar parcerias duradouras. São bons relacionamentos que sustentam sua empresa familiar por gerações e ajudam vocês a competir com negócios que podem ter mais recursos. É difícil subestimar o valor dos relacionamentos, afinal eles possibilitam e impossibilitam muitas coisas. Estamos falando das relações não apenas entre os sócios e a família, mas também em relação a grupos que se tornam parte da família mais ampla — funcionários, clientes, fornecedores e outras partes interessadas.

A comunicação é fundamental para construir confiança. E ela pode parecer uma ideia amorfa, mas, de acordo com A. K. Mishra, tem quatro componentes mensuráveis: "confiança é a disposição de se mostrar vulnerável a outrem, baseada na crença de que esta pessoa é competente, aberta, cuidadosa e consistente."[2] Será que essa pessoa é:

- **Competente:** ela traz conhecimento, habilidades, capacidades e julgamentos relevantes e eficientes?

- **Aberta:** ela é transparente e honesta ao compartilhar informações, planos e decisões?

- **Cuidadosa:** ela demonstra se importar com alguém além dela mesma?

- **Consistente:** ela consegue inspirar confiança ao produzir consistentemente o que os outros esperam?

Harvard Business Review – Manual de Empresas Familiares

Cada um desses quatro componentes requer ótima comunicação. Retomando a situação de Sophie, os líderes empresariais até poderiam ter uma estratégia clara para lidar com a disrupção da indústria, mas, sem uma comunicação aberta, não conseguiram demonstrar sua competência para ela. No processo, eles perderam o acesso não apenas à sua expertise, mas também a seus esforços para conectar a próxima geração ao negócio.

Pense na confiança como uma conta bancária em que, a cada interação, vocês depositam ou fazem um saque por meio do seu comportamento. Quando o saldo da sua conta acumula o suficiente, vocês estão gerando três formas de capital necessárias à prosperidade de uma empresa familiar:

- **Capital financeiro:** sócios comprometidos e conectados emocionalmente com a empresa na qual têm participação acionária no longo prazo.

- **Capital humano:** funcionários engajados e familiares, inclusive cônjuges, que contribuem com todo o seu talento no trabalho e na família.

- **Capital social:** uma reputação positiva com os clientes, os fornecedores, o público e outras partes interessadas, o que pode ajudar sua empresa a se destacar em um mercado concorrido e construir relações com todas as gerações.

É possível estimular cada um desses tipos de capital por meio do conteúdo e do modo como vocês comunicam. Não quer dizer que precisem abrir sua conta bancária para todos verem, mas podem compartilhar informações para se ajudarem a construir e ampliar essas várias formas de capital.

O equilíbrio entre transparência e privacidade

Para muitas empresas familiares, o instinto de proteger as informações é poderoso. Os acionistas temem, compreensivelmente, que compartilhar informações sobre o negócio possa criar problemas — filhos mimados, cônjuges intrometidos, funcionários gananciosos ou perda de vantagem competitiva. Por que outra pessoa deveria estar a par dos detalhes da sua empresa? Em uma família com que trabalhamos, há um controle tão rigoroso das informações que os sócios nunca nem sonhariam em pedir um empréstimo

Informar

(mesmo que isso ajudasse o negócio a crescer), porque, com isso, precisariam revelar as demonstrações financeiras da empresa aos banqueiros.

Respeitamos essas preocupações. Mas também encorajamos vocês a refletirem: Quais são as consequências de *não* compartilhar informações? Se a comunicação é necessária para construir confiança, do que vocês estão abrindo mão ao esconder o jogo? É natural ter dificuldade em equilibrar privacidade e transparência em uma empresa familiar de capital fechado. No entanto, alguns tipos de informação podem ser compartilhados sem sacrificar a privacidade. Antes de começarem a pensar na abordagem dos diferentes públicos, façam um inventário das informações que estão nas mãos dos acionistas. A Tabela 6-1 fornece uma lista inicial, organizada a partir dos outros quatro direitos.

Abordaremos as principais partes interessadas para analisar quais informações aconselhamos que vocês compartilhem, além da estratégia e dos motivos para fazê-lo.

TABELA 6-1

Quais informações você pode compartilhar?

Desenhar	• Os ativos de posse conjunta, incluindo os principais produtos e locais de fabricação. • Como a propriedade da empresa é mantida pela família hoje (por exemplo, se são utilizadas ações com direito a voto e ações ordinárias ou ações sem direito a voto e ações preferenciais).
Decidir	• As funções e responsabilidades da Sala dos Acionistas, da Sala do Conselho de Administração, da Sala da Gestão e da Sala da Família, incluindo os critérios de elegibilidade para participar de cada um. • Principais acordos (de acionistas, compra e venda, protocolo familiar) e políticas (de contratação de familiares, dividendos, uso de recursos da empresa). • Experiência e habilidades dos líderes empresariais e membros do conselho.
Valorizar	• A história da família, às vezes já registrada de forma escrita. • Metas dos acionistas para crescimento, liquidez e controle. • Desempenho financeiro da empresa (como o *valuation*). • Principais métricas operacionais do seu negócio, como participação no mercado e precificação. • O impacto da sua família ou empresa na comunidade. • Situação atual da indústria e a estratégia da empresa nela inserida.
Transferir	• Como os ativos serão transferidos para a próxima geração. • O momento para a transferência dos cargos de lideranças. • Quais habilidades a próxima geração precisará ter para ser bem-sucedida.

Atuais acionistas

Em algumas famílias, os proprietários têm diferentes níveis de envolvimento. Como já mencionamos, os sócios individuais geralmente se enquadram em três papéis distintos: operadores, governadores e investidores. É natural que aqueles que trabalham na empresa (operadores) ou que estão envolvidos na tomada de decisões na Sala do Conselho de Administração ou dos Acionistas (governadores) tenham mais informações. Pode haver um instinto compreensível de manter a cautela com aqueles que não estão muito envolvidos no negócio (investidores).

Uma empresa que conhecemos, por exemplo, fez de tudo para manter longe das finanças a única sócia que não fazia parte do conselho. Ela tinha, é claro, direito legal a essas informações, mas o conselho dificultou sua obtenção. Bastou a sócia perguntar sobre o valor do negócio em uma reunião anual de acionistas para que o conselho interpretasse a dúvida como um precursor de uma proposta de venda da empresa, o que, por sua vez, foi visto como desleal à família e ao negócio. A pergunta, que pode ter começado como um desejo genuíno de entender a empresa familiar, acabou chegando aos tribunais. Ninguém ganha quando o conflito se desenrola dessa maneira.

É preciso ter cuidado com as consequências de deixar os sócios investidores de fora. As empresas só prosperam quando têm o apoio de acionistas dispostos a comprometer seu capital em longo prazo. Na verdade, se os sócios investidores planejarem passar as ações para a próxima geração, vocês só terão como custos de capital os dividendos distribuídos anualmente. Caso eles se mantenham moderados, vocês poderão ter uma vantagem real sobre seus concorrentes. Muitas vezes, as empresas familiares ignoram os acionistas passivos, contanto que apoiem seus objetivos multigeracionais. Ou vocês estimulam esse capital comprometido, mantendo esses investidores informados e engajados, ou o destroem, precisando comprar a parte de acionistas desconectados e, assim, frequentemente desinteressados.

Informar

Acionistas da próxima geração

Um dos maiores medos dos proprietários de empresas familiares é que, de algum jeito, seu sucesso crie uma nova geração de pirralhos mimados (o Capítulo 11 aborda esse medo em detalhes). Então, eles não medem esforços não só para evitar conversar sobre a empresa com os filhos, mas também para ocultar ativamente as informações. Temem que, se divulgarem dados financeiros para a próxima geração, o conhecimento fomentará a ideia de que tudo é deles. Essa preocupação, claro, pode ser válida em algumas situações, mas é possível compartilhar detalhes valiosos além dos financeiros com a próxima geração. Uma possibilidade é inteirar os mais jovens aos poucos das informações sobre a estrutura de propriedade, processos de tomada de decisão, valores familiares e Estratégia de Acionistas e, com o tempo, dos planos para transferir o negócio.

Uma empresa industrial de sucesso que conhecemos, por exemplo, teve um fundador dominador que privou os filhos de todas as informações comerciais e societárias até que estivessem na casa dos quarenta e poucos anos. Sua única fonte de informação era o que conseguiam depreender das declarações fiscais que o diretor financeiro (CFO) da empresa lhes pedia para assinar todos os anos. Consequentemente, a próxima geração entendia pouco sobre a empresa, que estava em uma indústria decadente, e nunca foi encorajada a aprender o que significava ser um bom acionista. Quando o fundador faleceu de repente, os filhos não estavam aptos a assumir o cargo. Em vez disso, venderam a empresa por um preço baixo assim que encontraram um comprador.

As empresas familiares bem-sucedidas encorajam o senso de administração do negócio em todos os membros da família. Já vimos famílias exporem a próxima geração a todos os aspectos dos negócios — desde a avaliação da origem das matérias-primas até a recepção dos produtos pelos clientes. O engajamento dos membros ajuda a sustentar o negócio (e a família) em tempos difíceis e transições geracionais. Se vocês privarem os membros da próxima geração do conhecimento sobre a empresa, não os estarão preparando para serem acionistas e bons administradores. Também estarão perdendo a oportunidade de construir uma conexão emocional com a empresa

Harvard Business Review – Manual de Empresas Familiares

(e com vocês), além de correrem o risco de limitar a paixão e o talento que eles investirão na empresa.

Cônjuges

Os cônjuges também podem contribuir com talento e expertise para a empresa familiar. Em muitos negócios com os quais trabalhamos, é um parente por afinidade que dirige o negócio — e muito bem. (Aproximadamente de 10% a 20% da nossa base de clientes tem um CEO assim.) Além de oferecer o próprio talento, parentes por afinidade desempenham um papel crítico na criação da próxima geração e influenciam muito o interesse dos filhos na empresa.

Muitas outras famílias que conhecemos têm problemas em definir a quantidade de informação que devem compartilhar com os cônjuges que entram na família. Os relacionamentos podem ser bons, mas muitos empresários ainda têm o medo persistente de que compartilhar, digamos, dados financeiros com os cônjuges crie uma vulnerabilidade. A preocupação é que, quando a pessoa entender totalmente o valor da empresa, possa usar essa informação em um eventual processo de divórcio. Mesmo uma conversa íntima do dia a dia que dê ao cônjuge uma visão da empresa e da família pode, sem querer, alimentar rancores. (*Você* pode até conseguir superar as desavenças que teve com os demais sócios, mas os instintos protetores do cônjuge muitas vezes entram em ação e intensificam as rixas.)

Não presuma que só porque os cônjuges foram privados de algumas informações, eles não as ouvirão. Conhecemos uma empresa familiar que, formalmente, manteve os esposos de fora, mas eles se encontravam com frequência e tentavam montar o quebra-cabeça usando as informações que cada um tinha ouvido. Não é nenhuma surpresa que não tenham entendido a história direito, e as frustrações por terem sido excluídos foram passadas para a próxima geração. Alguns dos nossos clientes realizam sessões exclusivas para cônjuges nas assembleias familiares, para que os cônjuges possam compartilhar experiências, o que um cliente chamou de "grupo de apoio a empresas familiares". Ao contrário de um companheiro excluído, aquele que entende a Estratégia dos Acionistas, o legado e os valores da fa-

Informar

mília, a tomada de decisões nos negócios e na família, os papéis individuais dos familiares, os planos de transição futura etc. pode se sentir investido no sucesso do negócio e fornecer suporte valioso nos bastidores.

Funcionários

Alguns proprietários compartilham informações com os funcionários apenas em caso de necessidade. É frequente que apenas membros da família ocupem as principais funções financeiras ou que os sócios tenham apenas um executivo não familiar de confiança (às vezes chamado de *consigliere*) nesse cargo. Esses acionistas enxergam o aparente monopólio das informações financeiras como um meio importante para manter o controle sobre a empresa.

No entanto, se vocês forem cautelosos demais com o que divulgam, correm o risco de perder o envolvimento e a lealdade dos seus funcionários com sua empresa. Quando eles carecem de informações sobre a saúde geral do negócio, começam a preencher as lacunas de conhecimento com rumores, suposições e com as próprias ansiedades. Muitas pesquisas sugerem que os funcionários que se sentem conectados à missão e ao sucesso de uma empresa são muito mais engajados, leais e produtivos. Se eles entenderem o desempenho do negócio e acreditarem em sua missão, os estudos apontam que se preocuparão em contribuir para seu sucesso.[3] Começam a se comportar mais como donos do que como funcionários contratados.

Muitas empresas familiares veem os benefícios do engajamento e do alinhamento como resultantes da transparência com seus funcionários. Por exemplo, a Hilcorp é a maior empresa petrolífera independente de capital fechado dos Estados Unidos. O fundador, Jeffery Hildebrand, criou uma organização que prospera por meio da transparência: o bônus anual de todos os funcionários está sempre vinculado às metas da empresa como um todo. O negócio também implementa "BHAGs", ou *big hairy audacious goals* [metas grandes, audaciosas e "cabeludas", em tradução livre], quinquenais que resultam em bônus para todos os funcionários quando são atingidas. Em 2015, eles receberam US$100 mil quando a Hilcorp dobrou uma série de métricas de desempenho em relação aos cinco anos anteriores.

Harvard Business Review – Manual de Empresas Familiares

Público

Se a sua empresa for privada, vocês que decidem o que compartilhar com o público. Quem defende a divulgação mínima aponta os riscos que a publicidade pode trazer para a segurança da família e a sobrevivência da empresa. Famílias que vivem em países onde o sequestro é um perigo considerável tendem a estar mais sintonizadas com essa questão, mas a maioria das famílias bem-sucedidas também se preocupa com a segurança. Conhecemos uma que estruturou seus negócios de tal forma que tornou quase impossível para alguém de fora entender quem era proprietário do quê. Eles perderam oportunidades de alavancar a sinergia entre as empresas, mas estavam mais do que dispostos a pagar esse preço para evitar que alguém que não integrava seu grupo restrito descobrisse a extensão do império deles.

Mesmo que a segurança da família não esteja ameaçada, seu negócio pode estar. Em uma era de protestos virtuais, as ações dos proprietários podem prejudicar suas empresas. Quando Linda Bean, neta de L. L. Bean, apoiou Donald Trump nas eleições presidenciais dos EUA de 2016, sua postura estimulou um movimento de boicote ao varejista. O presidente-executivo (e também sócio) Shawn Gorman teve que conter esse ódio às pressas, contrapondo que Linda não representava a família. "Como a maioria das famílias grandes, os mais de cinquenta familiares acionistas da empresa têm opiniões e abraçam causas de todo o espectro político, assim como nossos funcionários e clientes. E todos da família concordariam comigo: nenhum indivíduo fala sozinho em nome do negócio ou representa os valores da empresa que L. L. construiu", escreveu Gorman em um post no Facebook.[4] O argumento era sensato (e provavelmente verdadeiro para a maioria das famílias), mas é improvável que os consumidores façam esse tipo de distinção. Justa ou injustamente, qualquer proprietário que se manifeste pode ser visto como representante da empresa. Essa suposta conexão entre as crenças pessoais dos sócios e a política da empresa reforça o valor da privacidade.

No entanto, as empresas familiares que priorizam permanecer fora do radar devem considerar os custos e a praticidade dessa escolha, pois marcas familiares estão cada vez mais valiosas. Um estudo anual da empresa de relações públicas Edelman vem mostrando repetidamente que, no quesito confiança, as empresas familiares têm uma vantagem significativa em todos os países estudados, exceto a China.[5] Alguns negócios ficam tão desesperados com a falta de privacidade que fazem de tudo para esconder o fato de que são de propriedade familiar. Mas se o público não identifica a sua empresa como familiar, vocês estão deixando de aproveitar essa simpatia. Além disso, muitas famílias terão dificuldade em controlar um acionista atípico que pense diferente sobre o compartilhamento de informações. De acordo com nossa experiência, é muito melhor ter uma política de comunicação cuidadosa com o público para colher os benefícios da simpatia gerada pela propriedade familiar, em vez de lutar para controlar falas que saem por canais não oficiais.

Esboçando seu plano de comunicação

A comunicação efetiva é uma das ferramentas mais vitais para sustentar um negócio que perdura ao longo dos anos. Embora poucas pessoas discordem disso, a maioria geralmente não tem certeza de como utilizá-la. Para ter sucesso nesta área, é preciso que vocês construam uma estratégia de comunicação deliberada. Aqui estão as perguntas-chave para vocês responderem conforme criam a sua.

Com quem vocês precisam se comunicar?

O primeiro passo na comunicação é esclarecer seus principais públicos. Neste capítulo, focamos cinco importantes partes interessadas: o atual grupo de sócios, a próxima geração, a família extensa (especialmente parentes por afinidade), a empresa e o público.

Esses públicos são genéricos — os seus também podem incluir outros grupos internos, como o *family office* ou a fundação, ou externos, como os fornecedores, os reguladores e os principais clientes. Identifique as partes interessadas mais importantes com as quais precisa se comunicar e as que têm menos prioridade. Suas prioridades comunicativas precisam ser claras.

Qual é o alcance dessa comunicação?

Depois de mapear os públicos que receberão algumas informações sobre o sistema da sua empresa familiar, decida o que deseja compartilhar com cada um ou, pelo menos, com aqueles dos níveis de maior prioridade. É provável que a resposta varie de acordo com o público.

Compartilhar informações não significa que vocês precisem abrir suas demonstrações financeiras ao escrutínio geral, tampouco divulgar os detalhes de quem possui qual porcentagem da empresa.[6] Mas, segundo nossa experiência, os acionistas costumam se preocupar tanto em proteger dos outros os detalhes do seu patrimônio que acabam não pensando na lista de coisas que *podem* divulgar — informações que ajudarão essas partes interessadas a se sentirem conectadas ao sucesso do negócio em longo prazo. Pense nos direitos dos acionistas que discutimos nesta parte do livro: vocês podem compartilhar seus valores e estratégia como sócios, sua estratégia de tomada de decisão, seus posicionamentos sobre a sucessão, sua paixão pelo negócio e assim por diante.

A Tabela 6-2 descreve a abordagem que um grupo de acionistas usou para decidir como compartilhar as informações descritas na Tabela 6-1. Como consta nela, os acionistas optaram por diferentes níveis de transparência para cada público. Embora a empresa mantivesse o cuidado de não revelar abertamente as informações financeiras, nem para os familiares e nem para os externos, o negócio ficou conhecido como altamente transparente. Em troca, a lealdade do grupo proprietário, da família e dos funcionários aumentou.

Informar

TABELA 6-2

Abordagem de comunicação de uma família

Informação	Acionistas	Futuros Acionistas	Cônjuges	Funcionários	Comunidade
Desenhar					
• Os ativos de propriedade conjunta	🔊	🔊	🔊	🔇✗	🔇✗
• Como a propriedade do negócio é mantida pela família hoje	🔊	🔊	🔊	🔇✗	🔇✗
Decidir					
• As funções e responsabilidades de cada sala	🔊	🔊	🔊	🕐	🔇✗
• Acordos de acionistas					
• Políticas de contratação de familiares	🔊	🔊	🕐	🔇✗	🔇✗
• Experiência dos líderes empresariais e membros do conselho	🔊	🔊	🔊	🕐	🔇✗
	🔊	🔊	🔊	🔊	🕐
Valorizar					
• História da família	🔊	🔊	🔊	🕐	🕐
• Metas do proprietário para crescimento, liquidez e controle	🔊	🔊	🔊	🕐	🔇✗
• Desempenho financeiro da empresa	🔊	🔊	🔊	🕐	🔇✗
• O impacto da empresa na comunidade	🔊	🔊	🔊	🔊	🔊
Transferir					
• Como os ativos serão transferidos para a próxima geração	🔊	🔊	🕐	🔇✗	🔇✗
• O momento para a transferência dos cargos de lideranças	🔊	🕐	🕐	🕐	🔇✗
• As habilidades que serão necessárias à próxima geração para que ela seja bem-sucedida	🔊	🔊	🕐	🔇✗	🔇✗

🔊 Comunicação aberta   🕐 Comunicação limitada   🔇✗ Não comunicado

---

Há outra empresa familiar que tem um processo de *stage-gate* cuidadoso, no qual os acionistas da próxima geração recebem uma atualização trimestral sobre o negócio a partir do aniversário de 18 anos. Nos anos seguintes, é oferecido um treinamento relevante para entender seus papéis como futuros proprietários, por exemplo, como interpretar uma demonstração financeira, quais são os elementos de um acordo de acionistas e como os *trusts* funcionam. Quando são considerados aptos, podem participar da discussão do conselho de acionistas para ouvir e exercer sua voz quanto aos problemas dessa esfera. Todo esse trabalho não só ajudou a preparar a próxima geração para suas futuras funções, mas também a construir relações entre eles.

Harvard Business Review – Manual de Empresas Familiares

O que vocês *não* compartilharão?

É preciso ser claro sobre o que *não* será compartilhado. Às vezes, é necessário impor limites, e vocês precisarão encontrar as demarcações que cabem na sua empresa familiar.

Por exemplo, já trabalhamos com uma família que decidiu que os parentes por afinidade deveriam ter acesso às informações, desde que seu cônjuge apoiasse essa divulgação e eles passassem por um processo acordado no *family office*. Outra fez um esforço significativo para educar os cônjuges sobre a empresa, mas não compartilhava informações financeiras.

Conhecemos uma terceira família que objetiva uma abertura dentro do grupo proprietário, mas é cuidadosa na comunicação da empresa com os funcionários. Em especial, os familiares querem evitar fofocas sobre a família ao apresentar uma frente unida para sua equipe. Para ajudá-los a alcançar o objetivo, os acionistas criaram um código de conduta que explicava como eles próprios deveriam se comportar em diferentes situações. Por exemplo, decidiram que, se um funcionário fizesse perguntas pessoais sobre outro sócio, a resposta seria sempre: "De acordo com nossa política, não comentamos assuntos relacionados aos acionistas. Se você tiver alguma dúvida, encorajamos que pergunte diretamente a eles."

Se vocês não vão ser transparentes com as informações, sejam transparente sobre seus motivos para tal. Muitos dos sentimentos negativos associados à exclusão podem ser amenizados quando a lógica por trás da sua necessidade de confidencialidade é explicada.

Vocês estão se comunicando olho no olho?

Um dia, um sócio de 45 anos da próxima geração de uma empresa nos contou que "em qualquer outro lugar, nos tratam como os adultos que somos, mas aqui na empresa sempre seremos tratados como crianças." Quando a comunicação ocorre de forma que pareça condescendente, ela pode fazer mais mal do que bem.

A análise transacional é um sub-ramo da psicologia que analisa como as pessoas interagem umas com as outras.[7] Cada indivíduo tem três "estados": criança, adulto e pai. A criança é brincalhona e impulsiva. O adulto foca no racional e na resolução de problemas. O pai é crítico. Cada um de nós, ao interagir com os outros, oscila entre esses três estados, assim como a pessoa com quem estamos conversando (Figura 6-1). Em nossas comunicações com os outros, se interagimos horizontalmente no diagrama, ou seja, de adulto para adulto ou de criança para criança, estamos em uma relação apropriada. No entanto, se em um ambiente de negócios interagirmos diagonalmente, digamos, de pai para filho, estamos nos comunicando de maneira inadequada com a outra pessoa.

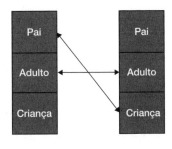

FIGURA 6-1
Quem está falando com quem? Pai, adulto e criança

Esse quadro é particularmente poderoso porque as transições nas empresas familiares estão repletas de interações diagonais em potencial, como um pai que trata sua filha de 50 anos como uma criança diante do conselho de administração. Na prática, é provável que ter um recurso para identificar tal comportamento ajude a melhorar as relações na empresa familiar. Por exemplo, você pode redirecionar uma conversa simplesmente informando seu interlocutor de que ela não foi "olho no olho" com um membro da família ou que "você está falando comigo agora como meu pai, não como

Harvard Business Review – Manual de Empresas Familiares

meu parceiro de negócios". Pequenas dicas podem ajudar a reformular os respectivos papéis. E, caso esteja trabalhando na empresa, tome cuidado para nunca se referir a "mãe" ou "tio Vlad". No trabalho, é preciso manter os papéis e limites profissionais. Sua mãe é sempre "Aline". Seu tio deve ser apenas "Vlad".

Nem todo mundo tem talento para comunicação, mas todos podem aprender a se expressar melhor se estiverem dispostos a se esforçar. Já vimos famílias se entenderem melhor ao empregar uma ferramenta de avaliação de personalidade chamada DISC (que avalia a dominância, a influência, a estabilidade e a conformidade de alguém) ou outros instrumentos baseados na psicologia que ajudam a identificar as tendências naturais das pessoas.[8] Há quem, por exemplo, não consiga se concentrar no que o interlocutor está dizendo até que lhes seja apresentado o resultado final. Outros precisam entender completamente como ele chegou a uma decisão antes de aceitá-la. Tais insights podem ser úteis para aprender que as pessoas fornecem e recebem informações de diversas maneiras. Depois de reconhecer essas diferenças, é possível adaptar sua comunicação para que a pessoa com quem está interagindo receba as informações de uma maneira que consiga entender e processar. Ao se deparar com desafios tão complexos, use todos os recursos disponíveis para aprender a se comunicar melhor, discordar e resolver problemas. Consulte "Leitura Adicional" para várias sugestões.

Vocês mostram reconhecimento um pelo outro?

"Minha maior alegria é estar nesse negócio com vocês", um acionista de 63 anos disse emocionado aos irmãos, com quem brigava diariamente. Essas simples palavras tiveram um efeito poderoso no relacionamento deles. Muitas vezes, ficamos presos em uma competição, em que cada um se concentra na própria contribuição para o sucesso da empresa, negando os feitos dos outros. (Aliás, pesquisas apontam que é da natureza humana superestimar nossa contribuição pessoal e subestimar a dos outros.) Essa competição é um jogo de soma zero: para um ganhar, outro tem que perder. Enfatizar demais os feitos individuais acaba esvaindo a disposição geral de se sacrificar pelos objetivos coletivos. Mostrar reconhecimento constrói confiança, mostrando cuidado pelo interlocutor. Conforme descrito no início do capítulo, esse é um dos quatro elementos essenciais da confiança. Inúmeras pesquisas recentes nas ciências sociais demonstraram que expressar reconhecimento também é benéfico para o locutor, que se sente mais confiante e satisfeito com as relações sociais.

Com tanta coisa acontecendo em uma empresa familiar, pode ser difícil desacelerar e agradecer àqueles que estão ao seu lado. O livro *The Power of Bad* descreve o "poder dos quatro", explicando que você deve planejar pelo menos quatro elogios para compensar uma crítica. Encorajamos você a fazer uma pausa no final de cada reunião importante e fazer um elogio a pelo menos um dos presentes, como o homem de 63 anos fez com os irmãos. Pode ser algo simples como: "Obrigado pela ideia. Nunca tinha pensado assim antes." Testemunhamos momentos verdadeiramente transformadores quando as pessoas param para agradecer umas às outras. Tais comentários criam capital de relacionamento, e criar o hábito do reconhecimento é uma decisão sábia.

De quais formas de comunicação vocês precisam?

Além de chegar a um acordo sobre o que compartilhar com os diferentes públicos, os acionistas devem considerar o tipo desejado de comunicação. Em especial: será uma mensagem de mão única para fornecer uma atualização? Ou existe uma oportunidade para formar um diálogo que dê voz às pessoas, mesmo que não tenham direito a voto? A falta de clareza dos proprietários na comunicação pode minar seus esforços bem-intencionados de informar os outros. Por exemplo, havia uma empresa familiar que tinha um histórico de sigilo total, e cujos sócios decidiram, depois de muitas idas e vindas, compartilhar algumas informações financeiras com os cônjuges. Eles esperavam receber elogios pelos seus esforços. Em vez disso, foram rejeitados. Na verdade, os cônjuges disseram: "Não nos importamos com os dados, porque não temos voz nas decisões."

Após mapear sua estratégia de informações, vocês podem começar a decidir como e quando informarão as partes interessadas relevantes. Nos estágios iniciais de uma empresa familiar, a comunicação pode ocorrer de

Harvard Business Review – Manual de Empresas Familiares

forma mais *ad hoc*. É bastante frequente que ela se dê informalmente, como durante as refeições em família, no caminho para o escritório ou na volta para casa. Conforme a família e a empresa crescem, meios mais formais costumam se fazer necessários para garantir uma comunicação efetiva. Essa infraestrutura pode assumir várias formas diferentes:

- **Fóruns:** o ideal é que cada uma das Quatro Salas forneça um fórum apropriado para discutir questões relevantes. Quando não há locais dedicados a essas discussões, os problemas podem surgir em momentos inoportunos. Para evitar que isso aconteça, a empresa deve marcar um horário em assembleias familiares (por exemplo, designar uma hora na pauta) ou em outros fóruns para tratar do assunto. Em seu livro, *War at the Wall Street Journal*, Sarah Ellison descreve como a família Bancroft, ex-proprietários da Dow Jones e do *Wall Street Journal*, lavava a roupa suja na imprensa. Essa exposição foi um dos principais fatores que enfraqueceram a união dos Bancroft como grupo, contribuindo para o aumento de sua disposição em vender a empresa para Rupert Murdoch. Segundo Ellison, um dos Bancroft disse à revista *Fortune*: "Não há nenhum mecanismo dentro da família para discutir abertamente as questões empresariais envolvendo a Dow Jones."[9]

- **Políticas:** ter regras claras sobre o que pode ou não ser comunicado é útil ao extremo para definir as expectativas compartilhadas. Essas regras são normalmente decididas na Sala dos Acionistas, mas outras salas também podem estar envolvidas em sua execução. De acordo com um estudo da WHU — Otto Beisheim School of Management e da PricewaterhouseCoopers, um terço das famílias empreendedoras alemãs têm regras que exigem que os membros da família limitem seu acesso à mídia. Globalmente, várias famílias empresárias estão criando políticas por escrito para a exposição midiática. Por exemplo, há uma família que proibiu que seus membros aparecessem nas redes sociais usando alguma roupa com o nome da empresa. Os familiares podem redigir e aprovar as políticas relevantes na Sala da Família e, em seguida, mantê-las em uma plataforma compartilhada para que todos os membros tenham acesso. Às vezes, as políticas farão parte da declaração de Estratégia de Acionistas.

Informar

- **Funções:** a maioria das empresas de capital aberto possui uma equipe que media suas relações com investidores, cujo trabalho é gerenciar a comunicação entre a empresa e seus acionistas. À medida que uma empresa familiar ultrapassa um certo estágio, ou seja, vai além de um estilo de governança informal e indefinido, o negócio geralmente precisa de recursos dedicados ao gerenciamento dos diferentes níveis de comunicação. Apesar de os acionistas se reservarem o direito de decidir o que divulgar e com quem fazê-lo, o compartilhamento pode ser feito dentro da estrutura das Quatro Salas. Por exemplo, o conselho familiar pode criar um boletim mensal com atualizações sobre os parentes. Esse tipo de comunicação é uma atividade da Sala da Família. Os *family offices* estão desempenhando cada vez mais esse papel comunicativo central (consulte o capítulo 13). Outra opção é os membros da Sala do Conselho de Administração dividirem suas anotações com os atuais e futuros acionistas para atualizá-los sobre o estado do negócio.

- **Plataformas:** em vez de depender de métodos de comunicação mais tradicionais, as empresas familiares podem usar a tecnologia para compartilhar informações. Por exemplo, algumas famílias usam pesquisas para se informar sobre uma decisão importante ou para permitir feedbacks anônimos. Quando combinada com o boletim informativo mais convencional, uma pesquisa pode, ao mesmo tempo, atualizar as pessoas e lhes conceder a oportunidade de expressar suas opiniões. Outras famílias usufruem de plataformas feitas para facilitar a divulgação e o armazenamento de informações, como softwares de gestão de conselhos ou portais familiares como Trusted Family ou Summitas. Outras usam, ainda, o *family office* para fornecer uma plataforma de informações segura e acessível para as famílias empresárias se comunicarem.

Harvard Business Review – Manual de Empresas Familiares

Resumindo

○ O direito de informar cabe aos sócios de uma empresa familiar. Sejam claros sobre como vocês o usarão.

○ É preciso ter uma boa comunicação para construir os relacionamentos de confiança necessários à prosperidade de sua empresa familiar. Embora a inclinação para o sigilo seja compreensível, considere o custo da falta de informação na redução do capital financeiro, humano e social.

○ À medida que sua família e sua empresa familiar crescem, uma comunicação efetiva requer um plano. Ao criá-lo, lembre-se de empregar estas etapas importantes:

- ● Mapeie os principais públicos com os quais vocês precisam se conectar. Por exemplo, os acionistas atuais, a próxima geração, os cônjuges, funcionários ou o público em geral.

- ● Entrem em acordo sobre o que vão ou não comunicar a cada público. Lembrem-se de que é possível compartilhar muito mais do que dados financeiros. Se pretenderem manter as informações privadas, expliquem o motivo.

- ● Invistam um tempo na melhora da comunicação entre vocês, como parceiros de negócios. Pratiquem conversar olho no olho, adaptando sua mensagem à forma como o ouvinte processa as informações e mostrando apreço pelas contribuições alheias.

- ● Coloquem em prática a infraestrutura para facilitar a comunicação efetiva conforme sua família cresce. Nos estágios iniciais da empresa, o fluxo de informações é orgânico, geralmente ocorrendo durante as refeições compartilhadas. Com o crescimento da família, considerem quais reuniões, políticas, funções ou plataformas tecnológicas podem ajudar a melhorar o diálogo em toda a empresa familiar. A comunicação pode variar em sua frequência (por exemplo, mensal ou anual) e formalidade (boletim informativo, grupo de mensagens de texto da família etc.). É preciso decidir qual ritmo e nível de formalidade são adequados para a sua família.

7.

Transferir

Planeje a Transição para a Próxima Geração

Na bela cena de abertura de O Rei Leão, o recém-nascido Simba, o herdeiro presuntivo do trono, é erguido para que todos os animais da savana africana o vejam, e eles se curvam em reverência. "O tempo de um reinado se levanta e se põe como o sol", explica o pai de Simba, Mufasa, mais tarde. "Um dia, Simba, o sol vai se pôr com o meu tempo aqui. E vai se levantar com o seu, como um novo rei", continua ele. A ideia de que o pai pode transferir poder para o filho é uma das premissas exploradas pela história.

Muitos proprietários de empresas familiares parecem ter essa ideia em mente quando consideram exercer o direito de transferir sua propriedade para a próxima geração. Um determinado sucessor comandará o negócio, o grupo de sócios e a família. Os outros se submeterão inquestionavelmente ao herdeiro, e o respeito entre as gerações e ramificações da família se dará de livre e espontânea vontade. O "ciclo da vida" continuará. Mas, como Simba descobre quando o pai morre inesperadamente e seu tio assume o comando, as transições costumam ser muito mais complexas.

Harvard Business Review – Manual de Empresas Familiares

Com este direito, vem o fardo de muitas decisões complexas e difíceis. O que você quer fazer com os ativos que trabalhou tanto para construir? Como deixá-los? Que papéis a próxima geração deve desempenhar? Como desenvolvê-la para essas funções? As relações entre os seus membros são fortes o bastante para tomarem decisões conjuntas?

Neste capítulo, consideraremos os jeitos de transferir seu negócio (e se isso vale a pena). Vamos aconselhá-lo a criar um plano de continuidade que integre as estratégias de transferências de ativos e funções da sua empresa familiar, bem como o desenvolvimento das habilidades da próxima geração. Embora sejam os atuais acionistas que batam o martelo, o processo requer colaboração entre gerações. Todos precisam entender como essa transição funcionará. É na transferência de poder para as gerações mais jovens que os impérios familiares são consolidados ou despedaçados. Nunca vamos cansar de bater nesta tecla: uma transição planejada é muito melhor tanto para a empresa quanto para a família.

O direito de transferir: 2G ou não 2G?

A transferência de poder é vista há tempos como um dos desafios mais emocionalmente fascinantes enfrentados pelas empresas familiares. Por gerações, a literatura clássica (veja Shakespeare) e programas populares de televisão foram construídos a partir das intrigas de traições, apropriações de poder e manobras pelo posto de herdeiro aparente. A maioria das empresas familiares nasce dessa decisão fundamental. Em algum momento, o fundador vai enfrentar uma escolha crítica — passar o negócio para os filhos, transformando, assim, o que era uma empresa liderada pelo fundador em uma empresa familiar. Ou, parafraseando Shakespeare e adaptando sua famosa frase, "2G ou não 2G, eis a questão" (2G sendo a 2ª geração).

Como proprietário, seja da 1ª ou da 21ª geração, você que decide quem comandará a seguir. É possível exercer o direito de transferência de três maneiras principais: **vender** a empresa, **dividi-la** ou **transferi-la** como um todo para a próxima geração. A importância dessa decisão se estende muito

Transferir

além do papel do fundador. As ações tomadas por cada geração moldam a família e a empresa por décadas.

Vender para um externo

Em muitos aspectos, quando você está pronto para abrir mão do seu negócio, a decisão mais fácil é vendê-lo para um investidor externo. Talvez você tenha bons motivos. Quem sabe, pela posição competitiva da sua empresa, o futuro do seu negócio independente pareça sombrio. Você pode ter recebido uma oferta única que é boa demais para recusar. Talvez haja muito conflito no grupo de proprietários. Sua próxima geração pode não ter interesse em administrar o negócio em conjunto. Ou talvez você esteja apenas cansado do trabalho. Se seu caso for um desses, deveria considerar seriamente vender a empresa.

Se você optar por seguir esse caminho, saiba que muitos consultores — banqueiros, advogados, outros — não são neutros. Eles podem encorajá-lo a vender, e alguns podem até atenuar as desvantagens, porque é nessa transação que muitos consultores recebem a maior parte dos honorários. Além disso, como muitas vendas acabam não acontecendo, você deve continuar administrando a empresa como se ela fosse ficar nas suas mãos para sempre. Mantenha as discussões de vendas restritas às Salas dos Acionistas e do Conselho de Administração. E não distraia a equipe de gestão sem necessidade. É melhor que o negócio se mantenha saudável no processo de venda, especialmente se ela acabar fracassando.

No entanto, as aspirações para a vida pós-venda podem não coincidir com a realidade. Você pode sonhar com uma aposentadoria gratificante, tranquila, com pouco ou nenhum estresse financeiro depois de receber por uma vida inteira de trabalho árduo. A realidade, no entanto, muitas vezes, tem mais nuances. Conhecemos muitos proprietários que lamentam o que o comprador fez com o trabalho de uma vida inteira — demitindo funcionários valiosos, mudando a estratégia da empresa, alterando sua cultura de negócios e até a fechando. É comum que os vendedores tenham crises de identidade e que não saibam ao certo o que farão com seu tempo livre. "Vendi minha empresa, e minha identidade foi junto" é algo que ouvimos

Harvard Business Review – Manual de Empresas Familiares

bastante. A riqueza, uma vez fora da empresa, assumindo formas mais líquidas, como dinheiro, ações negociáveis e títulos, é mais fácil de gastar e, possivelmente, desperdiçar. Há boas razões para seguir este caminho, mas ao fazê-lo, mantenha os olhos bem abertos.

Dividir entre os membros da próxima geração

A segunda forma de transferência é dividir o negócio entre os membros da próxima geração. Existem diversas formas de fazer isso. Seja como for, dividir a propriedade entre seus filhos garante que não haja uma empresa familiar compartilhada para passar adiante. Em vez disso, cada ramo traça seu próprio curso.

Veja o exemplo de Robert Jenkins, ou "Bob", que comprou a ABC Pest Control no Texas em 1965. Quando chegou a hora de se aposentar, ele pensou em vendê-la. Seus três filhos, que estavam na casa dos 20 anos, Bobby, Raleigh e Dennis, fizeram-no mudar de ideia e se ofereceram para comprá-la, proporcionando ao pai a renda de que precisava na aposentadoria e se conferindo a oportunidade de construir em cima da base que ele havia criado. Em vez de colocar os três como sócios da empresa, ele decidiu reparti-la, dividindo o estado do Texas em três regiões. Cada irmão criou a própria empresa e passou a vender serviços usando a marca ABC, mas apenas em sua área. Há um mapa físico (mantido pela mãe) que demarca o território dos três irmãos, e um dos principais valores da família é "Não entrarás no território do teu irmão." Dividir a empresa funcionou bem para os três, cada um desenvolveu seu próprio negócio, mas eles não deixaram de se apoiar nem de compartilhar recursos ao longo do caminho. Eles são incrivelmente próximos um do outro, o que atribuem, em parte, a essa separação.

Dividir um negócio pode ser uma boa maneira de minimizar conflitos, mas não está isento de desvantagens. Para começar, o esforço e os recursos gastos para esse fim poderiam ser usados para o crescimento da empresa. Além disso, essa abordagem é difícil de replicar quando os acionistas mudam. Por exemplo, se Bobby e os irmãos passarem a empresa para os filhos, como o pai fez, mesmo um estado tão grande quanto o Texas não conseguiria comportar todos, há um número limitado de divisões possíveis até que a empresa chegue a uma escala que deixe de ser viável — se não na próxima geração, então na seguinte. Por fim, mesmo que a divisão seja igual no início e a família faça um bom trabalho conjunto nas repartições, vários problemas podem surgir conforme elas crescem: "Você que ficou com o território bom", "Papai deixou para *você* a parte que mais cresce" etc.

Transferir a empresa inteira

A última opção é transferir a empresa inteira para a próxima geração. Você já pode ter decidido fazer essa transição naturalmente, mas a decisão deve ser deliberada, levando em conta as alternativas.

Como proprietários, vocês controlam não só a decisão de transferir (e de quem vai receber), mas também o processo. Obviamente, vocês escolhem aonde irão os ativos, quais veículos de transferência serão usados (*trusts*, vendas, doações e assim por diante) e quando eles serão repassados. Como a propriedade traz consigo o poder de selecionar a liderança das Quatro Salas (direta ou indiretamente), vocês também podem moldar como as várias funções serão transferidas. E dada a influência não apenas como acionistas, mas também como pai, tia, tio ou avô, a forma como vocês lidam com essa transição também determinará o desenvolvimento, na próxima geração, das capacidades necessárias para sucedê-los, tanto como indivíduos quanto como equipe.

Os elementos essenciais de um plano de continuidade bem-sucedido

Mesmo tendo boas intenções, muitos sócios têm dificuldade em planejar a eventual transição da própria empresa, que se tornou parte de suas identidades (veja o quadro "Cinco caminhos para uma transição fracassada"). Porém atrasar ou planejar mal esse processo pode causar estragos ao negócio no longo prazo. Um estudo do BCG com mais de 200 empresas familiares indianas encontrou um "diferencial de 28 pontos percentuais no crescimento da capitalização de mercado ao comparar empresas que planejaram sua transição e aquelas que não o fizeram." O estudo conclui: "Transições

Harvard Business Review – Manual de Empresas Familiares

não planejadas destroem substancialmente o valor de um negócio, trazendo consequências potencialmente catastróficas."[1] E quando falham na transição, as famílias também costumam perder a coesão.

Manter a propriedade familiar requer decisões que vão reverberar por muitos anos e que são baseadas em informações imperfeitas sobre o futuro (por exemplo, das próximas gerações, quem será o mais qualificado para liderar o negócio?). Essas decisões estão impregnadas de significado e conectadas a questões de justiça (será que trato meus filhos igualmente?) e identidade (o que faço depois que sair do trabalho em que passei a vida inteira?).

Para fazer uma boa transição, você precisa de um **plano de continuidade** que mapeie o caminho da geração atual até a próxima. Imagine as duas em lados opostos de um cânion. Se você simplesmente continuar na direção que estava, vai acabar caindo do precipício. É necessário construir uma ponte, que consiste em três elementos principais: transferência de *ativos*, mudança de *funções* e *capacitação* da próxima geração. Examinaremos cada elemento em detalhes.

Cinco caminhos para uma transição fracassada

Embora não exista uma maneira correta de fazer a transição de uma geração para outra, vimos cinco abordagens principais que tendem a falhar. Se você se identificar com um — ou mais — desses cenários, é provável que esteja no caminho para cair do precipício da continuidade.

Um patriarca ou matriarca problemático

Este tipo de líder não consegue deixar nada passar. Ele governa todos os aspectos da empresa familiar com punho de ferro. Seu comportamento obstinado, que levou ao sucesso nos negócios, é aplicado à próxima geração, que acha impossível prosperar com um líder sênior assim no comando.

Por causa desse comportamento opressivo, os membros da próxima geração são incapazes de liderar o negócio ou estão tão magoados pelas experiências anteriores que não têm interesse em continuar com a empresa. Muitas vezes, depois que o líder dominador sai, eles a vendem.

A falácia do jeito único

A governança, as funções e os processos que funcionaram de forma brilhante em uma geração podem ser um desastre na próxima. Mesmo tendo boas intenções, os mais velhos podem levar os mais jovens ao fracasso ao manterem rígidos papéis de liderança, sem permitir que o grupo mais novo considere sua própria abordagem. Cada geração traz diferentes interesses e habilidades para a liderança — e a própria empresa pode precisar dessas variações. É um erro presumir que o que funcionou para uma geração funcionará para a seguinte também.

Governando para além do túmulo

Os proprietários podem definir estritamente as regras pelas quais a próxima geração trabalhará e administrará o negócio em conjunto. Com frequência isso se dá por meio de veículos formais como *trusts* ou por expectativas culturais herdadas, muitas vezes, com o objetivo de proteger o que foi criado e ajudar a próxima geração a evitar erros. No entanto, essas abordagens rígidas costumam sair pela culatra. Governar para além do túmulo remove a autonomia da próxima geração, a oportunidade de traçar o próprio curso e responder às mudanças nas circunstâncias. *Trusts* são muito complicados de desfazer, e até mesmo as expectativas culturais são difíceis de mudar.

O escolhido

Muitas famílias têm a tradição cultural de que, mesmo quando a propriedade é compartilhada, o homem mais velho fica encarregado dos negócios da família. Às vezes, essa pessoa recebe uma participação maior na empresa (ou sua totalidade) e, em certas ocasiões, o poder vem de uma preferência da geração anterior. Essa tradição pode ajudar a evitar brigas pela sucessão, já que todos conhecem seu papel desde cedo. Porém, descobrimos que, na maioria das vezes, designar um sucessor já no nascimento causa mais problemas do que benefícios. Mesmo que isso não seja admitido em voz alta, todos reconhecerão que o sucessor escolhido pode não ser o melhor candidato para o cargo

Harvard Business Review – Manual de Empresas Familiares

— que essa pessoa simplesmente teve a sorte de ter nascido primeiro. Essa abordagem também coloca muita pressão sobre o escolhido e, enquanto isso, o resto da família muitas vezes se sente excluída e ressentida.

Todos por ninguém, ninguém por todos

Quando os acionistas atuais discordam sobre as prioridades, eles geralmente querem competir entre si em vez de colaborar. Essa competição pode acontecer, por exemplo, na sucessão por desgaste. Como um acordo de acionistas com uma cláusula que beneficia o "último em pé", estabelecendo que, se, por exemplo, uma empresa tiver três sócios e um falecer, os dois remanescentes devem comprar as ações do cônjuge do falecido a um preço mais baixo. Se um segundo acionista morrer, então, de novo, o remanescente será o comprador. A última pessoa em pé provavelmente vai acabar administrando toda a empresa, mas como é possível que o negócio esteja muito endividado, ela possivelmente também precisará vender.

Ativos

Ao planejar a transferência de ativos, você precisa rever seu tipo de empresa familiar, alinhar a propriedade com os interesses de cada pessoa e fazer uso eficiente das ferramentas de planejamento tributário.

Reafirme ou revise seu tipo de propriedade

Já apresentamos os quatro principais tipos de propriedade familiar. Descobrir o seu é de importância central para o planejamento de continuidade, pois define muito do que será permitido em uma transferência. Os proprietários podem decidir mudar de um tipo de empresa familiar para outro. Essa flexibilidade faz sentido quando os interesses pessoais ou o contexto comercial exigem algo diferente, mas a mudança nem sempre é tão tranquila. Há dois problemas comuns que podem dificultar as transições geracionais: o tipo pré-definido e o emperrado.

O TIPO PRÉ-DEFINIDO. Algumas formas de propriedade possuem uma forte inércia ou condições legais extremamente difíceis de mudar e, portanto, não podem ser adaptadas para atender às diferentes necessidades ou desejos da próxima geração. Por exemplo, franqueados como a Caterpillar e as concessionárias Toyota são muitas vezes orientados pelo franqueador para assumirem o tipo de administração de Proprietário Único ou Concentrado. A franqueadora quer ver uma única pessoa no comando, encarregada das decisões importantes do negócio, e um afastamento desse modelo arriscaria a posse da unidade da franquia. Como alternativa, sua estrutura de *trust* pode criar um tipo Distribuído, que determine que todos os membros da família se tornem proprietários (abordaremos mais sobre as implicações dos *trusts* posteriormente).

Mesmo quando a propriedade familiar é do tipo pré-definido, você pode otimizá-la, enfatizando a importância da transferência de funções e da capacitação dos envolvidos. Por exemplo, algumas concessionárias da Caterpillar precisam encontrar um sucessor futuro e começam a trabalhar na identificação do talento de liderança na família e na capacitação dos membros da próxima geração, ainda adolescentes. As empresas familiares do tipo Distribuído, por outro lado, podem trabalhar na construção de uma Sala da Família forte, por acreditarem que a união de uma família em crescimento será a chave para suas transições geracionais.

O TIPO EMPERRADO. Embora talvez não tenha o mesmo tipo de restrições formais do pré-definido, a evolução da propriedade familiar pode emperrar quando os proprietários discordam e, portanto, não conseguem se preparar para uma transição geracional. Um tipo emperrado é análogo a um cabo de guerra em que ambos os lados puxam a corda com a mesma força: nada muda. Já trabalhamos com uma empresa familiar em que um sócio defendia manter o tipo Parceria na próxima geração. Outro via o tipo Distribuído como a decisão ética necessária para que todos os oito filhos pudessem se beneficiar por igual como acionistas, e o outro se recusava a abordar o assunto até que o patriarca falecesse. Enquanto os três se agarravam a suas opiniões divergentes, a próxima geração começou a buscar carreiras e interesses fora da empresa familiar. É provável que esse impasse signifique

Harvard Business Review - Manual de Empresas Familiares

que o negócio não passará para a próxima geração — um fim que nenhum dos proprietários atuais deseja. Se você se encontra nessa situação, explore as alternativas e suas implicações com seus coproprietários.

Mesmo quando seu tipo de empresa parece ser pré-definido ou emperrado, você geralmente consegue alterá-lo com o consentimento de todos os sócios. É possível chegar a um consenso por meio de conversas — como a família de Megan, no Capítulo 3, que acabou mudando a estrutura de Parceria para Concentrada — ou decidir que cada um deve seguir seu caminho.

Alinhe a propriedade com os interesses

Descrevemos anteriormente como os proprietários podem dividir seus bens entre os filhos de acordo com o grau de interesse dos destinatários na empresa, alguns filhos podem herdar ações, e outros, receber bens não ligados à empresa. A mesma abordagem pode ser aplicada à propriedade do negócio: você pode considerar os diferentes interesses da próxima geração para projetar a divisão.

Muitos acionistas desejam se manter no poder pelo máximo de tempo possível, mas há benefícios em distribuir o valor econômico dos seus ativos antes de permitir que outros tomem formalmente as rédeas. Você pode iniciar essa distribuição a fim de estimular o engajamento da próxima geração de acionistas ou para obter benefícios fiscais (abordaremos mais sobre isso em breve). Uma forma de começar esse compartilhamento é passar os interesses econômicos para a próxima geração, mantendo o controle de voto. Algumas empresas familiares dividem sua propriedade em ações que podem contar ou não com direito a voto, em seguida, passam para a próxima geração a maioria dos benefícios financeiros da propriedade (por meio das ações sem direito a voto), mantendo o controle da geração atual por meio das ações com direito a voto até mais tarde.

Outros adotam a abordagem oposta. Quando os proprietários atuais estão prontos para passar o risco e a valorização do capital para a próxima geração, mas querem manter uma fonte de renda para financiar sua aposentadoria, garantir que um cônjuge receba os devidos cuidados ou doar para caridade, é possível adotar uma abordagem do tipo "mais dinheiro, menos

Transferir

capital". Os sócios atuais estruturam a transferência de modo que recebam dinheiro ao longo do tempo enquanto repassam a propriedade. Isso acontece de várias maneiras, como ao retirar o imóvel da posse da empresa, providenciar honorários para os conselheiros que participam do conselho ou manipular as ações preferenciais, fazendo com que se comportem mais como um acordo. Em alguns países, essa ideia é legalmente definida como *usufruto*, o direito dos acionistas de desfrutarem de benefícios financeiros da propriedade ao cederem o controle.

Abordagens do tipo "mais dinheiro, menos capital" são especialmente úteis quando os proprietários já priorizaram o crescimento e o controle sobre a liquidez, pois terão criado bastante valor no papel sem ter tirado muito dinheiro da empresa ao longo dos anos. Quando eles estão quase considerando se aposentar, podem valorizar mais a liquidez do que os ativos ilíquidos. Enquanto isso, a próxima geração pode ter uma visão em longo prazo, concentrando-se em valorizar o capital em vez da renda atual.

Na prática, muitos outros cenários se fazem presentes. Os sócios não devem considerar uma transferência de ativos como algo "tudo ou nada", mas, em vez disso, procurar jeitos de atender à variedade de interesses presentes nas gerações e na transição geracional.

Entenda as ferramentas de planejamento tributário

Os detalhes de planejamento tributário estão fora do escopo deste livro. Mas note que, para uma transferência de ativos bem-sucedida, você precisará entender o conjunto completo de ferramentas de transferência, que inclui *trusts*, testamentos, presentes, seguro de vida, remuneração do conselheiro e política de dividendos. Os impostos são, é claro, uma questão importante para todas as empresas, mas o papel que desempenham em uma transferência não pode ser subestimado. Como um de nossos clientes brincou uma vez: "Pode entrar e se sentar, mas por favor, *nesse* lugar, não. Já está reservado para nosso maior sócio, o Leão." A piada faz alusão a uma questão muito real: os impostos — de herança, os sobre doações, os de renda e os sobre dividendos — afetam muito a transferência de ativos e estão sempre presentes. Infelizmente, as duas certezas da vida, a morte e

Harvard Business Review – Manual de Empresas Familiares

os impostos, costumam aparecer juntas. Sem um planejamento adequado, seus herdeiros podem não ter liquidez para pagar os impostos que acompanham a transferência. Várias empresas familiares tiveram de abrir o capital, liquidar ativos ou vender a empresa inteira porque negligenciaram um planejamento tributário eficiente.

As leis que regem esses impostos de transferência variam muito de acordo com o país e mudam ao longo do tempo. Em 2020, por exemplo, o Brasil tinha um teto de 8% para impostos sobre herança e doações e não cobrava impostos sobre dividendos. O país não reconhecia *trusts*. No mesmo ano, os Estados Unidos, por outro lado, cobravam um imposto de herança de cerca de 40% em nível federal (taxa cobrada em situações acima do valor de isenção, que foi de aproximadamente US$11 milhões por pessoa daquele ano), um imposto sobre dividendos que pode ser menor do que o sobre o *ordinary income*, que é toda a renda que não venha de ganhos de capital em longo prazo, e um conjunto sofisticado de opções para *trusts*. Embora o planejamento sucessório seja essencial em ambos os países, os planos em si não poderiam ser mais diferentes.

Em jurisdições que permitem *trusts*, é essencial para a transferência decidir se os ativos serão de posse direta ou administrados em *trusts*, que é o caso da maioria das grandes empresas familiares nesses países. Ao mover bens para um *trust*, esses ativos passam a pertencer a ele, você deixa de ser o proprietário. Essas duas modalidades têm prós e contras significativos.

A posse direta tem três vantagens principais:

- Simplicidade da estrutura de propriedade.
- Clareza de controle (ao contrário de *trustees*, beneficiários etc.).
- Uma "sensação de posse" criada pela conexão direta entre proprietários e ativos.

Os *trusts* também têm três vantagens principais:

- Eficiência fiscal.
- Privacidade.
- Proteção de ativos contra familiares, credores e outros.

Os *trusts* assumem dezenas de formas complexas. Você ouvirá especialistas falarem em termos técnicos e carregados de jargões como *grantor retained annuity trusts, intentionally defective grantor trusts* e *generation--skipping trusts* ["*trusts* de anuidade retidos pelo concedente, *trusts* intencionalmente defeituosos do concedente e *trusts* de salto geracional", em tradução livre]. Transferir seus ativos para a propriedade de *trusts* terá um impacto profundo nos impostos de transferência *e* no exercício dos seus direitos de propriedade. Converse com seu consultor jurídico sobre as opções disponíveis e suas implicações. O planejamento tributário é vital, mas não deve ser o principal. Já vimos muitas estruturas de propriedade que contam com eficiência fiscal, mas são quase impossíveis de governar ou mudar. Trabalhamos com uma família que estabeleceu um "*trust* de salto geracional", projetado para proteger a 3ª geração das consequências fiscais da transferência da empresa. O *trust*, de fato, ajudou com esse objetivo, mas também desencadeou uma estranha dinâmica entre a 3ª e a 4ª gerações desta família. A 3ª geração não era proprietária direta dos negócios da família; as crianças da 4ª que eram. Não caia na tentação de estabelecer regras rígidas que acabarão impedindo a próxima geração de nutrir e desenvolver essa empresa tão importante para você. É possível sair de um *trust*, mas isso pode ser excessivamente caro e atrair atenção indesejada das autoridades fiscais. Cuidado onde pisa. O quadro "A família Pritzker: as consequências involuntárias de uma transição superestruturada" ilustra alguns dos desafios que podem surgir até mesmo das boas intenções.

A família Pritzker: as consequências involuntárias de uma transição superestruturada

Para entender as consequências involuntárias de superestruturar uma transição, veja o caso da família Pritzker, que construiu um dos maiores impérios empresariais dos Estados Unidos, incluindo a rede de hotéis Hyatt. Jay Pritzker,

Harvard Business Review – Manual de Empresas Familiares

líder da 3ª geração, e seu irmão Robert reuniram a família em 1995. Nesse encontro, Jay e Robert entregaram à família um documento de duas páginas que descrevia seus planos para a próxima geração, detalhando o emaranhado de *trusts* que havia sido criado para manter os ativos da família, que "não eram e nem deveriam ser vistos como uma fonte de riqueza individual."* O documento especificava quando os membros da família receberiam as distribuições, seria um estipêndio anual pago após a formatura da faculdade, e detalhava que "pagamentos extraordinários deveriam ser feitos em grandes momentos da vida". Caso contrário, o restante dos ativos seria usado para reinvestir nas empresas familiares e continuar a tradição de filantropia dos Pritzker. Na carta, a próxima geração foi informada de que esse plano continuaria no futuro, já que "os *trusts* da família não deveriam ser desfeitos até que a lei que rege suas perpetuidades o exigisse, sendo que, segundo fontes, isso só deve acontecer em 2042." O papel também esclarecia o plano de sucessão das empresas, colocando a liderança nas mãos de uma "triarquia" formada pelos membros da família. Sem dúvidas, foi um plano completo e eficiente em termos fiscais.

Porém, ele não durou muito. Poucos meses depois da morte de Jay em 1999, o conflito começou. Seis primos da 4ª geração que não faziam parte da triarquia questionaram se a "estrutura da nossa empresa familiar precisa ser atualizada", pois o "grupo está crescendo e desenvolveu interesses divergentes."† Quando essa sugestão foi rejeitada, os procedimentos legais começaram. Entre eles estava uma ação movida contra a triarquia, alegando que "aqueles que dirigem as empresas e controlam a vasta rede de *trusts* familiares obtiveram 'remuneração ou oportunidades de investimento desproporcionais' por seu trabalho; alocaram indevidamente investimentos em *trusts*, administrando-os de forma imprudente; desviaram ativos dos beneficiários; e falharam na divulgação de informações relevantes." Vários anos depois, a família estabeleceu um plano para liquidar seus ativos nos próximos dez anos, concordando em "dividir igualmente o império de empresas de US$15 bilhões entre 11 primos." Independentemente da sua avaliação do resultado final, é certo que o sofrimento para alcançá-lo foi doloroso.

As regras de planejamento sucessório nos Estados Unidos estão tornando esse tipo de transferência mais fácil, permitindo a formação de *trusts de dinastia* que fornecem ao concedente poder excepcional e duradouro, removendo, em

---

*   BOGLE, John C. (ed.). *The Best Business Stories of the Year*, edição de 2004. Vintage, 2014.

†   WILGOREN, Jodi; BAILEY, Jeff. *Records Expose Schism in Chicago Family*. *New York Times*, 11 de janeiro de 2006. Disponível em: <www.nytimes.com/2006/01/11/us/records--expose-schism-in-chicago-family.html>.

Transferir

perpetuidade, quase todos os direitos de decisão dos membros vivos da família. Considere com cuidado as consequências negativas no longo prazo de tais ferramentas de planejamento sucessório. Governar para além do túmulo remove a autonomia da próxima geração de traçar o próprio curso e responder às mudanças circunstanciais. De acordo com nossa experiência, muita especificidade no planejamento da transição prejudica a propriedade familiar no futuro.

Funções

Pouco vale um plano brilhante de transferência de ativos se você não gerenciar com cuidado a delegação de funções de uma geração para outra. É costumeiro descrever uma boa sucessão como a passagem do bastão em uma corrida de revezamento. Essa metáfora útil aponta para três aspectos do processo: preparar a pessoa que está segurando o bastão, escolher quem o levará em seguida e orquestrar a transferência.

Vamos nos concentrar na sucessão dos CEOs de empresas familiares e outros líderes empresariais seniores. Essas funções costumam ser as mais desafiadoras na transição, pois ocupam as posições centrais das relações familiares, comerciais e proprietárias. No entanto, as mesmas abordagens podem ser aplicadas para passar o bastão nas funções de liderança em todas as Quatro Salas (por exemplo, conselho de acionistas, de família e de administração). Não caia na tentação de só focar em quem assumirá a direção do negócio. Em uma empresa familiar, há muitos papéis de liderança importantes e possíveis para a próxima geração assumir.

Preparando o líder atual

Mudar graciosamente suas funções de poder é um grande ato de liderança, mas a transição não é fácil. Como líder da geração atual, você deve saber que passar as tarefas para a próxima geração é a coisa certa a fazer, mas você simplesmente não consegue desapegar. Delegar o poder é mais uma grande perda num momento em que sua vida está cercada de perdas. Você se pergun-

Harvard Business Review – Manual de Empresas Familiares

ta como fazer para desapegar, como sua identidade ficou (tão) intimamente ligada ao negócio e como enfrentar a própria mortalidade. Pode ser que esteja se sentindo pressionado por uma geração mais jovem impaciente.

Mas é possível lidar graciosamente com uma transição se ela for planejada e apoiada com cuidado. Em meio ao sacrifício do afastamento, a geração sênior precisa construir um local atraente para descansar. Como um sábio cliente nos disse uma vez: "Você deve se aposentar para alguma coisa, não de alguma coisa."

Líderes bem preparados criam uma *trajetória*, um plano de cinco a dez anos para se afastar da empresa. A Tabela 7-1 indica alguns elementos de uma trajetória bem-sucedida.

TABELA 7-1

A trajetória de um líder sênior: como fazer uma transição bem-sucedida para se afastar dos mundo dos negócios

Elemento da trajetória	Conselho
Responsabilidades do trabalho que serão mantidas	Fique com as partes do seu trabalho que você acha mais apaixonantes. Um dos nossos clientes do setor imobiliário gostou do título "Chefe Viciado em Acordos", porque descrevia tanto sua paixão quanto algo que ele esperava continuar fazendo por muito tempo enquanto transferia responsabilidades de gerenciamento para terceiros.
Responsabilidades do trabalho que serão delegadas	A maioria das pessoas se livra das partes que não gosta de fazer. Discuta com os outros proprietários como suas responsabilidades e cargos mudarão durante a transição e comunique essas mudanças às Quatro Salas.
Status do escritório	Para a maioria dos executivos, seu escritório é um tema profundamente emocional. Privar um líder da geração mais velha desse cômodo pode ser devastador. Vimos um senhor casca grossa de 80 anos começar a chorar quando seu filho mencionou que estava reformando o escritório do pai para assumir o controle. Se o escritório é importante para você, fique com ele, mas não use o local para interferir nas questões a cuja responsabilidade você já renunciou.
Pacote de remuneração e benefícios	Garanta que sua remuneração seja boa o suficiente para que possa se afastar da empresa. Certifique-se de que, com sua participação acionária e outras remunerações, você não sinta a necessidade de voltar a se envolver com a empresa para conseguir mais remuneração. Escreva um contrato e faça com que todas as partes interessadas assinem.
Atividades para realizar fora da empresa	De acordo com a nossa experiência, leva até cinco anos para alguém que dedicou a vida à própria empresa familiar desenvolver novos interesses. Comece cedo.

Transferir

Não espere executar sua trajetória sozinho. É uma grande mudança de vida, você precisará do apoio de colegas, como um conselho consultivo, um único consultor de confiança ou um coach. E o envolvimento e encorajamento do seu cônjuge também são essenciais. Soubemos de um fundador que estava lutando para limitar sua trajetória a menos de quinze anos, e cuja esposa disse, inequívoca: "Mas você *vai* se aposentar em cinco anos, sim, senhor. Assim teremos tempo para passarmos juntos. Nesses quarenta anos, você teve dois cônjuges — a empresa e eu. Quero você só para mim antes que seja tarde demais." Isso o ajudou a levar a sério o planejamento da própria aposentadoria, e ele e a esposa criaram uma vida feliz juntos depois que se aposentou.

Selecionando os sucessores

Um dos aspectos mais desafiadores (e potencialmente controversos) de uma transição de liderança é decidir quem é mais qualificado para tomar as rédeas. Escolher seu sucessor — sem machucar a família — pode ser ainda mais difícil do que planejar sua própria transição. Não existe um jeito certo de escolher, mas oferecemos aqui algumas sugestões para ajudá-lo nessa decisão:

- **Deixe que façam por merecer.** Assumir o lugar de um antecessor de sucesso já é difícil, e quando a empresa escolhe o líder da próxima geração com base no "QI" (Quem Indica), a situação fica quase impossível. Os sucessores que demonstraram suas capacidades *antes* de receberem uma indicação se saem muito melhor. Isso não significa que eles precisem seguir o caminho padrão passo a passo, mas um histórico de sucesso ajuda muito a demonstrar que o sucessor fez por merecer ao ganhar o título. Uma empresa familiar que conhecemos fez com que o sucessor do negócio trabalhasse duro para subir na hierarquia até chegar à equipe executiva. Chegando lá, ele foi encaminhado para assumir o negócio, mas, a essa altura, tanto os outros membros da família quanto os funcionários valiosos da empresa reconheciam sua qualificação.

- **Estabeleça um processo claro e transparente.** Uma disputa entre os líderes da próxima geração pode gerar muitos conflitos, em especial se al-

Harvard Business Review - Manual de Empresas Familiares

guém desconfiar do processo, julgando-o armado ou injusto. A probabilidade de uma transição tranquila aumenta significativamente quando as pessoas da família e da empresa reconhecem a integridade do processo. Isso pode ser garantido ao definir com antecedência o processo que será utilizado para selecionar sucessores e ganhar apoiadores ao longo do caminho. Comece desenvolvendo descrições claras para as funções. Muitas vezes, por exemplo, as amplas responsabilidades do atual CEO precisam ser divididas em várias funções que refletem o crescimento da empresa. Então, é muito útil ter um processo de seleção rigoroso que, de preferência, considerará vários candidatos. Você não precisa anunciar cada um deles, basta compartilhar que há mais de um. Comunicar os critérios da avaliação também ajuda.

- **Garanta o alinhamento com a sua Estratégia de Acionistas.** Os novos líderes empresariais terão suas próprias ideias, e essa autonomia deve ser incentivada. Porém, seus esforços precisam estar alinhados com as metas dos acionistas. Não escolha, por exemplo, um CEO voltado para o crescimento se o interesse primário dos sócios é a liquidez. Se você não tiver uma declaração de Estratégia de Acionistas, agora é o momento para criá-la. Se tiver, confirme se ela captura o que você deseja para o futuro e utilize-a no processo de seleção.

- **Receba ajuda externa.** É possível aumentar, e muito, a credibilidade do seu sucessor se contar com uma opinião objetiva na seleção. Se você tiver um conselho com membros independentes, este é um ótimo momento para usá-los. Caso contrário, considere formar um comitê de recrutamento com consultores confiáveis ou contratar uma empresa de recrutamento e seleção para orientá-lo no processo.

- **Não caia na tentação de clonar.** O desafio da liderança é diferente em cada geração. É natural procurar alguém que se enquadre no perfil do atual líder (como Mufasa e Simba), mas essa estratégia pode ser contraproducente. Convém diferenciar entre o que chamamos de *conquistadores* e *governantes* nas empresas familiares. Os conquistadores são aqueles que constroem as empresas e focam bastante nos detalhes operacionais e na tomada de decisões, geralmente com estilo autocrático. Os governantes, por outro lado, abordam estrategicamente a empresa e o grupo de acionistas familiares de um ponto de vista mais amplo, emocional e desenvolvimentista. Eles continuam a construir a empresa, mas também precisam manter o engajamento

Transferir

e o trabalho em equipe nos ramos familiares, conectando tudo por meio da boa governança. Avalie se sua empresa precisa de alguém que esteja mais para um lado ou para o outro.

- **Considere recorrer aos conselheiros e à liderança empresarial não familiar se nenhum membro da família for qualificado.** Com a governança e os limites adequados em vigor, você ficará menos dependente de um grupo de familiares que pode não ser nem qualificado ou interessado. Ainda há oportunidades para eles desempenharem papéis importantes de liderança como os de acionistas engajados, membros do conselho ou líderes do conselho de família. Optar por um líder não familiar não significa que a família esteja abrindo mão do que é mais importante.

Orquestrando a transição

O último aspecto do processo de sucessão é tornar a passagem do bastão a mais tranquila possível. Muitos recursos já estão disponíveis quando se trata desse tema, então vamos apenas destacar alguns pontos-chave de importância crítica para uma empresa familiar.

Em primeiro lugar, *comece a se organizar* para a transição. É fácil subestimar a dependência da empresa em relação a um determinado líder. Quando o próximo assume, ele pode achar difícil se encaixar no ambiente. Já trabalhamos com uma empresa familiar em que o líder da próxima geração teve dificuldades ao substituir seu pai nos negócios. O genitor era um exemplo clássico de conquistador, envolvido diretamente em quase todas as decisões. O estilo do filho era diferente — ele liderava por meio da delegação e da gestão. A empresa não havia sido organizada para esse tipo de liderança. Vários membros da equipe executiva, por exemplo, eram antigos funcionários de confiança que não conseguiram crescer e nem desenvolver as capacidades necessárias para o negócio atual. O líder anterior valorizava a sua lealdade e supria suas deficiências contornando-as e apelando para seus subordinados. Além disso, o antigo líder tinha um instinto tão forte para o negócio que chegava a operar por intuição. Como consequência, havia poucos dados disponíveis para monitorar seu desempenho. O fundador aprovava todas as grandes despesas e mensurava o sucesso financeiro com base no aumento da quantia na conta corrente empresarial ao final do

Harvard Business Review – Manual de Empresas Familiares

ano. Sem métricas financeiras, o filho teve dificuldade para entender como melhorar o desempenho da empresa.

Muitas das dificuldades iniciais do sucessor poderiam ter sido evitadas se a empresa tivesse se atentado mais à organização para essa mudança. Por exemplo, o fundador poderia ter ajudado a demitir respeitosamente funcionários que não conseguiam mais atender aos requisitos de trabalho antes de o filho assumir. A contratação de um CFO para produzir demonstrações financeiras completas também teria feito uma grande diferença.

A transição é também um momento importante para revisitar suas Quatro Salas e garantir que nenhuma esteja ausente ou bagunçada. Já trabalhamos com um líder que, ciente de que o poder logo passaria para a próxima geração, criou um conselho contundente que incluía duas filhas e, enquanto também se organizou e foi transferindo aos poucos a responsabilidade para o filho. Os proprietários familiares geralmente montam seu primeiro conselho para antecipar a transição entre CEOs. Os acionistas devem selecionar membros do conselho ou consultores que possam conversar cara a cara com o poderoso CEO familiar sobre a necessidade de uma transição ordenada. Em especial ao considerar um sucessor, o conselho precisa avaliar se a organização aceitaria um novo CEO familiar ou se a nomeação seria vista como um nepotismo malsucedido. É preciso que o sistema inteiro funcione em harmonia.

Em segundo lugar, estabeleça uma *comunicação estruturada* em torno da transferência da liderança. Nas transições em empresas de capital aberto, o CEO que se aposenta costuma deixar o cargo por completo após um ano como presidente do conselho de administração. Em uma empresa familiar, é muito mais provável que a saída seja um processo longo, de várias etapas, do que um evento único. Normalmente, essas transições acontecem ao longo de vários anos, em estágios deliberados. Ambas as gerações de líderes (a que está saindo e a sucessora) devem planejar uma comunicação rotineira sobre o negócio, mesmo que o líder que está se retirando não tenha um cargo oficial. Uma vez que ele com certeza desejará saber como está a empresa e possivelmente receberá informações sobre o negócio, é provável que a próxima geração não consiga excluí-lo, mesmo que o quisesse. Os líderes que estão deixando a empresa ainda podem desempenhar papéis

Transferir

ativos na Sala dos Acionistas ou na do Conselho de Administração, por exemplo. E, claro, eles ainda são de casa e, sem dúvida, terão opiniões e experiências para compartilhar durante os jantares e feriados em família. Uma abordagem melhor do que o envolvimento *ad hoc* é o estabelecimento de um cronograma regular de reuniões durante e após a transição. Assim, você pode manter o líder que está se retirando atualizado e ainda aproveitar a sabedoria dele. Essas sessões podem ser, gradualmente, menos frequentes e desaparecer à medida que deixem de ser necessárias.

Em terceiro lugar, planeje a transição dos *relacionamentos-chave*. Parte do que torna uma empresa familiar valiosa são as relações de confiança que você constrói ao longo do tempo com clientes, fornecedores, associações e assim por diante. Com todo o trabalho envolvido na sucessão, fica fácil as empresas perderem de vista a importância de garantir que essas relações permaneçam fortes. Já vimos muitos negócios se concentrarem no valor da preservação dos relacionamentos-chave anos antes da transição, por exemplo, ao promover conexão entre as próximas gerações de suas famílias e as dos parceiros da empresa.

Em quarto lugar, *comece a transição com antecedência*. O tempo é importante para o preparo psicológico. É provável que o CEO precise de muitos anos para se ajustar à ideia de que já não será o ator principal. A empresa e a família também precisarão de tempo. Embora todo negócio deva sempre estabelecer claramente o sucessor do CEO, geralmente se falha nisso. Se o CEO familiar tem mais de 70 anos e não há nenhum plano de transição, você está brincando com fogo. A primeira coisa que um membro experiente do conselho diz a um CEO recém-promovido é: "Parabéns pela promoção! Agora, quem vai ser seu sucessor?"

Por fim, *celebre* a transição. A transferência de funções é um momento emocionante. Certifique-se de dedicar um tempo para agradecer àqueles que foram essenciais para o sucesso da empresa. Há uma empresa familiar cujo *consigliere* de 80 anos, que ajudou a geração atual e a próxima a alcançar o sucesso, recebeu uma festa surpresa de aniversário com a presença de todos os acionistas, que brindaram a suas contribuições para a família e a empresa. Pequenos atos de agradecimento também são bem-vindos.

Capacitação

Ao planejar sua transição geracional, você deve lembrar (e também recordar a próxima geração) que as empresas familiares exigem todos os tipos de liderança para dar continuidade à propriedade no futuro. Muitos membros da família podem ter funções de liderança significativas, mesmo que não se tornem o próximo CEO. Dentro das Quatro Salas existem muitos papéis cruciais, como o de membro do conselho de acionistas ou líder do conselho de família. À exceção de empresas familiares muito pequenas de 1ª geração, geralmente há mais cargos disponíveis do que membros da família qualificados e interessados. Para sua empresa prosperar, você precisará se tornar uma máquina de desenvolvimento de talentos familiares. Isso também significa que precisará ser o mais inclusivo possível, especialmente quando se trata de gênero. As empresas familiares que excluem mulheres dos cargos de liderança não estão apenas perdendo talentos, mas também colocando sua sobrevivência em risco caso não haja sucessores qualificados do sexo masculino. Já vimos várias empresas que desmoronaram devido à decisão de excluir mulheres da sucessão.

As principais organizações costumam indicar: "contrate o caráter, treine as habilidades".[2] Oferecemos uma variação desse conselho sobre como preparar a próxima geração de uma grande família empresária para uma eventual transição: "Crie bom caráter; treine as habilidades." Se você se esforçou para criar bem seus filhos e educá-los sobre a empresa, seu futuro patrimônio e os valores familiares, você forneceu uma base sólida para eles desenvolverem suas habilidades e se tornarem líderes fortes.

Forme a próxima geração de liderança desde cedo, esforçando-se para envolvê-los e prepará-los para suas funções futuras em todas as Quatro Salas. Três elementos principais ajudam a capacitar seus sucessores.

Esforce-se para criar acionistas profissionais

Ao exigir trabalho minucioso, a propriedade familiar deve ser tudo, menos passiva. Mesmo os membros da família que frequentam a escola de negócios aprenderão pouco sobre o que significa ser um proprietário familiar.

Transferir

Trate seu negócio como uma profissão — uma ocupação remunerada que, para ser bem executada, requer treinamento e desenvolvimento vitalícios em uma variedade de conhecimentos e habilidades. Embora a maioria dos programas de desenvolvimento se concentre na próxima geração, os sócios atuais também precisarão se capacitar em um conjunto totalmente novo de habilidades para transferir o negócio. Já vimos muitos programas estruturados para ajudar a transformar os membros da família em sócios familiares. Os tópicos normalmente incluem:

- Habilidades e conceitos de propriedade empresarial (por exemplo, demonstrações financeiras, estruturas legais como *trusts* e leis tributárias).

- Princípios e práticas de empresas familiares (por exemplo, governança das Quatro Salas).

- Conhecimento dos ativos da família (por exemplo, acordos de acionistas, gerentes-chave, estratégia de negócios, dinâmica da indústria).

- História e valores familiares (por exemplo, constituição ou protocolo familiar).

- Competências pessoais de liderança (por exemplo, gestão de conflitos, dinâmica de grupo, finanças pessoais).

Uma maneira de começar nesse caminho é todos participarem juntos de um programa de educação executiva para empresas familiares, como o *Families in Business* (Famílias nos Negócios) da Harvard Business School*, o *Leading the Family Business* (Liderando a Empresa Familiar) do IMD, o *Enterprising Families* (Famílias Empreendedoras) da Columbia Business School e o *Governing Family Enterprise*s (Governando Empresas Familiares) da Kellogg Business School.

---

* No Brasil, também há bons programas de desenvolvimento, em escolas de negócio de renome. [Nota do RT]

Harvard Business Review – Manual de Empresas Familiares

Construa trajetórias para as salas

Muitas vezes, as empresas familiares implementam políticas de trabalho (consulte o Capítulo 10), mas param por aí. Isso deixa de lado as trajetórias até outros cargos de liderança, como o de membro do conselho e outros no conselho de família ou de acionistas. Os administradores devem esclarecer a trajetória até essas funções e fornecer apoio aos familiares ao longo do trajeto. Por exemplo, trabalhamos com várias empresas que criaram programas de *trainees* no conselho. Familiares da próxima geração são convidados a participar, e os interessados recebem treinamento para entenderem como ser um bom membro do conselho, tendo também a oportunidade de observar as reuniões desse órgão por um período. Um conceito semelhante pode ser aplicado nas empresas mesmo sem tal governança formal, como no caso de estágios ou reuniões de família, que ajudam a angariar conhecimento sobre a empresa. Procure oportunidades fora da empresa, como em organizações sem fins lucrativos, a fim de desenvolver as habilidades necessárias à próxima geração.

Crie oportunidades para colaboração

Além de desenvolver suas habilidades como indivíduos, os membros da próxima geração precisam desenvolver a capacidade de trabalhar uns com os outros. Essas relações importantes não devem ser deixadas ao acaso. Assim como você consegue construir os ativos de um negócio ou criar *trusts* para transferi-los, você deve ter uma estratégia para construir as relações da próxima geração no plano de continuidade. Crie espaços para que eles pratiquem as tomadas de decisões juntos com antecedência, correndo riscos menores. Por exemplo, há algumas famílias que reservam uma parte do orçamento filantrópico e pedem que a próxima geração decida coletivamente a instituição que receberá a doação. Vimos tentativas semelhantes, estimulando os membros mais jovens da família a tomarem decisões de investimento. Quaisquer erros que eles cometam no processo, costumam valer a pena, e muito, pelo benefício de aprenderem a trabalhar em equipe.

Transferir

Como colocar em ação o plano de continuidade

Muitas vezes, a parte mais difícil do plano de continuidade é começá-lo. Considerando as pressões das questões críticas atuais, a necessidade de confrontar assuntos bastante sensíveis ligados à mortalidade e à identidade, e a necessidade de se envolver em uma conversa intergeracional, iniciar o plano de continuidade pode parecer totalmente desconfortável. Veja como dar ao seu planejamento o impulso de que ele precisa:

> *Trate sua transição como uma negociação multipartidária, pois é isso que ela é.* A tendência, muitas vezes por respeito, é resumir isso tudo aos acionistas atuais. Se fizer parte da geração mais sênior, você pode até dispor de um poder formal, mas não vai conseguir atingir seu objetivo de continuidade sem a adesão de terceiros. Se estiver na próxima geração, não se esqueça da possibilidade de desistir ou de esperar. Se for um funcionário não familiar, lembre-se da sua influência, decorrente da confiança que acumulou ao longo do tempo, e da possibilidade de desistir do cargo caso não esteja satisfeito. Quando o plano de continuidade se torna mais um diálogo e menos um ultimato, ele costuma ser mais bem-sucedido. Certifique-se de que seu plano atenda às principais preocupações de cada uma das partes envolvidas. Procure soluções consensuais, com as quais todo mundo possa conviver, mesmo que não sejam a primeira opção de todos.

> *Planeje e estabeleça um prazo.* As discussões sobre o plano de continuidade geralmente serão adiadas, a menos que haja um tempo estabelecido para se dedicar ao assunto. Se você tiver estabelecido um conselho de acionistas, reserve um horário para atualizá-los e discutir sobre seu plano. Ou considere formar uma força-tarefa para o assunto, que se reúna uma vez por trimestre ou duas vezes por ano. Os conselhos geralmente desempenham papéis semelhantes, pois têm um mandato explícito quanto à sucessão do CEO. Há também alguns conselhos familiares mais modernos que instaram os grupos proprietários a se prepararem para a sucessão do administrador.

> *Considere trabalhar de trás para a frente.* Muitos acionistas atuais se sentem confortáveis com a configuração em voga e resistem a mudanças. Se esse for o caso, achamos importante evitar mudanças imediatas. Em vez disso, comece pedindo aos membros da próxima

Harvard Business Review – Manual de Empresas Familiares

geração que definam como trabalharão juntos *quando chegar a vez deles*. Dessa forma, estarão se preparando para trabalhar juntos sem mudar (ou ameaçar) de imediato o status quo. Eles devem discutir como tomarão decisões, estruturarão o negócio, definirão o sucesso e assim por diante. Assim, no mínimo, esclarecerão o que acontecerá mais adiante. Paralelamente, pergunte à geração mais velha como ela visualiza o futuro, digamos, daqui a quinze anos, quando já tiver saído da empresa. Em seguida, pensando nesse período, imagine um percurso do futuro para o passado, de trás para a frente, considerando o que precisa ser feito agora para chegar lá. Essa abordagem pode fazer com que a transição pareça menos ameaçadora do que se você já começasse focando nas coisas das quais a geração mais velha precisa abrir mão hoje. Esses processos, especialmente quando essa geração está incluída, podem gerar mudanças incrementais no plano dos próximos proprietários.

Lembre-se de que a transição é um processo, não um evento. Além de dar passos para a frente, você também dará passos para trás ou para o lado. Conforme desenvolver e implementar seu plano, procure evidências concretas de progresso, como um acordo de acionistas revisado ou uma nova estrutura de governança, e se adapte às mudanças ao seu redor. À medida que os eventos se desenrolam — por exemplo, um membro da próxima geração mostra habilidades de liderança inesperadas, ou houve mudanças nas leis tributárias —, surgem novas possibilidades.

Uma transição saudável é muito mais abrangente do que um plano de sucessão como o de Simba. É muito trabalhoso fazer uma transição cuidadosa e bem-sucedida do seu reino.

Transferir

Resumindo

○ O direito de transferir lhe dá a liberdade de determinar o futuro da empresa familiar. Você pode escolher entre vendê-la, dividi-la ou transferi-la para a próxima geração. Faça essa escolha de forma clara, explorando as alternativas e suas implicações.

○ Se deseja transferir o negócio, você vai precisar de um plano de continuidade para administrar a complexidade da mudança. Ele consiste em três elementos principais:

● *Transferência de ativos:* você manterá o mesmo tipo de propriedade ou mudará? Transferirá a propriedade de uma só vez ou em partes? Quais ferramentas usará para minimizar os impostos?

● *Mudança de funções:* como você criará o caminho necessário para que os líderes atuais se preparem para se desapegar dos cargos? Como selecionará sucessores de uma forma justa? Como garantirá que o bastão seja passado tranquilamente?

● *Capacitação da próxima geração:* quais são as habilidades necessárias aos herdeiros, independentemente de eles trabalharem na empresa ou não? Como você os ajudará a encontrar a função ou funções para as quais são mais adequados? Como criará oportunidades para que aprendam a colaborar entre si?

○ Embora as decisões finais geralmente caibam aos proprietários atuais, uma transição não pode acontecer sem a colaboração intergeracional. Se você se sentir travado, considere trabalhar de trás para a frente, imaginando a situação quando a próxima geração estiver no comando.

○ Lembre-se de que uma transição não planejada é extremamente arriscada. Embora não seja fácil falar sobre isso, encontre uma maneira de iniciar o processo com antecedência e mantenha o ímpeto.

PARTE TRÊS

Desafios que Você Enfrentará

8.

A Família Empresária

Quatro Rupturas que Você Enfrentará e Como Lidar com Elas

As rodas do carro giravam, espalhando pedregulhos. Jack Johnson, de 34 anos, saiu com sua picape Ford F-150 da usina de processamento de beterrabas da empresa, a leste de Fort Collins, Colorado. Seu pai e seu tio eram coproprietários da 3ª geração de uma empresa familiar de fabricação de alimentos. Possivelmente distraído pela discussão que tivera com o tio momentos antes, Jack olhou para a direita segundos antes de entrar na estrada principal. Tragicamente, não viu o semirreboque que atingiu sua picape e o matou na hora.

Sua morte foi dolorosa para toda a família, em especial porque ele era muito jovem. Porém, o luto se estendeu muito além disso. A culpa silenciosa pelas circunstâncias de sua morte permeou as relações familiares, e brigas internas surgiram entre os proprietários remanescentes (e seus filhos) quanto aos futuros administradores do negócio. A irmã de Jack, Fernanda, que se tornou a maior futura acionista após a morte dele, teve dificuldades ao tentar suprir o papel do irmão tanto na família quanto na empresa. Sem sua liderança e companheirismo, ela se sentia presa no trabalho empresarial e, em poucos anos, foi detida por porte de drogas. A família estava se desfazendo, ameaçando a empresa no processo.

Esperamos que sua família empresária nunca enfrente o sofrimento dos Johnson. Mas as rupturas acontecem até mesmo nas mais saudáveis. Nesses momentos, trabalhar com os parentes se torna mais difícil ou, em alguns casos, impossível. As decisões podem se entrelaçar com emoções que ainda são um caminho desconhecido para você.

Essas rupturas, embora dolorosas, são normais. A maioria das famílias empresárias, em algum momento, passa por quatro grandes rupturas: morte na família, novos membros na família empresária, desigualdade e distúrbios comportamentais. Sem certa preparação para tais acontecimentos, a tensão pode fazer com que sua empresa e sua família desmoronem.

Este capítulo o deixará mais consciente dessas rupturas na família empresária e o ajudará a antecipá-las, planejar e lidar com elas quando chegar a hora. No primeiro capítulo, preparamos você para olhar para a empresa familiar através da perspectiva dos indivíduos, das relações e da dinâmica de sistemas e para a reflexão sobre a prática dos seus cinco direitos fundamentais de acionista. Agora, ofereceremos orientação concreta vinda de especialistas em cada uma das áreas que permeiam as rupturas.[1]

Morte na família

Esperada ou inesperada, a morte é difícil para qualquer família. Mas para as empresárias, há considerações adicionais. Por exemplo, se uma líder do negócio familiar morre, seu filho pode lamentar, ao mesmo tempo, a perda da mãe ausente, da chefe exigente que uma vez o demitiu, mas também o orientou, da *trustee* que não lhe deixou faltar nada, de uma grande filantropa e da avó amorosa de seus filhos.

A Família Empresária

Os familiares podem experimentar uma variedade de sentimentos, incluindo luto profundo, culpa por coisas que queriam ter dito ou feito, sensação de liberdade uma vez findo o comportamento controlador do falecido, vergonha por pensarem nas consequências financeiras da morte e confusão sobre o que pode mudar no futuro. Todos estes são sentimentos normais em uma família empresária.

Mesmo que você tenha desenvolvido uma governança sofisticada para as Quatro Salas, as emoções de uma morte podem transformar você e sua família no loft da analogia durante o luto. Seus limites construídos com tanto cuidado podem ser ultrapassados, pelo menos temporariamente ("Não vejo a tia Marcella desde que me demitiu, mas ela vai estar no velório!"). De certa forma, a quebra dessas barreiras é apropriada para que você possa lembrar a vida da pessoa e viver o luto em sua totalidade. Mas esse colapso também pode ser chocante quando você precisa enfrentar decisões importantes.

Durante seu período de luto por um ente querido, seu momento mais vulnerável, você enfrentará muitos fardos desagradáveis. Os preparativos para o funeral e o enterro são apenas o começo. A auditoria patrimonial do governo, as novas preocupações financeiras, a solidão, as mudanças nas relações e em outras esferas podem envolver você e a empresa familiar. Tente evitar tomar decisões importantes depressa durante esse período. É fácil cometer erros nessa fase de luto. Quando Joe Robbie, então proprietário da franquia de futebol americano Miami Dolphins e do Joe Robbie Stadium, em Miami, morreu em 1990, sua viúva, Elizabeth Robbie, ficou insatisfeita com sua renda anual de US$300.000, advinda do *trust* que detinha os ativos da família. A fim de acessar depressa uma maior parte do patrimônio, ela entrou com uma petição contra o *trust* que acabou gerando um imposto patrimonial de US$47 milhões, o que forçou a família a vender sua parte dos Dolphins e do estádio a preço de banana. Elizabeth morreu dois anos depois de desencadear a venda. Quando o novo proprietário revendeu esses ativos dezoito anos depois, a mídia divulgou bastante que eles foram avaliados em mais de dezessete vezes o valor que a família Robbie havia recebido.

É claro que se preparar para a morte é desagradável. Muitas famílias empresárias evitam essa preparação completamente. "Quando eu morrer", um cliente nos disse sem rodeios, "não vou me importar com os problemas

Harvard Business Review – Manual de Empresas Familiares

que deixar para trás." Conhecemos o fundador de uma empresa asiática de serviços financeiros que, já com quase 60 anos, tinha passado por um sério problema de saúde recentemente. Ele não tinha testamento, nenhum plano sucessório, e não estava claro o que deveria ser feito com a propriedade depois de seu falecimento. Se ele não fizesse nenhuma alteração, dois anos após sua morte, os filhos precisariam pagar às autoridades fiscais mais de US$400 milhões em impostos sobre a herança, o que exigiria fazer uma liquidação da empresa. Esta venda, em especial durante um período de luto, provavelmente teria feito com que os filhos perdessem o negócio e as relações familiares.

É tentador evitar planejar a própria morte (ou a do patriarca ou matriarca da família), mas se você abrir mão desse planejamento, é provável que condene a empresa ao fracasso em longo prazo. É isso que você quer? "Ninguém quer reconhecer a própria mortalidade", disse-nos Dave McCabe, um advogado de *trusts* e propriedades altamente conceituado da Willkie Farr & Gallagher. Mas não se preparar para uma morte na família cria potencial para o caos. Pensando isso, McCabe aconselha quatro passos básicos:

1. **Eduque sua família sobre o plano sucessório.** Um dos medos mais comuns logo após a morte de um membro da família é que não haja dinheiro suficiente para sustentar o cônjuge e os familiares deixados pelo falecido. "Há uma ansiedade enorme em torno da morte e do que acontece a seguir", observa McCabe, "principalmente se o cônjuge não costumava se envolver muito com as finanças da família." Certifique-se de que os familiares estejam cientes das especificidades do seu plano sucessório com bastante antecedência. McCabe tem uma pasta com todos os documentos do planejamento sucessório, já preparados para sua esposa e filhas. As três primeiras páginas listam todas as contas (pelos quatro últimos dígitos) e um contato em cada instituição bancária. Como pai de quatro filhas, McCabe garante que cada uma delas entenda pessoalmente os detalhes do patrimônio da família. "Elas não precisam saber de cada centavo que entra em cada conta, mas precisam entender o escopo do que está lá e como acessá-lo." Considere escrever uma *letter of wishes* — uma indicação não vinculativa que expressa como você espera que seus

A Família Empresária

trustees administrem seu patrimônio. Essa preparação pode ser dura e emocionalmente difícil, mas seus herdeiros elogiarão sua atitude, considerando-a um presente duradouro.

2. **Revise e atualize seu plano a cada dois ou três anos.** Grandes eventos da vida devem provocar reflexões sobre um potencial impacto no seu planejamento sucessório: seu casamento, seu divórcio, o nascimento de um filho ou um novo casamento, o casamento do filho, uma morte na família etc. Os acontecimentos da vida podem mudar tudo. Imagine, por exemplo, que, na última vez que atualizou seu planejamento, você ainda era solteiro e decidiu deixar tudo para uma instituição de caridade. E que agora tenha um cônjuge e dois filhos que, é claro, deseja sustentar. É fácil negligenciar essas atualizações necessárias no seu planejamento, mas as consequências podem ser significativas.

3. **Garanta que todos entendam o processo e seu desenrolar antes que ele chegue.** Lidar com o processo administrativo após uma morte pode ser assustador. Quando os fundos estarão disponíveis para os familiares sobreviventes? A finalização de uma propriedade junto ao Fisco pode levar anos, mas isso não significa que a família sobrevivente não terá acesso aos fundos até lá. Explicar o processo com antecedência reduz a ansiedade, e a empresa de McCabe fornece aos clientes uma página com um fluxograma que explica o funcionamento dos documentos do planejamento sucessório para facilitar o entendimento de todos. Peça ao seu advogado encarregado desse plano para fazer algo semelhante.

4. **Planeje também as consequências para os negócios.** Não basta ter um plano sucessório. É melhor planejar também a transferência da empresa. Certifique-se de ter um contrato de propriedade bem elaborado que preveja essa transferência no caso de morte do acionista. E tenha — e comunique — um plano de sucessão. "Você pode até deixar todos os bens para o seu cônjuge, por ficar mais eficiente em termos de impostos, mas ainda precisa explicar o que fazer com a administração da empresa. Um plano bem detalhado também é importante", McCabe explica.

Harvard Business Review – Manual de Empresas Familiares

Novos membros na família empresária

A chegada de uma nova pessoa pode mudar a dinâmica de uma família empresária estabelecida há muito tempo. Isso acontece com mais facilidade do que você imagina. Sempre que alguém se junta à família empresária — por exemplo, novos filhos e cônjuges —, os familiares precisam encontrar um novo equilíbrio nas relações.

Na maioria das vezes, os novos cônjuges costumam causar impacto na cultura da família empresária. Isso porque sua entrada: (1) cria uma nova família nuclear; (2) altera todas as relações do recém-casado com a família — com pais, irmãos e outros; e (3) cria várias novas relações importantes, como a do cônjuge com o sogro e a sogra. Os padrões de comunicação, a lealdade, os costumes e crenças familiares e as relações mudam, mesmo em famílias unidas. O impacto é ampliado porque, ao contrário da maioria, as famílias empresárias não podem optar por limitar suas interações a reuniões sociais.

A entrada do cônjuge faz uma grande diferença. Eles são bem-vindos ao grupo e encorajados a se relacionar com a família ampliada? Ou são vistos como forasteiros e tratados como tal? Você pode não gostar do seu novo cunhado, mas é provável que ele tenha uma enorme influência — construtiva ou destrutiva — sobre a cultura e a química da sua família ampliada.

Uma família que conhecemos, por exemplo, tem uma empresa petrolífera em Houston. A 2ª geração incluía dois irmãos que tinham um histórico de desconfiar um do outro, mas que um dia seriam coproprietários dos negócios. O pai, obstinado, manteve o conflito sob controle, mas se preocupava com o que aconteceria quando não estivesse mais por perto. Em uma reviravolta do destino, quando a irmã se casou com o melhor amigo de anos do irmão, as coisas mudaram para melhor. O amigo que se tornou cônjuge acabou sendo o bálsamo de que os irmãos precisavam para a relação. Tanto a esposa quanto o cunhado o amavam e confiavam nele, o que os ajudou a reconstruir sua confiança, melhorando drasticamente a dinâmica familiar.

A maneira como você trata um novo cônjuge influenciará muito a sua entrada e, por fim, sua influência no sistema. Conforme discutimos, mui-

A Família Empresária

tas famílias empresárias tentam se "proteger" de novos membros. Como um cônjuge nos explicou: "aprendi algumas regras do ramo durante meu primeiro ano naquela família empresária. O casamento é não apenas com seu cônjuge, mas também com ela." Ele nos disse que logo viu que, embora estivesse *dentro* da família, estava *fora* da propriedade. Acordos pré-nupciais e outros documentos legais garantem que os cônjuges nunca sejam proprietários, só seus filhos. Ele complementou: "Eles só não confessam que: 'Nossa família, na qual *permitimos* que você entrasse, é especial. A sua não é tão especial quanto a nossa. Nunca admitiríamos em voz alta, mas garantiremos que você sinta isso na pele.'" Estas mensagens, explícitas ou implícitas, geralmente são entendidas claramente. Se maltratados, os cônjuges têm o poder de influenciar a próxima geração a ir contra a empresa familiar. Por que eles iriam querer que seus filhos se envolvessem com uma família empresária que não os acolheu?

Existem algumas práticas recomendadas para integrar mais tranquilamente novos membros à família.

1. **Decida quem pode ser da família.** Não espere até que haja a perspectiva de um novo membro para decidir como ele será incorporado legal e emocionalmente à família empresária, aconselha Fredda Herz Brown, sócia sênior da Relative Solutions. "Se você esperar até surgir a possibilidade de ter um novo parente por afinidade", ela nos contou, "então o problema vai se concentrar nele. Vai parecer que é algo pessoal, o que tem potencial para machucá-lo de tudo que é jeito." Em vez disso, Herz Brown aconselha a começar desde cedo a discutir como a família deseja definir quem faz parte dela, talvez enquanto seus filhos ainda são adolescentes. Discuta todas as permutações que podem ocorrer: filhos adotivos ou biológicos, parentes por afinidade, enteados etc. "Vocês vão discutir a questão de entrar na família antes que passe a se tratar de uma pessoa específica", disse ela. É possível definir família — e todos os seus benefícios e implicações emocionais — de várias maneiras, e não há problema nisso. Porém empresas familiares precisam levantar a questão como algo filosófico, discuti-la antes que alguém entre em cena.

2. **Proteja os ativos familiares.** As famílias empresárias naturalmente desejam proteger seu patrimônio e seu negócio de novos mem-

Harvard Business Review – Manual de Empresas Familiares

bros. A maioria teme o pior cenário — aquele em que um divórcio desagradável prejudique a família e a empresa. Os acordos de acionistas que especificam quem tem permissão para possuir ações da empresa podem ajudar a evitar exaltações no futuro. (Isso não significa que os cônjuges não possam se beneficiar das ações; quer dizer apenas que eles não podem assumir a propriedade uma vez fora do casamento.) Também é razoável pedir a um novo membro que assine um acordo pré-nupcial — e a forma como você pede é fundamental. O futuro cônjuge não deve ouvir falar desse acordo pela primeira vez sentado no escritório do advogado da família ou tendo os sogros por perto, pressionando-o a assinar. É a pessoa com quem ele vai se casar que deve introduzir a ideia em conversas particulares, aconselha Herz Brown, os dois lados devem conversar sobre o que vão trazer para o casamento e estabelecer seus próprios limites e regras básicas sobre o patrimônio compartilhado e individual. Então, o acordo pré-nupcial pode ser discutido, negociado e assinado com boa vontade de ambos os lados.

3. **Estabeleça limites e papéis apropriados.** Como já discutimos, os cônjuges não serão necessariamente incluídos nas discussões da Sala dos Acionistas ou terão acesso a todos os dados financeiros da empresa familiar. Algumas famílias fazem esforços claros para incluí-los nessa sala. Por exemplo, há uma grande família empresária que oferece aos novos cônjuges a oportunidade de comprar algumas ações para que possam acessar a sala. Mesmo que os cônjuges não estejam na Sala de Acionistas, não significa que não seja possível encontrar oportunidades de inclusão que farão com que se sintam parte da família. Eles desempenham um papel importante na Sala da Família e no estabelecimento de uma boa relação entre a próxima geração e a família ampliada. Veja o caso de Killian, um advogado que se casou e entrou em uma família empresária bem-sucedida. Ele queria garantir o sustento da esposa (uma futura sócia da empresa) e o respeito dos familiares. Então, antes de comparecer à sua primeira assembleia familiar, ele se instruiu a fim de se preparar para avaliar a estratégia de negócios. Porém, logo percebeu que, como cônjuge, nunca teria a chance de votar em tais estratégias, mas, ainda assim, sua voz era bem-vinda em outras áreas. Redefinindo suas expectativas, Killian logo encontrou um papel construtivo na

empresa, ajudando a criar uma política de educação para auxiliar a próxima geração com os custos do ensino superior. E, talvez o mais importante, sua compreensão aprimorada tanto da empresa quanto da família empresária lhe trouxe um enorme respeito pelo que seu sogro havia construído e ajudou a consolidar a relação deles.

4. **Celebre também a cultura dos novos membros da família.** Em vez de sugerir que os novos cônjuges tiveram sorte de se juntarem à família, nossa colega Marion McCollom Hampton, coautora do influente livro *Generation to Generation*, sugere que o grupo os acolha de modo que sua origem e cultura também sejam celebradas. Reconheça, por exemplo, que os recém-casados provavelmente alternarão feriados importantes com suas respectivas famílias. Esteja aberto a incluir também em sua família as tradições e rituais familiares do novo cônjuge. Se ele ficar com a impressão de que é esperado que se adapte calado à nova cultura familiar, esquecendo-se das próprias tradições, isso pode gerar conflitos no futuro. Encontre maneiras dos novos membros se sentirem parte da sua família sem que deixem de celebrar, ao mesmo tempo, aquela de que vieram.

5. **Defina expectativas para os cônjuges na empresa familiar.** Os cônjuges que entram em uma família empresária geralmente enfrentam um desafio profissional peculiar. Como nos explicou um parente por afinidade: "Casei-me com uma mulher fabulosa de uma rica família empresária. Eu amo minha carreira e gosto de trabalhar. Não demorou, porém, para alguns familiares me perguntarem: 'Por que você trabalha tanto? Nunca ganhará dinheiro o bastante para fazer alguma diferença.' No entanto, os outros cônjuges que não têm nenhuma carreira são considerados sanguessugas que se aproveitam do patrimônio da família." Em tais sistemas, falar abertamente sobre as circunstâncias e expectativas incomuns que estão em jogo é suficiente para resolver essas confusões e encorajar os cônjuges a seguirem seus interesses profissionais.

A família pode ser uma das instituições mais estáveis da vida. Seu relacionamento com seus irmãos e irmãs, por exemplo, provavelmente será o mais longo da sua vida. Ao mesmo tempo, as famílias estão em constante mudança. Quando uma geração está na casa dos 30 ou entrando nos 40 anos — casando-se e tendo filhos —, é esperado que surjam vários novos familiares. Se, digamos, você for um membro da 1ª geração, seus três filhos se casam, e cada um tem dois filhos, sua família passa de cinco para quatorze membros. E o número de relacionamentos únicos na família empresária passa de 10 para 91![2] Como uma matriarca contou: "Conforme nossa família cresce, dá muito trabalho permanecermos juntos. Mas vale a pena!"

Desigualdade

A desigualdade nas famílias empresárias acontece como uma mudança em câmera lenta. As crianças vêm ao mundo "criadas iguais", e a maioria dos pais se esforça para oferecer as mesmas oportunidades a todas. Os irmãos começam sob o mesmo teto e dividem muitas experiências. Porém, conforme suas vidas se desenrolam, tomam milhares de decisões que nem sempre os levam ao sucesso individual. Há fortes influências culturais, como o preconceito de gênero, que amplificam as desigualdades, independentemente das capacidades e escolhas individuais. A sorte também desempenha um papel importante no acesso a oportunidades e sucesso. Por volta dos 50 anos, os irmãos costumam reconhecer que a soma das escolhas e experiências cria diferenças nítidas nas habilidades, realizações, crenças, patrimônio e felicidade. É inevitável que alguns irmãos tenham mais sucesso e influência na família do que outros.

Essa disparidade surge não apenas entre irmãos, mas também entre os ramos familiares. Alguns ficam atrás dos outros em questão de patrimônio, poder e realizações. Os que se sentem inferiores geralmente são os primeiros a vender suas partes para os primos ou pessoas de fora. Já trabalhamos com uma família empresária de 3ª geração que tinha dois ramos principais. Um tinha o controle votante da empresa, acumulava 90% da riqueza familiar e detinha todos os cargos executivos familiares do negócio. O outro foi rotulado como "o que não deu certo". Os dois jamais serão iguais em questão de poder, patrimônio ou posição.

A Família Empresária

Os sociólogos explicam que os humanos tendem a focar menos nas diferenças absolutas entre grupos e mais nas diferenças relativas dentro de um grupo. Na maioria das famílias empresárias, o pensamento "todos são criados iguais" traz uma pressão contra a disparidade. É comum ouvir comentários de familiares como "Nosso filho nunca vai trabalhar para o irmão!" ou "Meus filhos não merecem uma chance de trabalhar na nossa empresa?" ou "Não é justo que ela tenha ações da empresa, e eu não!"

Os ramos familiares muitas vezes fizeram escolhas diferentes ao longo de várias gerações. Tais resultados são difíceis de desfazer, de igualar. E seria justo fazê-lo? É comum que o justo não seja igual. E, com o passar do tempo, o igual já não é mais justo. Apesar de algumas famílias empresárias multigeracionais tentarem igualar o patrimônio, essas políticas podem ser prejudiciais em longo prazo. Ellen Weber Libby, autora de *The Favorite Child*, aconselha que as famílias aprendam a se sentir confortáveis com o pouco de desigualdade que se desenvolve ao longo de gerações, porque isso é inevitável. Então, como fazer para se sentir confortável com isso? Aqui estão cinco maneiras de percorrer esse caminho:

1. **Foque no propósito.** Enquanto família, trabalhar para definir e refinar seus propósitos ajudará todos a manterem o foco nos objetivos coletivos e nos sacrifícios individuais que estão dispostos a fazer pelo bem maior. Quando as famílias gastam muito tempo falando sobre desigualdade, é um sinal de que lhes falta um propósito claro e convincente como família empresária. Retome a conversa sobre por que vocês administram a empresa juntos. Estas discussões podem levar todos a um consenso.

2. **Defina sua cultura familiar.** As famílias podem escolher e construir sua cultura com o tempo. Algumas focam na meritocracia: você se beneficia mais da empresa trabalhando nela, por exemplo. Outras têm uma cultura mais "socialista", na qual cuidar da família empresária ampliada é um importante objetivo comum. Qualquer uma das duas versões (e muitas no meio-termo) é aceitável, desde que vocês tenham construído confiança e comunicação entre os familiares para que todos entendam a cultura escolhida. Sentimentos de desigualdade costumam ser um sintoma de cultura familiar ambígua.

Harvard Business Review – Manual de Empresas Familiares

3. **Tenha um fórum ou outro processo para resolver disputas da Sala da Família.** Um fórum familiar apropriado para lidar com disputas pode ajudar a evitar que os conflitos se agravem. Em muitos casos, basta um fórum que estimule a civilidade, ou seja, a capacidade de estar no mesmo cômodo e tomar decisões em conjunto sem deixar que o conflito atrapalhe a empresa ou toda a família. A habilidade de sentar e tomar decisões objetivas em conjunto, apesar dos inevitáveis desentendimentos, ajuda os familiares a driblarem as armadilhas das discussões inflamadas, que se reproduzem e se espalham quando as partes envolvidas não se comunicam.

4. **Se você é um dos que têm, certifique-se de mostrar sensibilidade aos que não têm.** Um pouco de desigualdade é inevitável, mas isso não significa que os membros da família que acabam em posições de poder devam dominar aqueles que não tiveram tanta sorte. Garanta que sua cultura familiar valorize a família — e não apenas as finanças. Os que estão em uma posição financeira mais confortável devem se mostrar sensíveis aos que não estão. Ao planejar atividades com a família ampliada, como uma reunião de família ou um feriado, escolha algo pelo qual todos possam pagar. Não planeje ficar em hotéis quatro estrelas se só alguns familiares puderem arcar com o gasto.

5. **Encontre consenso por meio da gratidão.** Mesmo que, na família, você seja um dos que não têm, é provável que ainda estará em uma situação melhor do que a maioria das pessoas do mundo, disse Libby. Mantenha seu senso de desigualdade em perspectiva. Há muitas pesquisas que confirmam que quem expressa gratidão pelo que tem e pelo que recebe dos outros está em um estado emocional muito melhor.[3] Dedique um tempo para expressar gratidão em família.

Distúrbios comportamentais

Algumas questões não podem ser efetivamente tratadas por meio de uma melhor governança, comunicação ou boas intenções. Há uma série de pro-

A Família Empresária

blemas, incluindo vícios, transtornos mentais, alimentares, problemas de aprendizagem e outros desafios de desenvolvimento, que estão presentes em muitos lares.

As famílias empresárias não estão isentas da variedade de distúrbios comportamentais que qualquer outra enfrenta, disse Arden O'Connor, fundadora do O'Connor Professional Group, que atende às necessidades de famílias e indivíduos que enfrentam essas preocupações. Famílias empresárias são famílias. Porém, neste mundo tão conectado de empresa e família, em que, muitas vezes, os limites são pouco claros, os problemas familiares podem ser amplificados. Situações de crise — incluindo parentes passando vergonha em público (colocando em risco a reputação da família) ou alguma emergência médica (em que um familiar acaba no hospital) podem levar uma família a agir.

O mais desafiador, O'Connor nos contou, é quando há sinais e sintomas de alerta, mas não está claro que o familiar tenha um problema. As famílias são muito boas em ignorar ou minimizar o que, para um estranho, pode parecer um sinal óbvio de problemas. "Podem fazer você questionar seu próprio entendimento do que é um comportamento normal", O'Connor observou, principalmente no caso de abuso de substâncias, que pode ser ocultado por muito tempo. "Você aceitará todos os tipos de desculpas e explicações para comportamentos estranhos. Dará ao seu parente o benefício da dúvida repetidas vezes."

Famílias bem-sucedidas estão acostumadas a estar no controle. Elas podem pagar advogados que ajudam as acusações a desaparecerem e conseguem custear um apartamento em outra cidade para que o familiar more longe por um tempo a fim de evitar escrutínio. Podem criar empregos em suas empresas e colocar uma máscara de integridade, mesmo quando um familiar estiver lutando contra o vício ou outros sérios distúrbios comportamentais. E isso, disse O'Connor, pode agravar o problema. As famílias podem se dar ao luxo de tentar uma solução após a outra, sem chegar a responsabilizar de verdade o familiar em questão. Um pai com quem O'Connor trabalhou pagou um concorrente para que criasse um emprego falso para seu filho, que lutava contra o abuso de substâncias, para que o filho não se sentisse um fracasso.

Harvard Business Review – Manual de Empresas Familiares

Esses esforços muitas vezes pioram as coisas. O familiar pode dizer: "Será que estou tão mal assim? Tenho um emprego e estou indo trabalhar!" quando, em quase qualquer outro cenário fora de uma empresa familiar, a pessoa com certeza teria sido demitida ou lhe pediriam que procurasse ajuda profissional. Quanto mais tempo uma família encobre (ou finge não perceber) um problema significativo de distúrbio comportamental, mais as relações familiares importantes ficam em risco. "Existe um ditado na minha empresa que diz que, para cada ano de quebra de confiança, são necessários *cinco* para consertar", comentou O'Connor. Portanto, quanto mais tempo demorar para um familiar conseguir ajuda, maior a probabilidade de que as relações familiares sejam danificadas de forma irreparável.

O'Connor, que não é apenas uma profissional da área, mas também alguém que lidou com o vício na própria família, compartilhou conosco dicas para ajudá-los a começar a lidar com distúrbios comportamentais na família:

1. Converse abertamente sobre qualquer predisposição genética para transtornos mentais ou vícios — seja honesto sobre as qualidades e as vulnerabilidades da sua família.

2. Identifique e aborde os sinais de distúrbios comportamentais rapidamente. Um sinal isolado pode não fazer sentido, disse O'Connor, mas uma combinação de problemas menores ou um outro mais sério podem justificar a necessidade de atenção. Questões como gastos excessivos, problemas com a justiça e algumas condições médicas (por exemplo, um jovem adulto que precisou de lavagem gástrica durante a faculdade) podem sugerir algo mais sério, incluindo transtornos mentais, abuso de substâncias ou distúrbios alimentares.

3. Se um ente querido resistir aos cuidados, defina pequenos limites e os cumpra até que a pessoa se torne mais receptiva. Considere fazer uma intervenção.

4. Encontre uma equipe de profissionais qualificados para fornecer diagnósticos, traçar um plano para os cuidados, recomendar tratamento hospitalar ou ambulatorial e monitorar o progresso.

5. Suponha que seu parente precisará de apoio terapêutico e não se responsabilizará por seus atos em longo prazo (de um a cinco anos).

A Família Empresária

6. Advogue a favor do seu familiar. Questione os profissionais de saúde quando não tiver certeza sobre rumo das coisas e vá atrás de uma segunda opinião.

7. Gerencie proativamente documentos privados — HIPAA (a lei de privacidade médica), procuração médica, notas da faculdade — para que os membros da família não consigam esconder problemas emergentes. Peça permissão ao seu familiar para ver esses registros importantes como um meio de acompanhar seu estado de saúde. "Recomendamos que os pais introduzam o conceito de divulgação de informações desde cedo para todos os filhos (não apenas para indivíduos com desafios preestabelecidos)", orientou O'Connor. "A abordagem poderia ser: 'Amamos você e queremos garantir que poderemos acessar suas informações se você acabar indo para um hospital ou ficando incapacitado. Como estamos investindo na sua educação, também queremos ter uma noção do seu progresso.'"

8. Encontre um profissional para trabalhar com os membros da família (pais, irmãos, filhos etc.), ensinando-os como apoiar produtivamente alguém com um problema de dependência. Alguns tópicos importantes incluem entender o diagnóstico, estabelecer limites saudáveis e manter rotinas individuais de autocuidado mesmo durante crises.

9. Ao lado de profissionais, crie um plano razoável para apoio financeiro. Nos casos mais complicados, o beneficiário recebeu (ou receberá) um pagamento fixo em uma idade específica, independentemente do estado da sua saúde mental. Para indivíduos com distúrbios comportamentais, o documento de planejamento sucessório deve incluir contingências que permitam que as distribuições sejam discricionárias ou dependentes de critérios específicos. No cenário ideal, os profissionais que elaboram e implementam as ações do documento têm acesso à educação sobre saúde mental e aos profissionais da área.

10. Viva o luto pelos seus sonhos que você tinha para esse parente. Tente aceitar que seu familiar pode viver uma vida diferente daquela que você imaginou, mas que não será necessariamente menos importante.

Varrer um problema para debaixo do tapete não ajuda o familiar que você tanto ama. Em se tratando de questões de transtorno mental ou dependência, tentar lidar sozinho com um problema na família pode prejudicar relações importantes, às vezes de forma irreparável. Permitir que um distúrbio comportamental não seja resolvido ameaça não apenas a saúde do seu parente e suas relações familiares, mas também a saúde e a reputação da empresa que você trabalhou tanto para construir.

Como se estabilizar após uma ruptura

Muitos membros de empresas familiares parecem surpresos quando vivenciam conflitos, inveja e diferentes níveis de comprometimento na empresa. Também costumam se surpreender com o medo que sentem após a morte de um dos pais. A verdade é que praticamente todas as centenas de famílias empresárias que conhecemos compartilham muitas dessas dinâmicas.

Rupturas na sua família empresária são normais. E *normal* significa que, quando essas situações complicadas atingirem suas famílias empresárias, os membros terão reações emocionais, às vezes até extremas. Sua família não será perfeita. Quando uma ruptura forte acontece, o "lado primitivo" assume o controle — as pessoas dirão coisas ofensivas ou egoístas sem sequer pensar no impacto dessas reações sobre os outros. Elas também podem entrar em uma espiral de conflito (consulte o Capítulo 12). Na maioria das vezes, as reações são humanas e, de fato, esperadas, quando se vivencia mudanças complicadas e imprevisíveis.

As famílias empresárias, com frequência, resistem a contar com ajuda externa, especialmente se for considerada terapia. Algumas pessoas temem compartilhar seus problemas familiares com estranhos. Uma matriarca muito conhecida já nos disse que o lema da sua família era "Nunca lave nossa roupa suja em público, não importa o que aconteça." Se sua família está acostumada a ter privacidade, você hesita em pedir conselhos a amigos ou especialistas, porque isso significa admitir a existência de um problema familiar. Muitas famílias empresárias se orgulham de conseguirem resolver sozinhas as próprias questões, mas a autossuficiência absoluta raramente

A Família Empresária

funciona em longo prazo. Os sentimentos de raiva infectam o resto e, nos problemas que estão encobertos, surgem as rachaduras mais tarde. Busque ajuda logo no início.

É possível encontrar uma ampla gama de conselheiros externos disponíveis para ajudar sua família empresária. Esse suporte especializado inclui consultores de empresas familiares (este é nosso papel), terapeutas familiares, terapeutas de relacionamento (por exemplo, conselheiros matrimoniais), terapeutas individuais (que contam com muitas subespecialidades), mediadores, especialistas em resolução de conflitos, coaches, especialistas em comunicação e em dinâmica de grupo. Reconheça que existem questões que você não consegue resolver sozinho e busque os recursos necessários.

É melhor selecionar com cuidado o tipo certo de consultor. Se você entrar em contato com um mediador, por exemplo, ele analisará seu problema pelas lentes da mediação. Porém, isso pode não ser o que você precisa. Se não tiver experiência na área de aconselhamento que está procurando, converse com consultores de pelo menos algumas áreas para ver quem realmente entende seu problema de um jeito que você tenha certeza que abordará o cerne da questão. Além disso, converse com pelo menos dois profissionais de qualquer área de especialidade que pareça mais aplicável à sua situação. Os atendimentos variam significativamente de prestador para prestador. Também é muito importante simpatizar com o consultor. Ao escolher, considere a opinião dos familiares que provavelmente serão afetados pela mudança. As famílias empresárias enfrentam dinâmicas difíceis, e pedir ajuda externa é, no fim das contas, um sinal de força.

Acreditamos que, muitas vezes, o trabalho pode ser a melhor terapia. Trabalhar em conjunto — na Sala dos Acionistas, na da Família ou na própria empresa — pode gerar confiança, comprometimento com os outros e com a empresa e uma valorização das dificuldades enfrentadas pela sua família empresária. Uma das principais mensagens deste manual é que muitas delas têm muito trabalho a fazer em conjunto: definir o que valorizam, trabalhar em equipe nas decisões difíceis, construir confiança e comunicação, preparar a próxima geração para ser acionista e assim por diante. Por meio desse trabalho, as famílias conseguem construir relações.

Harvard Business Review – Manual de Empresas Familiares

O trabalho que você já realizou com outros familiares pode agir como um amortecedor quando for atingido por uma ruptura desagradável. Ao trabalharem juntos, você e o resto da família preparam a empresa para reagir de forma construtiva. Se todos colaboraram no passado, é mais provável que trabalhem bem em conjunto no momento de maior necessidade. Montar boas estruturas de governança, como um conselho de família, com antecedência pode ajudá-los mais tarde, quando surgirem dificuldades, porque vocês já terão um lugar para conversar e chegar a uma decisão sobre os problemas.

A família Johnson que, conforme contamos no início deste capítulo, se desfez após a morte inesperada do filho, avançou significativamente rumo ao futuro. Individual e coletivamente, e com a ajuda de algumas das ferramentas discutidas neste capítulo, os Johnson trabalharam duro para consertar as relações. E no processo, conseguiram manter a empresa e, mais importante, a família unida.

Nos capítulos seguintes, identificaremos desafios adicionais que a maioria das empresas familiares enfrenta — independentemente do seu tamanho, indústria ou geração. Se você e o resto da família lidarem com essas adversidades juntos, aumentarão o poder de sustentabilidade do negócio. O melhor conselho que podemos fornecer é: estejam preparados para as dificuldades. Pode parecer contraintuitivo, mas elas são normais. Você nem sempre pode controlar as rupturas que a vida coloca no seu caminho, mas *pode, sim,* controlar sua reação. Essa resiliência pode fazer a diferença entre as famílias que sobrevivem e prosperam por gerações e aquelas que se desfazem.

A Família Empresária

Resumindo

○ Normalmente, você encontrará quatro tipos principais de rupturas:

● A **morte** é difícil de lidar, para qualquer família, mas em uma empresária, ela pode trazer complicações práticas que ampliam a dor emocional. Para reduzir o impacto disso na sua empresa familiar, certifique-se de ter um plano sucessório compreensível que seja revisto conforme as circunstâncias mudam, bem como um plano de sucessão de emergência para a empresa.

● **Novos membros** na sua família empresária, especialmente cônjuges, mudarão as relações existentes. A forma como você trata os recém-chegados terá implicações duradouras. Portanto, pense bem na impressão que vai deixar ao solicitar acordos pré-nupciais ou estabelecer limites para a participação do cônjuge. E celebre o que novos participantes trazem para a família.

● A **desigualdade** é inevitável nas famílias empresárias. Às vezes, o que é justo é igual, mas muitas vezes tentar igualar tudo não é justo. Em vez de tentar evitar a desigualdade, dê o seu melhor para administrá-la. Mostre sensibilidade à realidade dos que têm e dos que não têm quando for planejar eventos familiares. E tente se concentrar no propósito comum da família, bem como nas razões para serem gratos por fazerem parte dela.

● Os **distúrbios comportamentais** são comuns em todas as famílias, mas têm um impacto ainda maior nas empresárias devido à necessidade de os parentes trabalharem juntos. Fique atento aos distúrbios comportamentais que estão acontecendo debaixo dos panos, como é o caso de muitos problemas. E tenha cautela ao intervir. Há muitas ações que, por mais que sejam tomadas com o melhor das intenções, podem piorar a situação.

○ Ao lidar com uma ruptura, o primeiro passo é reconhecer que ela é normal. Não há nada de errado com sua família se vocês estiverem enfrentando qualquer um desses desafios. Às vezes, trabalhar juntos em família pode ser o melhor remédio. Em outras situações, precisarão procurar especialistas externos para ajudá-los a passar por isso.

9.

Trabalhar em uma Empresa Familiar

Algumas pessoas prosperam ao escolherem seguir uma carreira na empresa familiar. Mas outras murcham, arrependendo-se amargamente das próprias escolhas. "Vou perder minha empresa e minha família", um cliente se lamentou conosco após tomar a decisão de ingressar no negócio logo após seus planos da faculdade não terem dado certo. Essa situação acontece com muita frequência — e representa o pior cenário do que pode dar errado quando você entra de cabeça na empresa familiar cedo demais.

Trabalhar em uma empresa familiar, seja a da sua família imediata, ampliada ou a da família de outra pessoa, traz seus próprios desafios e recompensas. A decisão de aceitar *qualquer* oferta de emprego em período integral pode ser estressante. No entanto, em empresas familiares, as escolhas podem ser muito mais complicadas: é tanto um contrato social tácito quanto um contrato de trabalho — e as consequências podem ser muito mais duradouras. Mesmo os familiares mais qualificados têm dificuldade

Harvard Business Review – Manual de Empresas Familiares

para lidar com esse misto de expectativa, obrigação, incerteza e desejo de sucesso profissional quando se deparam com a decisão.

Neste capítulo, discutiremos como prosperar em uma empresa familiar. Consideraremos várias situações, abordando como:

1. Decidir se ingressar na empresa é o certo para você.

2. Ter sucesso na empresa se você for um parente por afinidade.

3. Preparar-se para viver sob vigilância total dentro da empresa.

4. Prosperar em uma empresa familiar enquanto não familiar.

Decidindo trabalhar na sua empresa familiar

Quando jovens brilhantes e ambiciosos conversam sobre suas perspectivas de carreira com um empregador em potencial, costumam estar cheios de dúvidas sobre o possível papel dessa empresa em seu crescimento profissional. Mas, notavelmente, esses mesmos jovens confessam que a perspectiva de ingressar na própria empresa familiar os deixa sem palavras. Em famílias cuja cultura tem sido de profundo respeito por aqueles que estão na linha de frente dos negócios no dia a dia, os membros mais jovens, muitas vezes, se preocupam com o fato de que suas muitas perguntas possam fazê-los parecer presunçosos ou insistentes. Nós entendemos, perguntar muitas coisas pode dar a impressão de você ser metido. No entanto, já vimos muitas relações familiares serem prejudicadas devido à falta de comunicação no início de um trabalho na empresa familiar. Essa é a *sua* carreira. E a *sua* família. Tomar a decisão errada por medo de fazer bons questionamentos pode magoar todo mundo. É possível, no entanto, evitar esse destino seguindo nossas diretrizes básicas para se preparar para ter sucesso na sua empresa familiar.

Qual a sua motivação para ingressar?

Você pode estar interessado na sua empresa familiar por muitas razões. É frequente ouvirmos afirmações como "É minha melhor chance de chegar ao topo", "É uma grande alegria trabalhar com minha mãe e minha irmã todos os dias" e "Sou apaixonado pela nossa empresa familiar". Por outro lado, também já ouvimos "É o que o papai espera que eu faça" ou, como Megan no começo do livro, já vimos pessoas que precisam ingressar no negócio para manter a propriedade do seu lado da família. Comparado ao que você agregaria a qualquer outra opção de carreira em potencial, qual seria a sua contribuição para a sua empresa familiar? Muitas vezes, várias motivações estão em jogo, mas o importante é que você articule suas próprias razões — e garanta que elas sejam convincentes o suficiente para tomar o que pode ser a maior decisão da sua carreira.

Você está pronto para esse compromisso?

Mais do que qualquer outra opção de carreira, entrar para a empresa da família exige que você se envolva por completo. Não será um trabalho em horário comercial. Suas vidas familiar e empresarial estarão interligadas. Sua identidade estará mais ligada ao seu trabalho do que estaria se escolhesse trabalhar em outro lugar. Não é fácil se demitir de uma empresa familiar; o compromisso parece mais pessoal. Provavelmente, você permanecerá trabalhando no negócio por muito mais tempo do que trabalharia se ingressasse em outra empresa.

Você já tem experiência significativa fora da empresa?

Na maioria dos casos, aconselhamos os familiares a fazerem um curso superior e trabalharem em outro negócio por pelo menos três anos. Demonstrar aos líderes, gerentes e funcionários da empresa familiar (e a si mesmo) que você é capaz de ganhar uma promoção genuína no seu trabalho fora da empresa ajuda a garantir que você seja devidamente valorizado (e esteja preparado para trabalhar) na sua empresa familiar.

Harvard Business Review – Manual de Empresas Familiares

As relações pessoais entre os líderes familiares são saudáveis?

Há alguma evidência de que os líderes podem tomar boas decisões conjuntas sobre o futuro da empresa? Será que suas relações familiares conseguirão suportar as pressões do trabalho em equipe no futuro? Se o seu relacionamento com seu pai ou sua mãe (ou qualquer parente acionista que administre o negócio) não estiver bom, é improvável que seu ingresso na empresa melhore as coisas — na verdade, pode piorá-las, e muito.

É um trabalho de verdade?

Quando entrar na empresa familiar, garanta que seja para um cargo de verdade, não um que tenha sido inventado para você. Assim, descobrirá que seu trabalho é mais valorizado, e seus planos de carreira ficarão mais claros.

Depois de avaliar sua própria motivação, faça questão de perguntar ao líder da empresa familiar o que o aguarda caso ingresse. Você tem que quebrar o tabu de "ousar" fazer essas perguntas. No Capítulo 10, explicaremos detalhadamente como pensar a contratação de familiares na empresa, mas aqui enfatizaremos que você tem o direito de saber sobre a empresa em que está entrando e o cargo que ocupará. Os acionistas atuais podem não querer responder todas as suas perguntas, mas é provável que muitos tópicos sejam abordados. Use os cinco direitos dos proprietários familiares para pensar no que você precisa entender sobre o negócio antes de ingressar.

- Existe um caminho para a propriedade? (Desenhar)

- Quem decidirá o rumo da sua carreira? Quem decide quanto você recebe? (Decidir)

- Quais são seus objetivos ou prioridades como proprietário nos próximos dez anos? (Valorizar)

- Qual é a sua filosofia em relação ao compartilhamento de informações sobre a propriedade familiar e dados de desempenho da empresa com os funcionários? (Informar)

Trabalhar em uma Empresa Familiar

- Quais seus planos para a sucessão? Você tem alguma chance de chegar ao topo? (Transferir)

Caso se sinta desconfortável em fazer essas perguntas à atual liderança da família, esse sentimento já é um sinal de alerta de que talvez não esteja pronto para entrar na empresa. Você pode ensaiar, conversando com um dos conselheiros de confiança dos seus pais ou com o genitor que não trabalha na empresa. Pergunte de forma direta: "Você entraria neste negócio se fosse eu?" É comum que as respostas forneçam pistas reveladoras sobre a saúde da empresa e as perspectivas da sua carreira sob a liderança atual. Se, depois de obter esse ponto de vista adicional, ainda não conseguir abordar os líderes diretamente, sua relutância pode indicar que ingressar não é a escolha certa para você.

Você tem o direito de, *antes* de ingressar, conhecer a estrutura, as regras e os processos que permitirão que seja bem-sucedido no negócio. Talvez o mais importante de tudo seja entender que você não será capaz de controlar totalmente a sua carreira na empresa familiar. Nem sempre é possível prever como a família verá seu trabalho no futuro, se você prosperará na empresa e se, eventualmente, uma posição de liderança lhe será oferecida. A única coisa dentro do seu controle é sua própria decisão sobre sua carreira. Reúna as informações certas para ajudá-lo a fazer uma escolha inteligente.

Entrando na empresa como um parente por afinidade

Parentes por afinidade em várias famílias empresárias muitas vezes se encontram em desvantagem. Como quase todas as pessoas casadas (ou divorciadas) reconhecem, as tensões com esses parentes são comuns, quer eles trabalhem junto com a família central ou não. No trabalho, eles já têm dois gols de desvantagem no placar. Precisam viver de acordo com os padrões e expectativas estabelecidos para funcionários não familiares, que, por sua vez, acham que, como agregados, esses parentes têm todas as vantagens de fazer parte da família. Basicamente, eles vivem o pior dos dois mundos.

Harvard Business Review – Manual de Empresas Familiares

Ainda assim, alguns deles evitam um terceiro gol; alguns até conseguem marcar um gol de placa. Em muitos negócios com os quais já trabalhamos, um parente fez uma contribuição significativa e duradoura para a empresa, muitas vezes a conduzindo com sucesso até a próxima geração.

O que é necessário para um parente por afinidade sobreviver e prosperar? O envolvimento bem-sucedido no negócio depende de vários fatores, incluindo competência, personalidade, expectativas e oportunidades na empresa, além da filosofia da família, que pode permitir ou não a entrada dele na empresa. Parentes por afinidade diferentes podem ter experiências distintas dentro da mesma empresa familiar. Entre as famílias dos nossos clientes, os bem-sucedidos costumam seguir várias práticas inteligentes para lidar com essa situação desafiadora.

Jogue em outro time primeiro

Como acontece com os membros mais jovens da família que ingressam na empresa, a experiência prévia de trabalho dos parentes por afinidade costuma ser um pré-requisito para que sejam — e se sintam — bem-sucedidos em uma empresa familiar e mantenham um senso de identidade. Essa experiência não só desenvolve competência e habilidade como também constrói uma reputação, autoconfiança e credibilidade entre os funcionários familiares e externos. Como expressou um parente por afinidade que se tornou CEO: "Entrei como contador e me senti muito bem com isso porque não fiquei com a impressão de que eles estavam abrindo um lugar só para mim." A importância da experiência de trabalho foi enfatizada repetidas vezes — até mesmo por aqueles que chegaram ao topo, mas que não haviam trabalhado fora da empresa familiar.

Negocie como um agente

Dada a falta de limites emocionais entre a família e os negócios em uma empresa controlada pela família, parentes por afinidade bem-sucedidos traçam uma linha invisível, mas firme, entre sua vida pessoal e profissional. Assim como acontece com outros familiares, esteja preparado para negociar sua remuneração e esclarecer seus objetivos, função, benefícios e plano de carreira. Seja honesto e sincero. Como um executivo sênior que conhecemos aconselhou: "Não trate isso como se fosse uma decisão familiar sobre o próximo local de férias. Aja como se estivesse negociando com a Oracle." Quanto mais transparência, profissionalismo e clareza você trouxer, em melhor posição estará para moldar sua carreira na empresa.

Seja claro sobre a estrutura e as políticas

Vários parentes por afinidade que se tornaram executivos atribuíram seu sucesso ao fato de não estarem subordinados a um familiar. Porém, caso você precise fazer isso, certifique-se de que a família tenha uma política de emprego familiar (consulte o Capítulo 10) e que ela seja apoiada pelos acionistas. Esse documento precisa identificar seu supervisor direto, suas responsabilidades e a quais recursos você terá acesso se um membro da família estiver prejudicando seu trabalho na empresa. Lembre-se: a estrutura é sua amiga!

Fique esperto quanto à geografia

Há um ditado que diz que a familiaridade gera desprezo. É um bom conselho, vários parentes (e seus cônjuges) com quem já conversamos atribuíram seu sucesso ao fato de os parentes trabalharem longe do escritório da sede. A distância não só faz o carinho aumentar como também permite o crescimento e amadurecimento pessoal e profissional de uma forma que nem sempre é possível quando se está na sede, sob a lupa do patriarca ou da matriarca.

Não encare o emprego como prisão perpétua

Só porque você entrou na empresa familiar, não significa que precise trabalhar lá para sempre. Um parente por afinidade que conhecemos ficou surpreso quando deixou o emprego após quinze anos e muitos familiares, que nunca haviam trabalhado na empresa ou lhe oferecido apoio enquanto

Harvard Business Review – Manual de Empresas Familiares

ele estava lá, questionaram sua lealdade à família. Em retrospectiva, nosso conhecido disse que gostaria de ter incluído de forma clara em seu contrato de trabalho renovações trienais, de modo que a opção de sair fosse sempre evidente e respaldada.

Tenha paciência

Examine com atenção a composição da família proprietária da empresa em que você está pensando em entrar. Se já existir um filho ou filha preferido, pode não haver espaço para um parente por afinidade se tornar executivo. "Se houver outros familiares 'de verdade' trabalhando no negócio, você pode ficar de fora. No mínimo, não estará tão envolvido no processo sucessório", alertou um parente por afinidade que conversou conosco. No entanto, às vezes, o herdeiro aparente não é bom, inteligente ou interessado o bastante para ser considerado para assumir o negócio. Segundo um CEO com quem conversamos: "Eu digo a todos os funcionários, incluindo parentes por afinidade, para serem pacientes e trabalharem melhor do que qualquer outra pessoa trabalharia. Eles serão bem remunerados e, se não der certo, estarão capacitados e terão confiança para trabalhar em outro lugar."

Encontre um confidente fora da família

Quando se trabalha para uma empresa familiar, simplesmente não se pode levar o trabalho para casa. Forçar um cônjuge a tomar partido entre você e a família empresária pode colocá-lo em uma posição delicada. "Talvez seja porque seu parceiro cresceu pensando que o pai sabe tudo e é o cara mais inteligente do mundo", disse-nos um CEO. "Mas quando você se depara com essa situação, está em apuros. Você realmente precisa de um bom amigo com quem possa conversar caso queira ter sucesso em uma empresa familiar."

Se todo o resto falhar, siga a estratégia de um parente por afinidade de um dos nossos clientes: mantenha uma cópia assinada da sua carta de demissão na sua mesa. "Sempre que fica claro para todo mundo que não sou o cara certo para o cargo, simplesmente entro no escritório do patriarca e entrego minha carta", o executivo contou. Mas, além de redigir uma carta, prepare-se para o dia em que você precisará sair da empresa, seja economizando o próprio dinheiro, construindo um negócio externo ou cultivando habilidades para o mercado de trabalho. Com essa segurança adicional, os parentes por afinidade — e seus cônjuges — estarão bem equipados para poderem se afastar de uma situação tóxica.

Como agregado, você pode ter oportunidades maravilhosas de crescimento e ajudar o negócio da família a prosperar para as gerações futuras. O segredo é evitar que sua carreira na empresa familiar aconteça a esmo. Em vez disso, você deve moldar ativamente seu futuro lá dentro.

Preparando-se para uma vida sob vigilância total

Trabalhar em uma empresa familiar, quer você faça parte da família ou tenha se casado com um dos membros, pode trazer grandes recompensas, mas também traz muita responsabilidade. Mesmo que vocês tenham construído o alicerce corretamente, você nunca será visto apenas como um membro do grupo pelos colegas de trabalho. Quando o nome da sua família está na porta, tudo o que você faz alimenta boatos no escritório. Os líderes de empresas familiares com quem trabalhamos aprenderam que suas ações, tanto positivas quanto negativas, são amplificadas pelo status de proprietários (ou futuros proprietários) da empresa. Mesmo gestos aparentemente pequenos — dirigir um carro chique para o escritório, colocar fotos suas com celebridades nas redes sociais ou se autodenominar acionista na frente de colegas — podem, sem querer, gerar animosidade.

Funcionários não familiares tendem a observar os proprietários familiares de perto. A maneira como você se comporta refletirá, bem ou mal, em toda a família. Você será "especial", esse status nem sempre é fácil. E a vigilância não vai parar quando sair do trabalho à noite. Os limites padrão entre vida profissional e pessoal estarão turvos, e a inspeção da sua performance será forte de ambos os lados. Mesmo se você estiver se comportando bem, é fácil ser vítima de algumas armadilhas comuns.

Não espere promoções sem se esforçar

Quando os membros da família começam num nível que está além das suas qualificações ou são promovidos muito mais rápido do que merecem, fica mais provável que outros funcionários foquem em obter proteção de escalões mais altos em vez de no desempenho que demostram conforme tentam subir na hierarquia. Peça feedback rotineiro sobre seu desempenho para ter uma ideia razoável de como está se saindo — e de como pode melhorar para mcrecer suas promoções (consulte o Capítulo 10 para mais detalhes).

Não trabalhe fora da cadeia de comando para receber tratamento especial

Como você busca aprovação para as suas ideias? Você segue as regras e se esforça como todo mundo? É frequente ver familiares tirarem proveito do acesso aos membros mais velhos da empresa, considerando as regras como maleáveis e procurando formas de contorná-las. Em vez disso, trabalhe respeitando a cadeia de comando. Não peça tratamento especial a familiares em cargos de chefia e cumpra as políticas de dias de férias, gastos e horário de expediente.

Não turve os limites entre o ambiente doméstico e o profissional

A política de escritório nessas empresas fica ainda mais complicada quando os membros trazem a dinâmica familiar para o negócio, potencialmente permitindo que os funcionários joguem os familiares uns contra os outros. Os membros da família precisam estabelecer limites claros no local de trabalho, por exemplo, referir-se às pessoas pelo nome e não pelo parentesco (no trabalho, você chama sua mãe de "Mary", nunca de "mãe") e evitar discutir dramas familiares no escritório. Esses limites ajudam a estabelecer um tom profissional. Mantenha a linguagem familiar no ambiente adequado.

Para os membros da família, os limites entre o trabalho e a vida pessoal são mais tênues do que para qualquer outro funcionário. Por mais que se amem e se apoiem, até mesmo os familiares mais próximos acham difícil viver e trabalhar juntos durante a vida toda. Como um dos nossos clientes, o talentoso CFO de uma grande empresa de manufatura, disse ao sair do negócio: "Não posso continuar vivendo como o irmão mais novo para sempre." Sua identidade como membro da família minou seu crescimento profissional e eficácia enquanto CFO. Quando as pessoas já não podem ser elas mesmas em uma empresa familiar, a tragédia é que tanto a família quanto a empresa saem perdendo.

Crie uma identidade fora da empresa

As famílias empresárias costumam ter fortes laços com a comunidade, e sua identidade e status estão profundamente ligados a ela. No entanto, a identidade pode ser subsumida pelo prestígio e tamanho da família no mundo exterior. Embora o status traga muitas vantagens, os parentes precisam encontrar um lugar na sociedade onde possam criar uma identidade não relacionada à família. Procure maneiras de contribuir para sua comunidade ou seguir uma paixão pessoal em áreas nas quais o seu sobrenome não tenha nada a ver com a sua contribuição. É melhor ter um momento para ser apenas o Charlie ou a Eloise, em vez do filho ou filha do proprietário o tempo todo.

Prosperando como um externo na empresa familiar

Como executivo não familiar, você pode não ter certeza se é possível prosperar na empresa. Tem razão em ser cauteloso: não importa a qualidade do seu trabalho, você nunca chegará de verdade ao círculo íntimo. E como as famílias podem ser organizações intensamente políticas, os executivos não familiares precisam saber como fazer política tanto no próprio negócio quanto na perigosa fronteira entre negócios e família. Apesar desses obstáculos, é possível encontrar grandes benefícios em trabalhar numa empresa familiar, mesmo sendo um externo. Vimos executivos assim não só sobreviverem, mas também prosperarem, tornando-se realmente confiáveis. Para desfrutar desse nível de sucesso, precisa entender as regras do jogo.

Cada um no seu quadrado

Como alguém que não é membro da família, você nem sempre é bem-vindo em todas as Quatro Salas da empresa familiar. Executivos não familiares bem-sucedidos já sabem intuitivamente ou aprendem por meio da experiência como se manter na Sala da Gestão. Eles entendem que, quando se trata da Sala da Família, a família segue suas próprias regras, o jogo nunca será justo. No entanto, as disputas familiares acabam transbordando para o da Gestão, e os executivos externos precisam separar a empresa da família quando esses familiares ficarem muito presos às próprias disputas internas.

Ironicamente, muitas vezes é mais difícil do que parece o gerente se manter de fora da Sala da Família. Muitas famílias empresárias tentam deliberada ou ingenuamente envolver o executivo não familiar nos seus assuntos. Trabalhamos com um cliente cujo patriarca tentou repetidas vezes envolver o talentoso CEO não familiar em uma briga acirrada que teve com o filho. Entrar em tal disputa seria uma batalha perdida para o CEO, que, em sua defesa, recusou-se a tomar partido em disputas familiares. Ele era empático, mas se manteve firme para não ser usado como peão em um jogo que nunca poderia vencer. Ele disse repetidamente ao patriarca: "Isso é um problema da Sala da Família; por favor, resolva-o lá." Essa estratégia tem funcionado bem para esse executivo não familiar.

Seja discreto e competente

Restringir sua influência à Sala da Gestão não significa que você seja impotente como executivo não familiar. Muito pelo contrário. Dada sua posição na empresa, você normalmente tem acesso a uma enorme quantidade de dados privilegiados, e informação é poder. Como observado anteriormente, o problema de muitos executivos não familiares não é a família tentar lhes esconder informações vitais, mas, sim, inundá-los de informações com

Trabalhar em uma Empresa Familiar

potencial explosivo. Ai do gestor que não sabe guardar segredo! Se você perder a confiança dos membros da família, sua carreira irá afundar, independentemente da sua habilidade nos jogos de política de escritório.

Isso não quer dizer que os membros da família sempre mantenham os executivos não familiares informados das grandes decisões de negócios que estão por vir. Pois não o fazem. A melhor forma de não ficar de fora das conversas importantes é demonstrar competência. Por exemplo, há uma família que tomava as principais decisões de negócios fora do escritório, quando se reunia no domingo à tarde. Executivos não familiares não podem forçar a família a envolvê-los nessas discussões fora do escritório, mas, pelo menos nesse exemplo, a analista financeira era tão capaz que a família a convidou para todas essas reuniões. Ela demonstrou seu talento, sua dedicação, sua discrição e seu comprometimento. Não participava desses eventos como familiar, mas, sim, como uma funcionária de confiança. Ela sabia ser profissional em um ambiente familiar, e todos os membros passaram a respeitá-la.

Evite guerras por procuração

Aliar-se com um membro ou ramo da família é perigoso, porque as famílias podem dar voz às suas rivalidades e "eliminar" o executivo não familiar favorito de um parente. Embora as guerras por procuração dificilmente se limitem às empresas familiares, elas podem ser mais intensas nas famílias por causa da dinâmica de grupo volátil. Por exemplo, um familiar de um cliente expressou aos gritos sua intenção de separar a equipe de funcionários bastante dedicada à sua irmã, com a qual ele tem um relacionamento particularmente conflituoso. Nosso conselho para executivos não familiares que enfrentam esse dilema é: nunca aposte todas as suas fichas em uma jogada só. Aliar-se com um irmão ou ramificação em particular é sempre arriscado. Procure maneiras de se relacionar com mais de um membro da família ao longo do tempo.

Harvard Business Review – Manual de Empresas Familiares

Estimule o reconhecimento e ganhe a bênção da família

Os executivos não familiares que sobrevivem por mais tempo sabem, por instinto, como se desviar do crédito e direcioná-lo para a família. Embora reconhecer as contribuições de terceiros seja importante em todos os ambientes profissionais, nos familiares, essa prática tem um significado muito maior. Você nunca deve ser dissimulado, mas quando puder, por exemplo, legitimamente deixar claro o valor de um filho para seu pai — uma batalha que o filho pode ter travado a vida inteira —, você conquistará a lealdade desse filho para sempre. Os membros da família precisam de mentores e de uma torcida no local de trabalho da mesma forma que nós precisamos.

Além disso, a maioria dos acionistas familiares tem muito orgulho das suas empresas. Quando algo negativo surge na família, você pode estimular neles a lembrança da grandeza da família. Se o fizer com respeito genuíno pelo legado da família, você trará grandes avanços, ajudando-os a superarem suas diferenças imediatas.

Use externos imparciais

Supervisionar um membro da família subordinado a você ou lhe fornecer feedback pode ser complicado numa empresa familiar, afinal a pessoa que você está avaliando pode se tornar seu chefe um dia. Instintivamente, sua reação pode ser recuar e dizer a verdade, mas com delicadeza. De fato, cautela é a melhor resposta; é preciso lidar com a realidade da dinâmica de poder em jogo. Procure oportunidades para tornar seu feedback independente da sua posição e confidencial de verdade. Incentive sua empresa a realizar avaliações 360° usando um contribuidor externo. Ou encontre um intermediário honesto — por exemplo, um membro externo de confiança do conselho —, que possa fazer críticas construtivas aos membros da família na empresa sem arriscar sua carreira.

Uma das situações mais difíceis é quando um funcionário não familiar tem uma reclamação genuína contra um familiar que *de facto* recebe proteção graças à falta de canais formais (ou informais) para lidar com a situação. Imagine por um instante o que acontece quando um funcionário não familiar

Trabalhar em uma Empresa Familiar

com uma reclamação a fazer se volta para o chefe da empresa, que por acaso é o pai dessa pessoa que cometeu um delito terrível. Esta situação ocorreu na família de um cliente nosso, cujo filho estava abordando várias funcionárias com comentários inapropriados e sexuais. Nesse caso, o poder do executivo externo era limitado demais para que desse fim à situação. Foi necessário um consultor de fora (que foi abordado por funcionários não familiares em particular) para intervir, expor o problema e interromper o assédio. Outro grupo de executivos não familiares com quem já trabalhamos se reuniu para informar ao chefe sobre o mau comportamento de um familiar. Em casos extremos, já houve alguns grupos de executivos que ameaçaram se demitir em massa se a família não lidasse com o membro em questão. Coletivamente, executivos não familiares de confiança têm poder de verdade.

Conheça seus limites genéticos

Por fim, para ter sucesso em uma empresa familiar, você deve ter uma noção realista da sua carreira. Mesmo o mais habilidoso na política de escritório não conseguirá o cargo mais alto se a fila para a liderança incluir um membro da família destinado a assumir o cargo de CEO. Não leve para o lado pessoal, o problema não é você. Nessa situação, você não é membro do "clube dos genes sortudos" e precisa ser sábio o suficiente para reconhecer esse fato. Pense sempre na árvore genealógica e na dinâmica familiar ao considerar seu rumo profissional.

Em uma empresa familiar, lidar bem com a política de escritório significa ter a humildade — e a astúcia — para colocar a família em primeiro lugar. Dito isso, ser um funcionário de confiança nesse ambiente pode proporcionar uma carreira extremamente satisfatória. Por exemplo, a cultura da empresa pode muito bem priorizar funcionários e clientes fiéis em detrimento da pressão de crescimento em curto prazo. E, em vez de trabalhar para uma empresa focada em aumentar lucros a cada trimestre, talvez você até goste de atuar em um negócio guiado por valores familiares, cuja filosofia pode, por sua vez, tornar seu trabalho mais significativo. Funcionários antigos podem ter carreiras gratificantes em uma empresa familiar, desde que entendam as regras não ditas.

Harvard Business Review – Manual de Empresas Familiares

Resumindo

○ Seja você um membro da família, um parente por afinidade ou um não familiar, trabalhar em uma empresa familiar traz recompensas e desafios distintos. Quando você está preparado para o sucesso, esta parceria oferece uma oportunidade incrível para uma carreira gratificante com um impacto descomunal na empresa. Quando não, as consequências podem atingir sua vida profissional e pessoal.

○ Como familiar, não deixe de se esforçar antes de ingressar na empresa. Pense nisso como uma mudança na carreira, não como um pedido de emprego, pois não é fácil sair do negócio depois de entrar. Você não pode mudar sua família, só pode controlar sua escolha profissional. Portanto, escolha com cuidado e colete informações e experiência externa suficientes para ingressar na empresa com confiança.

○ Como parente por afinidade, você precisa aceitar que nem faz parte da família, nem está totalmente separado dela. Portanto, administre sua carreira com cuidado. Garanta que seu cargo seja algo real baseado na sua experiência anterior antes de se comprometer. Seja estratégico quanto ao tipo de função que for assumir no negócio e à pessoa a quem estará subordinado. E esteja preparado para ir embora se não estiver dando certo. Mantenha um bom *network* fora da empresa, tanto para estimular seu desenvolvimento quanto para manter portas abertas.

○ Como membro da família ou parente por afinidade, você sempre será vigiado de perto. Qualquer coisa que diga ou faça — ou deixe de dizer ou fazer — será ampliada por causa da sua proximidade com os proprietários. Por conta dessa conexão, será muito mais difícil conseguir um feedback sincero. Procure maneiras de obtê-lo, como avaliações 360° anônimas.

○ Se você é um externo na família, lembre-se de que a confiabilidade é um dos atributos mais valiosos dentro de uma empresa familiar. Demonstre sua competência, assim como sua discrição. E escolha suas batalhas com cuidado. Em caso de dúvida, fique na Sala da Gestão, longe da mira dos desentendimentos familiares.

10.

Política de Emprego Familiar

Omar estava agoniado com a possibilidade de ingressar na empresa de escadas e andaimes da família, que tinha cinquenta funcionários. Durante as férias do ensino médio e da faculdade, ele havia trabalhado no negócio fundado pelo avô, mas não se sentia pressionado a construir sua carreira ali. Então, seguiu seus próprios sonhos durante anos, trabalhando como editor de jornal. Mas depois que seu filho nasceu, Omar decidiu que era hora de se estabelecer no legado da família. Não só porque isso significaria um horário mais saudável e um salário melhor, mas também porque ele estava entusiasmado em ajudar o pai e a tia a administrar o negócio.

Quatro dolorosos anos depois, Omar reconheceu que havia cometido um erro. Em retrospecto, a família nunca chegou a descobrir como trazer os familiares para a empresa, e com certeza não achara um jeito de os preparar para o sucesso. "Mesmo quando eu trabalhava lá no verão", Omar nos contou, "meu avô me apresentava às pessoas dizendo: 'Este é meu neto. Ele começou a trabalhar aqui agora. Não faço ideia do que faz.'"

Quando começou a atuar em tempo integral, os funcionários da empresa presumiram que ele era o futuro proprietário e o suposto número dois da empresa. Mas Omar não conseguia chegar a um consenso sobre seu cargo, suas responsabilidades ou sua autoridade na tomada de decisões. Ele nunca nem conseguiu um cartão de visitas por causa do desacordo sobre seu título. Ganhava melhor do que como editor do jornal, mas o valor não era tão alto quanto havia imaginado.

"Fiz muitas vendas", ele disse, "mas nunca recebi aumento. Acho que ficava pensando: 'Sou um futuro acionista. Vou me beneficiar no futuro.' Mas eu tinha vontade de dizer: 'No longo prazo, vou me beneficiar de qualquer forma, trabalhando aqui ou não. Isso não é justo!'"

Depois de várias brigas sobre o trabalho, tanto Omar quanto o restante da família na empresa ficaram desapontados por seu trabalho não ter dado certo. As discussões familiares se transformaram em uma espiral de conflitos cada vez pior.

"Eu ficava pensando, eles não vão me demitir, né? Mas isso não quer dizer que não discutimos de novo e de novo. Foi estressante." Por fim, sentindo-se desvalorizado, Omar pediu demissão. "Esse trabalho nunca foi minha paixão", ele nos contou. "Trabalhei muito, mas lá no fundo, sempre soube que aquele não era o meu lugar." Ele levou anos para consertar os danos em suas relações familiares.

Para muitos proprietários de empresas familiares, ver um filho (ou outro parente) prosperando na empresa é uma das maiores recompensas que se pode ter. Afinal, quem se importará mais com o sucesso da empresa do que um familiar que um dia poderá ser o proprietário?

Entretanto, é complicado ter parentes trabalhando na empresa familiar. Todos os membros da família têm direito a um emprego? Quais as condições envolvidas? Eles precisam ser qualificados ou recebem tratamento especial? Haverá alguém para supervisionar e estimular suas carreiras? Os cônjuges devem ser bem-vindos para trabalhar na empresa? E se alguns familiares se dedicarem de corpo e alma ao emprego enquanto outros tiram proveito de sua posição e mal aparecem para trabalhar? O que acontece se nada der certo? A contratação de familiares pode desencadear muitos

Política de Emprego Familiar

problemas — ligados a justiça, legado, favoritismo —, bem como provocar o desejo primordial dos pais de ajudarem os filhos ou, ao mesmo tempo, de impedi-los de se tornarem mimados.

Mas os riscos não precisam impedir sua família de tentar a sorte. Ao criar e implementar uma política de emprego familiar, os líderes conseguem promover um relacionamento saudável entre a empresa e os parentes que lá trabalham.

Como discutimos no Capítulo 4, as políticas estabelecidas permitem que as famílias decidam previamente questões que podem acabar sendo controversas e causando danos irreparáveis ao negócio, à família ou a ambos. Uma política cuidadosa de emprego familiar não só ajuda a evitar esse destino, mas também os prepara para o sucesso. Além disso, ela pode ajudar a garantir transições geracionais bem-sucedidas no futuro. Não importa o tamanho do seu negócio. As empresas familiares — tenham dez ou dezenas de milhares de funcionários — vêm se beneficiando de tal política.

Muitas estabelecerão algum tipo de diretriz de contratação de familiares, que com frequência se concentra exclusivamente em como e quando os membros da família podem ser trazidos para o negócio. Mas geralmente param por aí. Em vez disso, uma boa política de emprego familiar deve abordar seis decisões importantes ao longo do processo:

1. Como atrair grandes talentos da família para serem funcionários da empresa familiar, caso queira contratá-los.

2. Quais são a experiência, as conquistas e as habilidades exigidas para que um membro da família entre no negócio.

3. Qual será o plano de carreira para o familiar após seu ingresso na empresa.

4. Como um membro da família recebe feedback e se desenvolve como funcionário.

5. Como determinar a remuneração dos familiares de acordo com seus cargos — não com suas posições como sócios ou diretores.

6. Como os membros da família, incluindo o patriarca ou matriarca, que estão envelhecendo, deixarão a empresa.

Harvard Business Review – Manual de Empresas Familiares

Para cada um dos seis componentes-chave da abrangente política de emprego familiar mencionada, abordaremos a gama de opções que vimos em empresas familiares ao redor do mundo e resumiremos seus prós e contras. Dê uma olhada em cada uma das listas para ter uma ideia rápida de quais questões sua família deve considerar ao criar a política certa que corresponda aos seus valores e prioridades. No fim deste capítulo oferecemos um quadro resumido que pode ajudá-lo a identificar quais escolhas já fez e quais elementos deveria estar considerando.

Decida como atrair os talentos da sua família

A primeira questão é como sua família se posiciona para atrair ativamente familiares para trabalharem no negócio. No exemplo de Omar, os membros da família não foram encorajados nem desencorajados a ingressar na empresa. Ele mesmo tomou a iniciativa quando precisou de um estilo de vida melhor, que apresentasse horários mais estáveis, já que tinha acabado de se tornar pai. As famílias devem decidir se desejam atrair intencionalmente seus membros talentosos para a empresa. Caso contrário, além da possibilidade de criar falsas expectativas, podem estar negligenciando o que pode ser a melhor fonte de talento e comprometimento em longo prazo. O quanto elas incentivam os familiares a procurarem empregos na empresa deve ser uma decisão alinhada com as outras políticas e prioridades definidas na empresa familiar.

Algumas famílias deliberadamente desencorajam ou não se manifestam sobre a questão de atrair familiares para a empresa — e é melhor não atraí-los se não houver vagas para eles. Por outro lado, outras criam oportunidades de estágios formais durante o ensino médio e a faculdade como um jeito de expor a próxima geração ao negócio. Se tal abordagem apoiar as prioridades da sua família, será possível atrair os melhores e mais brilhantes da geração seguinte, cultivando seus interesses e talentos desde cedo. Ademais, as regras explícitas e estratégias de recrutamento trazem o benefício de esclarecer quaisquer vieses de contratação implícitos (por exemplo, questões de gênero) que seu sistema possa ter. Muitas vezes, discussões sobre a deci-

Política de Emprego Familiar

são de *atrair* criam políticas mais inclusivas para familiares qualificados. A lista a seguir descreve as maneiras pelas quais algumas famílias atraem ou desencorajam o talento familiar de ingressar na empresa:

- **Desencorajar:** a geração mais velha desencoraja ativamente a próxima geração de trabalhar na empresa.

- **Não se manifestar:** os membros da família não conversam com a próxima geração sobre a contratação de familiares. Em vez disso, eles a incentivam a encontrar suas paixões, mas evitam tratar a empresa da família como um lugar onde possam encontrá-las. A família não oferece garantias de empregos no negócio.

- **Escolher a dedo:** sem usar nenhuma política geral, os proprietários da geração sênior escolhem a dedo os familiares para ingressarem nas partes da empresa que controlam.

- **Publicar regras:** a família publica algumas regras gerais sobre a contratação de familiares, mas não recruta ativamente a próxima geração.

- **Recrutar:** a família identifica e recruta familiares para a empresa. Cria experiências como estágios de verão, que geralmente são programas familiares coordenados, para aumentar o interesse desses parentes.

Crie regras para a entrada de funcionários familiares

A família de Omar não tinha estabelecido regras sobre as experiências que lhe seriam necessárias antes de entrar na empresa. Essa falta de diretrizes, em parte, tornou confuso seu papel no negócio. Durante nosso trabalho com famílias do mundo todo, vimos uma grande variedade de regras de entrada, como:

- **Ninguém entra:** ninguém da família pode trabalhar na empresa. Esta regra evita o conflito que pode advir da presença de familiares no negócio. Porém também tende a desencorajar uma conexão emocional com a empresa e pode levar a acionistas desengajados no futuro.

Harvard Business Review – Manual de Empresas Familiares

- **Teto de vidro:** os membros da família podem trabalhar na empresa, mas não podem ascender aos cargos executivos mais altos, que, por sua vez, são reservados a não familiares. Muitas vezes, essa regra é aplicada para evitar conflitos na Sala da Gestão que possam se espalhar para as da Família e dos Acionistas. Ela costuma ser instituída como reação a uma situação passada em que uma pessoa monopolizou o poder.

- **Igualdade de tratamento:** os familiares podem procurar emprego pelo mérito das próprias habilidades, talentos e conquistas, da mesma forma que qualquer outro funcionário faria. Eles são contratados para empregos reais e não recebem oportunidades ou acomodações especiais.

- **Nível elevado:** os membros da família têm permissão para trabalhar na empresa, mas serão cobrados em um padrão mais alto do que os externos se quiserem se qualificar para um cargo na empresa.

- **Todos entram:** qualquer familiar que deseja um emprego na empresa familiar tem direito a ocupá-lo (ou, em alguns casos, é esperado que todos trabalhem na empresa).

Essas políticas representam um espectro das práticas familiares, mas qualquer um dos extremos — ninguém entra ou todos entram — pode ser preocupante. Por exemplo, é raro as pessoas prosperarem quando suas funções foram criadas só para lhes proporcionar um salário. Esses acordos abertos também são frequentemente suscetíveis a todos os tipos de exploração em potencial. Aquele familiar que não trabalha direito pode gerar ressentimento tanto entre os que trabalham duro quanto entre os estimados funcionários não familiares. Algumas famílias não permitem que a geração mais nova sequer contemple outras opções de carreira, obrigando os jovens a ingressar na empresa: "Se você é bom em matemática, vai ficar na contabilidade. Se for bom com pessoas, entrará em vendas" e assim por diante.

No outro extremo, há as famílias com políticas rígidas que não permitem a entrada de nenhum de seus membros, criadas para evitar o estresse familiar, que podem acabar deixando de contratar funcionários talentosos e altamente motivados. Outras proíbem especificamente os parentes por afinidade de ingressar nos negócios, mas permitem que os descendentes da linhagem o façam. Em alguns casos, embora não haja uma política explícita contra a entrada de mulheres na empresa, existem normas culturais ou expectativas que, debaixo dos panos, criam uma barreira de gênero.

As políticas de entrada mais bem-sucedidas têm regras e limites claros que incentivam os familiares *talentosos e interessados* a se envolverem e crescerem com a empresa. Já vimos vários que optaram por ingressar em seus negócios familiares e prosperaram sucessivamente. E, o que talvez seja igualmente importante, vimos as empresas se beneficiarem de forma clara desses talentos. Ter muitos funcionários familiares constrói uma conexão vitalícia com a empresa e um tipo de comprometimento que só vem com a propriedade. Embora tenhamos visto o nepotismo desqualificado dar errado, não há nada mais poderoso que um negócio liderado por um familiar qualificado.

Estruture as carreiras dos funcionários familiares

Uma das constantes frustrações de Omar em relação ao seu posto na empresa familiar era a falta de clareza sobre o cargo que ocupava (daí o impasse dos seus cartões de visita) e aonde esse caminho o levaria. Os líderes empresariais inteligentes muitas vezes acabam não pensando com cuidado em planos de carreira para os membros da família. Eles acham que os funcionários familiares podem ir improvisando depois de ingressarem. Ironicamente, esses geralmente recebem *menos* orientação ou apoio do que os outros funcionários.

O erro mais comum nas empresas familiares, no entanto, é colocar um membro da família em um cargo muito além da sua competência. Por exemplo, jogar alguém no posto de, digamos, chefe de marketing porque a pessoa sabe mexer nas redes sociais, ou nomear fulano como diretor de tecnologia porque ele "sempre amou computadores", quando, na realidade, essas pessoas não têm experiência no mundo real — tais jogadas podem levar esses familiares ao fracasso desde o início.

Harvard Business Review – Manual de Empresas Familiares

Como seu negócio cuidará das carreiras dos membros da família? Apresentamos cinco modelos comuns de planos de carreira que são seguidos por muitas empresas familiares:

- **Indefinido:** você pode ingressar na empresa, mas sem ter uma carreira definida. "Nós vamos dar um jeito. Quem sabe."

- **Silos dos parentes:** os familiares serão contratados pela divisão que um de seus pais (ou um de seu ramo familiar) controla e lá permanecerão. Se o pai dirige a manufatura, por exemplo, é aí que eles encontrarão oportunidades. Nunca sairão de seu silo familiar, e as promoções dependerão inteiramente da decisão paterna.

- **Plano de carreira da empresa:** os familiares serão tratados como qualquer outro recém-contratado, colocados em cargos apropriados e promovidos de acordo com as mesmas diretrizes que são aplicadas a todos os outros funcionários. Não há garantias de que receberão algo além do padrão da empresa.

- **Caminho personalizado para a família:** os familiares terão todas as oportunidades para serem bem-sucedidos, mas não há garantia de sucesso. Se tudo der certo, eles podem contar com promoções para o nível mais alto que esteja ao alcance de suas habilidades e motivação. Alguns chamam esse caminho de "fazer o melhor uso possível dos familiares".

- **Escada rolante executiva:** se um familiar ingressa, ele pode contar com uma passagem fácil para os altos escalões executivos. Será promovido depressa e tratado como um caso especial. Pode "falhar" no caminho até o topo, enfrentando poucas ou nenhuma consequência.

Normalmente, faz sentido encontrar uma maneira de oferecer aos familiares um plano de carreira claro, apoiando-os, mas deixando claro que precisam conquistar suas promoções ao longo do tempo. Trazer um membro da família sem mérito para a suíte executiva às pressas raramente compensa para o funcionário ou para a empresa. Isso pode ser uma receita para o ressentimento, a perda de funcionários não familiares leais e, por fim, o fracasso.

Política de Emprego Familiar

Planeje feedbacks e desenvolvimento para funcionários familiares

Durante seu mandato de quatro anos na empresa familiar, Omar nunca recebeu um feedback. Ele tentou aprender com seus erros, mas raramente sabia onde tinha errado. A falta de uma avaliação sincera e construtiva também afeta de maneira negativa outras famílias com boas intenções. Os familiares, subordinados diretos dos pais, nunca recebem feedback construtivo ou, pior ainda, não são responsabilizados por seus erros e más decisões. Quando alguém da família é ignorado ou mimado apesar de apresentar baixo desempenho, e quando os funcionários não familiares têm medo de se expressar, danos irreparáveis podem ser causados à empresa e à família. Portanto, o negócio deve incorporar deliberadamente feedbacks ao plano de carreira dos familiares que nele trabalham. Os membros da família *são* especiais, o que é, ao mesmo tempo, bom e ruim. A questão é: como garantir que recebam feedback genuíno e construtivo durante seu tempo de trabalho no negócio?

A maioria das famílias lidam com o feedback e o desenvolvimento de uma das cinco seguintes maneiras:

- **Ignorar:** o membro da família não receberá nenhum feedback formal e pouco feedback informal ou outro tipo de atenção.

- **Tratar o familiar de acordo com a política da empresa:** o familiar receberá feedback da mesma forma que todos os outros funcionários.

- **Complementar à política da empresa:** os membros da família receberão feedback e treinamento além do normalmente fornecido. O processo muitas vezes é liderado por conselheiros independentes, uma empresa externa ou um coach que consiga ajudar aqueles que fornecem feedback.

- **Provar seu valor:** os funcionários familiares enfrentarão uma série de desafios empresariais muito difíceis, que deverão superar para demonstrar seu valor. O único feedback que recebem é outro desafio hercúleo.

- **Mimar:** o membro da família recebe pouco feedback, e seus erros são tolerados mesmo conforme a pessoa é promovida.

Harvard Business Review – Manual de Empresas Familiares

As famílias mais bem-sucedidas criam alguma versão de uma abordagem avaliativa complementar, como um sistema de avaliação 360° anônimo no qual o chefe, os colegas e os subordinados diretos dos familiares avaliam seu desempenho. Caso contrário, eles não recebem um feedback de verdade sobre seu desempenho. Mimar, conforme discutimos no quadro "Você está mimando seu familiar?", é o caminho mais destrutivo de todos.

Você está mimando seu familiar?

Aqui está um teste rápido para indicar se você tem um plano de carreira saudável para os seus familiares ou se corre o risco de empoderá-los demais. Se você responder "sim" a pelo menos três das perguntas a seguir, é provável que esteja encobrindo, favorecendo, superprotegendo — em suma: mimando — seu familiar:

1. Algum membro da família só trabalhou exclusivamente na empresa familiar?

2. Ele sempre esteve subordinado ao controle dos pais durante a maior parte ou toda a carreira?

3. Nunca recebeu feedback formal sobre o próprio desempenho?

4. Ele recebe um valor significativamente acima da média salarial do mercado pelo cargo? Essa remuneração não está vinculada ao seu desempenho?

5. Ele foi promovido para um cargo além das suas capacidades?

6. Seu comportamento costuma ultrapassar o que é aceitável de acordo com os valores da empresa?

Se tiver percebido que respondeu "sim" para várias dessas perguntas, você pode estar em perigo. Aqui estão algumas questões a serem consideradas pelos envolvidos.

Política de Emprego Familiar

Pais excessivamente indulgentes

Os proprietários familiares precisam ajeitar as coisas. Esse dever geralmente envolve adotar um sistema baseado no mérito – com cuidado e justiça. Isso não é fácil de implementar. Alterar políticas de contratação de familiares, muitas vezes antigas e implícitas, pode ser perturbador para a família, mas essa mudança é necessária se quiser parar de prejudicar seus negócios. Nas empresas familiares, aplicar sistemas baseados no mérito significa que os membros da família competirão com funcionários não familiares pelos cargos e que receberão feedback complementar para garantir que aprendam e cresçam. Se a sua empresa tiver um conselho com conselheiros externos, considere envolvê-los na delicada tarefa de compor um feedback honesto e entregá-lo aos funcionários familiares.

Indivíduo mimado

Você precisa sair da zona controlada por seus pais. Devido ao tratamento especial que recebe, é provável que você esteja em uma função que exija mais competência do que tem agora. Trabalhar em um cargo que está além de suas capacidades não é bom, nem para a empresa nem para você. Ser mimado continuamente é tóxico para o seu senso de realização e autoestima. Encontre uma parte do negócio em que você possa empregar seus talentos, uma área pela qual seja apaixonado. Ou tire uma licença e trabalhe em outra empresa. Onde quer que você vá, leve o propósito de buscar um feedback mais honesto.

Funcionário não familiar

Você está em uma situação difícil. Fornecer feedback sincero para o indivíduo mimado ou sobre ele pode fazer com que você seja demitido. Porém nem tudo está perdido. A maioria das empresas familiares tem funcionários antigos que conquistaram a confiança profunda dos líderes ao longo de várias décadas. Se você é uma dessas pessoas, pode estar em uma posição única para apontar com cuidado a necessidade de agir. Se não estiver nessa posição, procure aqueles que estão e compartilhe suas preocupações. Ao conversar com eles, enquadre sua fala como uma preocupação com a saúde da empresa e do indivíduo no longo prazo.

Harvard Business Review – Manual de Empresas Familiares

Remunere os funcionários familiares

Embora Omar ganhasse melhor na empresa da família do que no emprego anterior, ele não tinha ideia de como os aumentos ou bônus aconteceriam no futuro. A remuneração dos familiares na empresa é um assunto complicado. Será que a família deve receber tratamento especial quando se trata do salário referente ao trabalho que está fazendo? Em alguns negócios, os membros da família recebem pagamentos surpreendentemente generosos, que praticamente não contam com nenhuma exigência profissional equivalente. Em outras, eles não são tratados de maneira diferente no âmbito financeiro — e, às vezes, recebem até um tratamento mais severo — do que qualquer funcionário recém-contratado. Nenhum dos extremos é saudável para os envolvidos, e ambos os lados podem gerar ressentimento, ciúme e tensão familiar.

Ao decidir sobre a remuneração dos membros da família que trabalham na empresa, você deve se basear nas *funções que eles exercem como funcionários*, não como futuros acionistas ou diretores da empresa. Seu salário não deve ser reduzido hoje porque "um dia, os funcionários familiares irão se beneficiar do sucesso desse negócio que estão construindo como proprietários". Em vez disso, eles têm o direito de levar para casa uma remuneração justa, a mesma que qualquer outro contratado receberia nesse cargo. Esse pensamento de remuneração diferida costuma ser um legado da filosofia do fundador — os empreendedores tendem a receber pouco ou nenhum salário quando estão fundando o negócio, em parte porque sabem que estão construindo patrimônio para si mesmos. Porém, depois da geração do fundador, é injusto não pagar os familiares pelas funções empresariais que estão desempenhando, até porque os sócios que não trabalham na empresa se beneficiam do trabalho mal remunerado dos que estão nela. Também é necessário se atentar aos jogos de poder psicológico que se fazem presentes por meio de decisões de remuneração. Não é incomum que os patriarcas ofereçam remunerações intermitentes aos familiares para enfatizar quem realmente está no controle, por exemplo.

Então como a remuneração deve ser tratada? Temos visto cinco modelos de remuneração típicos em empresas familiares:

Política de Emprego Familiar

- **Pegue o que precisar:** os familiares não têm remuneração definida, mas podem pegar o que precisarem da empresa para pagar suas contas ou financiar seus estilos de vida. Espera-se que os membros da próxima geração abordem a geração sênior e peçam mais dinheiro quando precisarem.

- **Mercado:** todas as remunerações estão de acordo com a média do mercado. Definimos "mercado" como a remuneração que a empresa pagaria a um funcionário não familiar igualmente qualificado. Os consultores de remuneração podem fornecer remunerações em quase todos os cargos.

- **Abaixo do mercado:** toda remuneração (salário, benefícios, bônus) está abaixo da média do mercado. Essa abordagem se dá com frequência nos cargos de nível júnior das empresas familiares como uma espécie de teste para confirmar se os membros da família estão entrando no negócio pelas razões certas. É comum que a remuneração abaixo do mercado seja usada como um processo de eliminação. Segundo essa dinâmica, somente se os familiares souberem que não receberão pacotes especiais de remuneração é que serão sinceros sobre sua vontade de ingressar no negócio.

- **Acima do mercado:** a remuneração está acima da média do mercado. Algumas empresas familiares pagam melhor para atrair membros da família que podem já ter recebido oportunidades de carreira com melhores salários em outros lugares. Se você administrar uma empresa de fundição em Indiana, por exemplo, talvez precise pagar mais do que estaria disposto a pagar para recrutar funcionários não familiares para atrair sua filha, que trabalha em uma importante empresa de consultoria em Chicago. Outros enxergam a remuneração acima do mercado como "salário de incentivo" como reconhecimento de que trabalhar em uma empresa familiar traz muitas complexidades fiscais adicionais. Alguns esperam receber mais para compensar a carreira de que abriram mão para ingressar no negócio da família.

- **Tudo igual:** a remuneração é igual para todos os familiares, independente do seu esforço ou conquistas. Essa abordagem pode ser adequada quando todos os acionistas estão trabalhando no negócio e contribuindo mais ou menos igualmente, mas, em geral, deve ser evitada, porque combina remuneração de propriedade e administrativa.

Harvard Business Review – Manual de Empresas Familiares

Ser um funcionário familiar pode ser mais difícil do que os outros imaginam, e tanto a remuneração adequada ao mercado quanto a acima do mercado costumam funcionar melhor. Seja qual for a sua decisão, comece separando as funções de gestão daquelas de propriedade e remunerando os funcionários da família de acordo com a função que exercerão, não com sua posição atual ou futura como acionistas.

Prepare um plano de saída para os funcionários familiares

Como Omar percebeu, muitas vezes, é mais fácil ingressar em uma empresa familiar do que sair dela. Talvez o tópico mais delicado de todos seja a saída de um familiar da empresa, intencionalmente ou não, e os termos envolvidos no processo. Um membro da família que sai da empresa enfrenta riscos enormes, colocando em jogo não só seu trabalho, mas também sua relação com a família. Como lidar com a decisão do momento e da forma de um parente deixar o negócio? É preciso se planejar para esta eventualidade. Sua família precisa antecipar a separação dele da empresa e estabelecer com antecedência as regras para essa saída. Uma boa política de desligamento pode parecer um acordo pré-nupcial: é difícil falar sobre o assunto, mas é muito melhor você preparar tudo antes que o momento de necessidade chegue. Se ambos os lados conhecerem as regras, o afastamento da empresa será muito mais fácil — e, potencialmente, salvará as relações familiares no futuro.

Como sua família lida com a saída de familiares da empresa? Os modelos mais comuns que temos visto são:

- **Se o desempenho cair, a demissão é certa:** se um membro da família tiver um desempenho consistentemente inferior (ou se comportar mal), será convidado a sair.

- **Crescer ou sair:** os membros da família devem ser promovidos dentro de um prazo determinado ou serão desligados.

Política de Emprego Familiar

- **Função adequada:** os membros da família poderão ascender ao nível mais alto de sua área de competência e, presumindo que apresentem alto desempenho, poderão permanecer nela ao longo da carreira. Essa abordagem é semelhante ao tratamento recebido pelos funcionários não familiares.

- **Emprego vitalício:** os membros da família têm o direito de definir um cargo e continuar nele, independentemente do seu desempenho.

- **Todos para o topo:** os membros da família ocupam os cargos mais altos na gestão, independentemente do desempenho, e permanecem neles durante toda a carreira.

Decidir o momento e a forma da saída dos familiares da empresa pode ser a escolha do âmbito emocional mais difícil de todas. Os membros que são convidados a sair (ou que saem por conta própria, mas a contragosto) podem se sentir como se tivessem sido convidados a deixar a própria família. Funcionários familiares que deixam o negócio podem levar até cinco anos para retomar as relações normais com a família.

A empresa deve desenvolver um tipo de indenização compensatória para esses funcionários. É melhor não negociar a licença durante o calor do momento da saída de um membro da família. Esses pacotes costumam incluir uma indenização generosa, aconselhamento de carreira e opções ponderadas sobre possíveis contribuições da pessoa que está saindo para as Quatro Salas. É difícil, mas possível, substituir um familiar sem causar danos duradouros à família, mas só se o afastamento for feito do jeito certo. Veja o quadro "E se não der certo? Você deve demitir seu pai?"

Elabore sua política de emprego familiar

Agora é hora de avaliar e construir sua política de emprego familiar. Você já tem alguma em vigor, seja formal ou informal? Ela está atendendo bem a sua família? Está atualizada, levando em conta as complexidades dos interesses da família em trabalhar na empresa? Você já abordou todas as conjunturas de carreira importantes?

Harvard Business Review – Manual de Empresas Familiares

Refletir sobre sua própria política pode ser um processo em duas etapas. Primeiro, use a Figura 10-1 para identificar sua atual política, implícita ou explícita. Reserve um momento para revisar a gama de opções para cada categoria que discutimos neste capítulo. Onde as suas políticas familiares se enquadram? Circule as categorias que mais se assemelham ao que você tem agora. Não há problema em marcar mais de um se seu modelo não estiver claramente inserido em uma única categoria. Analisando todas elas, a soma das suas escolhas representa as políticas e os valores de contratação de familiares que você deseja?

E se não der certo? Você deve demitir seu pai?

Como irmãos, Bruce e Mark eram inseparáveis — cresceram juntos, com apenas catorze meses de diferença. Eles assumiram a empresa familiar quando tinham trinta e poucos anos e a desenvolveram com sucesso por décadas, Bruce como COO, e Mark como um CEO que lidava com relações exteriores. Quando Mark morreu de repente, a propriedade mudou. Bruce, sua filha e seus sobrinhos se tornaram sócios na empresa.

Já que Bruce lamentava a perda e não queria mais responsabilidades, sua filha de 31 anos, Meredith, tornou-se a CEO, tendo o pai e os primos como subordinados. Bruce era um ótimo pai. No entanto, enquanto funcionário, tinha um desempenho baixo. Os produtos não eram enviados no prazo, o moral dos funcionários estava caindo, e as brigas entre pai e filha aconteciam semanalmente. Após dois anos no novo cargo, Meredith chegou à dolorosa conclusão de que Bruce já não estava à altura do trabalho. Ela nos ligou com uma pergunta complicada: "Devo demitir meu pai?"

Os líderes de empresas familiares muitas vezes ficam agoniados, na dúvida se devem permitir que um membro da família permaneça no emprego mesmo quando não está tendo um bom desempenho. Onde colocar o limite entre a vontade de proteger e apoiar os familiares e as decisões implacáveis dos negócios? As repercussões de tal decisão podem ser intensas, familiares demitidos podem guardar rancor por décadas. Quando são desligados do

Política de Emprego Familiar

negócio de um jeito que consideram injusto, eles costumam se afastar das interações familiares por anos, arriscando relações antigas no processo.

Logo, é importante acertar na questão de demitir ou não um membro da família. Mas o *jeito* como isso é feito é igualmente importante. Se todas as partes considerarem o processo justo, você terá a oportunidade de manter suas complexas relações pessoais.

Portanto, recomendamos que planeje e execute um processo justo com cuidado. Pode ser que você precise defendê-lo, bem como seu resultado, para si mesmo e para outros familiares pelo resto da vida. Ele deve incluir:

- **Uma definição clara e por escrito da função e metas de desempenho** que são mutuamente acordadas. É uma conversa estranha de se ter quando seu pai é seu subordinado, mas é necessária. Bruce e Meredith nunca definiram com clareza seu papel ou suas metas.

- **Feedback consistente e sincero por escrito e debatido** por parte do chefe, colegas e subordinados diretos em relação a essas metas de desempenho, o que também é conhecido como avaliação 360°. Bruce nunca teve uma avaliação formal durante toda a carreira. Quando por fim a teve, o feedback não o surpreendeu, mas ele percebeu que não era só Meredith que achava seu desempenho insatisfatório.

- **Uma avaliação gerencial feita por uma empresa independente e especializada.** É fácil encontrar empresas que fornecem avaliações sobre as motivações, habilidades funcionais e aptidões dos funcionários. Esta etapa fornece um meio melhor para entender pontos fortes e fracos. A questão de Bruce acabou se tratando mais de motivação do que de habilidades ou aptidões.

- **Várias conversas sobre desempenho com o familiar, incluindo exemplos específicos de problemas de comportamento e desempenho.** Não espere que só uma conversa seja suficiente para um tópico tão importante. Meredith estabeleceu reuniões mensais com Bruce, nas quais ela compartilhou tanto os elogios quanto as falhas em seu desempenho.

- **Distanciamento da decisão.** Não seja o único responsável pelas decisões. Reconheça que seus instintos gerenciais podem não estar no seu melhor quando se trata de uma decisão tão complexa emo-

Harvard Business Review – Manual de Empresas Familiares

cionalmente. Via de regra, os membros da família são imperfeitos ao julgar o desempenho profissional dos outros familiares. Muitas vezes, a complexidade da relação afeta seu julgamento, que costuma ser claro quando aborda a performance dos outros no trabalho. Meredith contou com a ajuda de seu conselho consultivo nas conversas com Bruce.

- **Uma conversa franca com o familiar sobre o futuro dele.** De acordo com nossa experiência, as pessoas que estão com dificuldades muitas vezes estão cientes disso. Elas podem ignorá-las e seguir em frente por orgulho ou por se sentirem obrigadas, mas isso as desgastará. Bruce sabia que estava tendo dificuldades e, com o tempo, Meredith descobriu que ele também estava aberto à ideia de mudança.

Quando Bruce e Meredith adotaram essa abordagem, ele admitiu que estava infeliz no emprego. Sem seu irmão, percebeu, trabalhar na empresa nunca seria a mesma coisa — e ele estava orgulhoso de como Meredith e seus sobrinhos haviam assumido as rédeas do negócio. Bruce entregou seu aviso prévio para que ele e sua esposa pudessem viajar pelo mundo, coisa que haviam adiado várias vezes. Meredith, por sua vez, instituiu uma política de saída para familiares e uma idade de aposentadoria obrigatória para prevenir problemas futuros.

Não importa a sua decisão, deixe claro qual papel você está desempenhando — gestão, conselho, acionista ou familiar. Além do impacto no negócio, essa atitude pode ajudar a preservar a relação de vocês, mesmo diante de uma situação tão difícil. Meredith não queria mais Bruce como COO, mas certamente queria preservar sua relação com o Bruce pai, com o Bruce membro do conselho e o Bruce principal acionista da empresa. Para citar uma história famosa, um dia, um patriarca de uma empresa familiar, desempenhando seu papel de CEO, disse ao filho que ele estava demitido. Logo em seguida, passou ao papel de pai e disse: "Filho, soube que você acabou de ser demitido. Como posso ajudar?"

Se você ainda não possui nenhuma política em vigor, comece riscando as da Figura 10-1 que não funcionariam para sua família. Depois, circule as que são mais semelhantes às que existem agora no seu negócio, implícita ou explicitamente.

Política de Emprego Familiar

FIGURA 10-1
Política de emprego familiar: seis decisões-chave e suas opções

Atrair:

Desencorajar	Não se manifestar	Escolher a dedo	Publicar regras	Recrutar

Regras de entrada:

Ninguém entra	Teto de vidro	Igualdade de tratamento	Nível elevado	Todos entram

Plano de carreira:

Indefinido	Silos dos parentes	Plano de carreira da empresa	Caminho personalizado para a família	Escada rolante executiva

Feedback e desenvolvimento:

Ignorar	Tratar o familiar de acordo com a política da empresa	Complementar a política da empresa	Provar seu valor	Mimar

Remuneração:

Pegue o que precisar	Mercado	Abaixo do mercado	Acima do mercado	Tudo igual

Saída:

Se o desempenho cair, a demissão é certa	Crescer ou sair	Função adequada	Emprego vitalício	Todos para o topo

Para a segunda etapa, comece a conversar com sua família sobre o que realmente desejam fazer. Vocês podem concordar em estabelecer políticas formais e escritas ou implícitas e precisam pensar e decidir o que é certo para vocês em conjunto. Quem deve decidir? Todas as Quatro Salas devem estar envolvidas, mas a decisão final deve ser tomada na Sala dos Acionistas, pois a política de emprego familiar está ligada aos valores fundamentais da família como proprietária da empresa.

Para muitos líderes de empresas familiares, a maior alegria é ver seus filhos triunfando nos negócios como funcionários. Mas empregar com su-

Harvard Business Review – Manual de Empresas Familiares

cesso a próxima geração pode ser uma tarefa árdua. Como você pôde ver, estamos falando de uma tarefa de liderança muito diferente das encontradas em ambientes corporativos. As recompensas são diferentes e intensas, e os chefes de empresas familiares podem encontrar sentido, dinheiro e orientação por meio de elementos não disponíveis em outros tipos de negócios. Os líderes mais bem-sucedidos que conhecemos são muito sábios em suas escolhas: eles não mimam, mas desafiam. Uma política de contratação de familiares cuidadosa pode ajudá-lo a fornecer aos parentes empregos reais, desafios de verdade e uma oportunidade real para prosperar.

Resumindo

○ As questões relativas à contratação de familiares são algumas das causas mais comuns de conflitos destrutivos nas empresas familiares. Uma política nesse sentido pode ajudar a evitar essas dificuldades e preparar os membros da família para o sucesso.

○ Uma política de contratação de familiares eficiente deve abordar não apenas os critérios para entrar no negócio, mas também cada elemento importante presente no trabalho em uma empresa familiar. Em especial, é preciso abordar seis dimensões:

- Como, ou se, você deseja atrair familiares para a empresa.

- Quais serão as regras de entrada para quem quer ingressar.

- Qual será o plano de carreira dos familiares uma vez que entrem na empresa.

- Como fornecer feedback e desenvolvimento aos funcionários familiares.

- Quais serão as políticas de remuneração para funcionários familiares.

- Como abordar a saída de funcionários familiares que não estejam atingindo as metas propostas.

○ O processo de construção de uma política de emprego familiar deve ser colaborativo entre as Quatro Salas, mas a decisão final deve ser tomada na Sala dos Acionistas.

11.

Como Ser Responsável ao Administrar o Patrimônio da Sua Empresa Familiar

Como um membro da família de 38 anos que trabalha na empresa familiar de móveis, Judy sabia que mais de 90% do seu patrimônio pessoal estava vinculado ao negócio, que vinha tendo grande sucesso, gerando riqueza para toda a família. Mas as pessoas começaram a fofocar que Judy será a próxima líder da empresa, e agora, esse patrimônio pode ser sua responsabilidade direta em breve. O que fazer para continuar a aumentá-lo, garantindo que ela não "estrague" três gerações de sucesso? Será que o foco de Judy deveria ser em continuar gerando bons dividendos para a família em vez de investir em inovações que podem ou não valer a pena? Será que se endividar para ajudar a expandir os negócios é algo a considerar ou ela deveria apenas manter o modelo conservador da empresa? Judy não quer

Harvard Business Review – Manual de Empresas Familiares

arruinar o que as gerações anteriores trabalharam tanto para construir. A responsabilidade pesa em seus ombros.

Sua empresa familiar tornou, ou, com sorte, tornará, sua família rica. A ideia de que possam ser tão bem-sucedidos que fiquem financeiramente independentes, capazes de sustentar várias gerações e oferecerem benefícios aos parentes faz parte da maravilhosa recompensa de construir uma empresa familiar.

Este capítulo trará conselhos sobre uma questão de peso: como ser responsável ao administrar o patrimônio da sua empresa familiar. Embora não existam fórmulas certeiras para o sucesso, as famílias empresárias sempre têm dificuldades com três questões:

1. Como proteger a galinha dos ovos de ouro?

2. Como construir um portfólio que dure gerações?

3. Como preparar a família para administrar o patrimônio com responsabilidade?

Existem muitos conselhos sobre como lidar com a riqueza no geral (consulte "Leitura Adicional" para alguns dos melhores), mas administrar o patrimônio de uma empresa familiar, especificamente, não é tão claro. Oferecemos aqui algumas sugestões para lidar com as principais questões.

Proteja a galinha dos ovos de ouro

Muitas empresas familiares se referem ao seu negócio principal como sua galinha dos ovos de ouro. Isto é, não importa o que a família faça, as brigas que tenham, as decisões empresariais que tomem ou o egocentrismo dos familiares, a preocupação primordial da família é evitar prejudicar a empresa.

No entanto, o que não se comenta tanto por ser difícil de analisar de uma perspectiva externa são as estratégias utilizadas pelas empresas familiares para proteger, com responsabilidade, sua galinha dos ovos de ouro. Aqui estão padrões que costumamos ver nessas empresas.

Sobreviva, lucre e, então, cresça

Certa vez, estávamos ajudando uma líder da próxima geração de uma empresa familiar com uma estratégia de crescimento para sua construtora na Flórida, e seu pai, o patriarca, chamou-nos em seu escritório. Ele pediu que sentássemos e disse: "Vejam, rapazes, não sou contra o crescimento. Mas, primeiro, se certifiquem de que entenderam nossas prioridades. Elas são, em ordem de importância, um: sobreviver; dois: lucrar e, então, três: crescer. Se vocês colocarem o crescimento da receita em primeiro lugar, meus netos podem não ter empresa alguma. Não queremos isso, certo?"

Foi um ótimo lembrete de que o crescimento agressivo da receita sempre traz riscos. Se você deseja que sua família siga sendo proprietária da sua empresa por várias gerações, precisa priorizar a sobrevivência e os lucros em vez de perseguir oportunidades arriscadas de crescimento. Claro que você espera que sua empresa tenha períodos de forte crescimento por muitos anos. Porém, ao contrário dos acionistas de uma empresa de capital de risco, que podem investir em dez negócios, apostando que um, talvez dois, sobreviva mais de cinco anos, você talvez espere que sua única empresa seja "perene" e sobreviva por cem anos ou mais. (Recentemente, vimos um aumento nessa filosofia perene, inclusive grupos como o Tugboat Institute vêm reunindo acionistas com ideias semelhantes, muitos dos quais são de empresas familiares.)

Mantenha a dívida baixa

Quando começamos a trabalhar com empresas familiares, ficamos chocados com o baixo nível de endividamento que apresentam. É comum que tenham dívida líquida zero, ou mesmo negativa, o que significa que o caixa e os equivalentes de caixa de seu balanço excedem todas as suas dívidas. Por exemplo, um cliente mantém dinheiro suficiente no balanço para que o negócio sobreviva por dois anos com receita zero. Essa política vai contra os ensinamentos das escolas de negócios e as práticas de muitas empresas de capital privado — tal dívida é fiscalmente eficiente e uma boa maneira de aumentar o retorno sobre o capital. As empresas familiares que prosperam

Harvard Business Review – Manual de Empresas Familiares

por gerações sabem que alto endividamento pode levar à perda da empresa para os detentores da dívida (ou seja, falência) em algum momento em um prazo de médio a longo. Um estudo global da Standard & Poor's em 2011 mostrou que, durante um período de 10 anos, as taxas de inadimplência são superiores a 50% para empresas com classificações de C a CCC e cerca de 30% para empresas com classificação B. No Capítulo 5, apontamos que seu nível de endividamento é uma escolha clara da sua Estratégia de Acionistas. Entretanto, dívidas demais podem ter consequências existenciais, como a crise econômica da Covid-19 ilustrou para muitas empresas endividadas.

Mantenha a maioria do patrimônio "atrás das cortinas"

Se sua empresa estiver concentrada em uma única indústria, é provável que seja mais volátil do que se você possuir um portfólio diversificado. Embora possa parecer mais racional variar, usando receitas líquidas para enfrentar essa volatilidade, alguns acionistas mantêm seu patrimônio, como dizem, "atrás das cortinas": podem ser ricos no papel, mas seu dinheiro está atrelado aos negócios. É possível investir em capital de giro, em uma fábrica, no terreno em que a fábrica está localizada ou em estoque. Os proprietários adotam essa abordagem por dois principais motivos. Primeiro, com o patrimônio atrás das cortinas, podem usá-lo para investir em ciclos de baixa quando outros sócios não conseguirem, melhorando a própria posição competitiva. Segundo, muitos acionistas acreditam que a riqueza atrás das cortinas deve permanecer lá. Como uma matriarca nos disse: "Você tem uma escolha: viver como rico ou ser rico." O patrimônio líquido é mais fácil de gastar (ou desperdiçar) do que o dinheiro investido na empresa. Com gastos pessoais excessivos, os acionistas aumentam os riscos para a empresa, porque esses hábitos podem se tornar semelhantes às despesas fixas do negócio. Por exemplo, podem fazer hipotecas para imóveis caros e acabar se tornando dependentes das distribuições da empresa para pagar as hipotecas.

Diversificar sua riqueza para o outro lado das cortinas não significa que, automaticamente, você comece a vender alguns dos seus ativos para que possa se divertir gastando o dinheiro (o que é um direito seu). Em vez disso, diversificar para a criação de patrimônio no futuro pode significar investir em *outros* negócios ou veículos de investimento, porém com foco nas aplicações em longo prazo.

Construa um portfólio que dure gerações

Os acionistas bem-sucedidos de empresas familiares multigeracionais raramente dependem de um único negócio para gerar e sustentar seu patrimônio. Isso se deve, em parte, ao ciclo de vida natural de qualquer empresa. Por dez ou mesmo vinte anos, um único negócio pode gerar valor significativo, mas raras são as vezes que isso acontece por várias décadas. Em certo momento, é provável que você precise construir um portfólio. Aqui estão algumas dicas de como fazê-lo de forma responsável.

Aposte nos negócios, não em um negócio específico

Evoluir a partir do legado original da empresa pode ser difícil, porque os proprietários costumam ter uma profunda conexão emocional com ele. A riqueza familiar multigeracional, no entanto, costuma ser criada por meio de um portfólio de negócios relacionados. Um estudo da Shell sobre a longevidade corporativa descobriu que "as empresas tomaram muitas decisões bem-sucedidas quando não estavam presas em um negócio específico e recorreram *aos negócios*, mostrando talentos e recursos que poderiam ser usados de forma lucrativa para atender a uma variedade de necessidades dos consumidores."[1] Essa ideia de estar *nos negócios* descreve com perfeição o funcionamento da maioria das famílias empresárias multigeracionais — elas, de maneira sistemática, muitas vezes ao longo de décadas, estendem-se para negócios adjacentes. Um dos nossos clientes, por exemplo, começou fazendo entregas locais de carvão, mas ao longo das décadas passou a fazer também entrega de óleo combustível, distribuição de gás e lidar com postos de gasolina, lojas de conveniência (com ótimo frango frito) e, recentemente, imóveis. Ao longo do tempo, cada adjacência desempenhou um papel importante na diversificação e crescimento do patrimônio da família.

A criação de um portfólio próspero ocorre em empresas familiares de todos os tamanhos e tipos. Por exemplo, outro cliente nosso ficou conhecido por uma pequena, mas famosa, joalheria em Milão na década de 1960. No entanto, na verdade, a família ganhou mais dinheiro com uma empresa de brindes corporativos e com imóveis na região do negócio principal. Essa combinação provou ser uma abordagem responsável de portfólio para a família em longo prazo.

Crie um portfólio adequado aos interesses dos acionistas

Em empresas familiares multigeracionais, a abordagem de gestão de portfólio precisa mesclar a construção de patrimônio e os valores da sua família. Invista em empresas que vocês desejem administrar em conjunto. Cada família empresária precisa encontrar sua própria combinação, que equilibre sua expressão única de crescimento, liquidez e controle.

Aprendemos uma das nossas abordagens favoritas para portfólios de empresas familiares com uma família muito empreendedora que equilibrou seu interesse pela segurança financeira em longo prazo, o desejo de recompensar as paixões individuais pela construção de empresas e seu apego ao negócio principal. A Tabela 11-1 mostra as quatro categorias de investimento que a família usa para seu patrimônio coletivo, listadas da relação risco/retorno mais alta para a mais baixa.

Cada uma das categorias de investimento tem uma função — tanto econômica quanto familiar. Os investimentos *moonshot*, por exemplo, foram criados para apostar em negócios de alto risco e alto retorno, permitindo que alguns dos membros da família empreendedora seguissem suas paixões. O fundo "furacão" reconheceu a necessidade psicológica da família de apostar em fundos líquidos e emergenciais altamente conservadores, refletindo a dolorosa história deles como refugiados.

Como Ser Responsável ao Administrar o Patrimônio da Sua Empresa Familiar

TABELA 11-1

Categorias de investimentos conjuntos do portfólio de uma empresa familiar de sucesso

Categoria	Objetivo	Exemplos de investimentos
Portfólio *moonshot*	Gerar patrimônio significativo se as apostas valerem a pena.	• Investimentos em startups, principalmente na área de softwares, que é uma paixão de vários familiares
Portfólio básico para construir um patrimônio	Oferecer oportunidades para gerar patrimônio e emprego para os membros qualificados da família.	• Negócios de propriedade e gestão ativa familiar
Portfólio de renda	Fornecer um estilo de vida aceitável, independentemente do destino do portfólio de construção de patrimônio.	• Imóveis nos Estados Unidos e no país natal • Títulos de dívida pública municipal dos Estados Unidos
Fundo "furacão"	Fornecer ajuda emergencial aos membros da família em caso de desastres naturais ou políticos.	• Dinheiro aplicado em diversos países e locais • Ouro físico • Tesouro Nacional dos Estados Unidos

Siga uma política de dividendos

Os proprietários costumam manter a maior parte do ouro atrás das cortinas, mas não todo. Os dividendos podem assumir várias formas:

- **Dividendos regulares:** pagamentos da empresa aos acionistas, proporcionais à propriedade econômica destes na empresa. Os proprietários estabelecem diretrizes, ou uma política, para o cálculo do dividendo anual. O conselho declara o valor exato anualmente.

- **Recompras de ações:** opção de vender um número predeterminado de ações a um preço calculado para a empresa em um período definido. Isso permite que os acionistas que desejam liquidez muito além dos dividendos comuns cumpram seus objetivos (e pode ajudar a evitar que as pessoas se sintam presas) na sociedade. Já trabalhamos com uma empresa de 75 anos que nunca pagou dividendos anuais, mas oferecia um programa de recompra de ações. Um dos acionistas nos contou: "Gostamos que os dividendos não sejam um direito aqui;

Harvard Business Review – Manual de Empresas Familiares

achamos que, para lucrar, devemos sentir um pouco de dor. Vender ações da nossa empresa de sucesso dói."

- **Distribuições especiais:** pagamentos únicos aos proprietários, que os escolhem por várias razões, incluindo situações em que a empresa tem mais dinheiro do que consegue investir com sabedoria.

- **Distribuições de impostos:** pagamentos aos acionistas para cobrir seus gastos com impostos. Essas distribuições refletem a estrutura corporativa e geralmente não são gastas, mas enviadas às autoridades fiscais. Como elas não acabam nas mãos dos proprietários, não as consideraremos na discussão sobre administração de patrimônio.

As decisões sobre dividendos estão entre as mais importantes em uma empresa familiar. Elas afetam a viabilidade em longo prazo do negócio, bem como a cultura da família. A maneira como você trata os dividendos reflete seus valores e pode, portanto, ser uma fonte significativa de conflito. Diante dessa escolha, é preciso considerar o seguinte:

- **Concordar com uma política de dividendos anuais em vez de negociar o valor todos os anos.** As discussões sobre dividendos são cheias de conflitos e podem ser financeira e emocionalmente desafiadoras. É melhor não retomar essa decisão todos os anos, mas, sim, concordar com uma política com antecedência e reconsiderá-la apenas quando as circunstâncias mudarem ou depois de vários anos. Por exemplo, você pode escolher um dividendo anual de 10% do fluxo de caixa livre da empresa.

- **Definir sua política de dividendos de acordo com sua Estratégia de Acionistas.** Mais liquidez significa menos crescimento ou controle sobre a empresa. Crie a política na Sala dos Acionistas e comunique-a, como parte da sua declaração de Estratégia de Acionistas, ao seu conselho de administração. Ele deve basear o dividendo anual, que geralmente é expresso como uma fórmula, nessa política.

- **Tratar seu dividendo como um patrimônio em vez de uma anuidade.** Enquanto o valor das ações sobe e desce, as anuidades permanecem as mesmas ano após ano. A maior parte do pagamento deve estar vinculada ao desempenho da empresa, não a um valor definido anualmente. Uma grande quantia estabelecida cria dependência e desconecta os acionistas do desempenho do negócio. Os familiares devem estar

Como Ser Responsável ao Administrar o Patrimônio da Sua Empresa Familiar

preparados para viver sem dividendos caso a empresa não possa pagá-los sem apelar para medidas extraordinárias, como empréstimos. Alguns acionistas definem um valor mínimo de dividendo que "garante" uma renda relativamente pequena.

- **Ter diferentes níveis de dividendos.** Os dividendos são uma forma valiosa de recompensar e incentivar a propriedade em longo prazo, especialmente quando alguns proprietários são governadores e investidores. Por exemplo, se alguns familiares trabalham na empresa como executivos e são recompensados com generosos pacotes de remuneração, os acionistas não operacionais questionarão a ausência de dividendos. Esses, além disso, podem aumentar a independência financeira dos proprietários cujo patrimônio está altamente concentrado na empresa familiar. Como um cônjuge nos explicou: "Queremos 'diversificação emocional' — o que, para nós, significa que nosso lado da família deseja possuir alguns ativos separadamente da família ampliada. Dormimos melhor à noite sabendo que nem todo o nosso patrimônio está ligado às decisões familiares coletivas."

- **Usar os dividendos para definir expectativas de gestão.** A gerência deveria tratar seu capital como valioso e escasso. Os dividendos são ferramentas preciosas que ajudam os sócios a manter a disciplina no negócio. É preciso considerar os dividendos especiais quando a empresa não puder fazer bom uso do capital dos proprietários, usando métricas acordadas para medir o valor de reinvestimento adicional.

Prepare a família para administrar a riqueza com responsabilidade

Muitos sócios de empresas familiares têm pavor de que sua riqueza se dissipe rapidamente a cada geração. Vários países têm alguma versão da regra das três gerações, como estes três ditados:

- *"Shirtsleeves to shirtsleeves in three generations"* (Estados Unidos)
- "Pai Rico; Filho Nobre; Neto Pobre" (Brasil)
- *"Dalle Stalle Alle Stelle Alle Stalle"* (Itália)

Harvard Business Review – Manual de Empresas Familiares

Assim como a regra das três gerações discutida no Capítulo 2, essa afirmação é enganosa. É claro que algumas famílias vão do lixo ao luxo e vice-versa, mas, em média, isso não acontece. Gregory Clark, economista da Universidade da Califórnia em Davis, conduziu uma extensa pesquisa sobre mobilidade social ao longo de gerações e concluiu que, em geral, as famílias ricas continuam ricas, e as famílias pobres permanecem pobres.[2] Ele descobriu que, embora haja "uma regressão à média, o processo pode levar de 10 a 15 gerações (300 a 450 anos)".[3] Outro estudo, conduzido por dois economistas do Banco da Itália, analisou os registros fiscais em Florença em 1427 e 2011. Eles descobriram que "entre os contribuintes, os que estavam no topo da escala socioeconômica atual já se encontravam nessa posição há seis séculos".[4] Embora a pesquisa não seja voltada para famílias empresárias, as descobertas se aplicam. O patrimônio pode se dissipar ao longo do tempo, mas isso não acontece depressa. Aqueles que chegam ao topo tendem a ficar lá.

Se sua empresa estiver gerando riqueza significativa, é necessário preparar sua família para a responsabilidade de lidar com isso, que provavelmente se fará presente por várias décadas. A boa notícia é que, ao administrar um negócio, há várias maneiras de incorporar a ideia de que patrimônio traz responsabilidade. Aconselhamos que considere as seguintes abordagens adotadas por outras famílias empresárias multigeracionais bem-sucedidas.

Exponha seus filhos ao negócio

Os proprietários têm uma vantagem enorme (e muitas vezes subestimada) ao decidir como e quando expor seus filhos ao verdadeiro âmago de sua riqueza: os pais possuem um negócio e uma história familiar. Conversar com seus filhos sobre a empresa desde cedo os ajudará a entender o trabalho árduo que gerou o patrimônio da família.

As grandes famílias empresárias fazem questão de que os pré-adolescentes e adolescentes aprendam sobre as pessoas que trabalham em suas empresas, sua produção e o processo. Por exemplo, Regina Helena Scripilliti Velloso é proprietária da 4ª geração do Grupo Votorantim no Brasil. A empresa familiar tem operações em mais de vinte países nas áreas de cimen-

Como Ser Responsável ao Administrar o Patrimônio da Sua Empresa Familiar

to, mineração, metalurgia, siderurgia, operações bancárias, suco de laranja concentrado e geração de energia elétrica. Velloso relembrou que o avô lhe incutiu fortemente os alicerces da empresa:

> *Quando eu era pequena, meu avô nos levava para visitar os engenhos de açúcar. Eu não gostava muito do gosto do caldo de cana. É horrível. Mas não tive coragem de falar isso para o meu avô porque a cana era muito importante para ele. Ele costumava dizer: "Quando você sentir o cheiro do melaço, não vai esquecer. Ele vai entrar no seu sangue e no seu coração." Não entendi na época, mas já adulta, compreendi que ele estava compartilhando comigo a paixão pelo negócio e o legado de onde viemos.*

Essas exposições da juventude ao negócio — como ao trabalhar na loja de lembrancinhas da empresa, estocar prateleiras e passear pelos pomares — criam um gosto duradouro pelo ofício da empresa. É uma lição inicial e importante que ensina que dinheiro não é tudo. Os negócios podem ser fascinantes, até mesmo belos. Muitos proprietários proporcionam aos filhos esse profundo gosto pela empresa familiar de maneiras apropriadas às suas idades, como visitas ao chão de fábrica e estágios.

Em algumas empresas, membros da próxima geração em idade universitária participam de discussões de alto nível sobre a Estratégia de Acionistas. Em uma dessas reuniões, há uma família que debateu se deveria continuar administrando uma empresa que fabricava componentes para fuzis de assalto. Ambos os lados da conversa tinham convicções intensas e ouviram o ponto de vista do outro com respeito. Vendo que os acionistas abordaram um tópico importante com consideração, os membros da próxima geração presentes entenderam a profundidade da responsabilidade dos acionistas. Por fim, chegaram a um acordo que, embora imperfeito, todos julgaram aceitável. Decidiram manter a empresa, mas retirá-la da *holding* principal a fim de permitir que os familiares que não queriam participar dela vendessem para aqueles que apoiavam sua continuação.

Todas essas experiências podem ajudar seus filhos a tomar gosto pela sua empresa, não pelo patrimônio. Mostre a eles como a riqueza embutida na empresa é usada: para criar coisas de valor para os clientes, gerar em-

Harvard Business Review – Manual de Empresas Familiares

pregos, esclarecer e expressar o que você valoriza, retribuir à comunidade. Com essas vivências, a próxima geração entenderá melhor a responsabilidade do patrimônio da família.

Esteja aberto a várias posturas em relação ao patrimônio da sua empresa

As pessoas nas empresas familiares se relacionam com seu patrimônio de diferentes maneiras, e não existe um jeito certo. Por isso, você precisa entender e reconhecer a postura dos membros da família quando se trata desse assunto. É melhor que a relação de cada pessoa com a riqueza não seja usada contra ela, pois isso gera ressentimento e dificulta os relacionamentos. A maioria dos acionistas adota uma destas sete posturas em relação ao patrimônio da empresa familiar:

- **Rebelar:** você rejeita o patrimônio e fala ativamente sobre os efeitos negativos da riqueza e da desigualdade social.

- **Evitar:** você age como se o patrimônio não existisse, se abstendo de um envolvimento ativo na sua administração (por exemplo, separando-se física e emocionalmente da família e da empresa familiar).

- **Doar:** você doa o patrimônio para causas nobres durante sua vida (por exemplo, Bill Gates como copresidente da Fundação Bill e Melinda Gates).

- **Administrar:** você cuida do patrimônio, procurando beneficiar as gerações futuras, os seus funcionários e a sociedade, definindo a riqueza de modo amplo: financeira, psicológica e socialmente.

- **Criar:** você gera mais riqueza a fim de deixar mais do que recebeu e se sente realizado pessoalmente ao gerar um grande patrimônio (por exemplo, Ian, "o criador", no Capítulo 1).

- **Aproveitar:** você desfruta dos benefícios do seu patrimônio por meio de gastos pessoais e da filantropia, apesar de não se deixar definir por isso.

- **Autodefinir:** seu patrimônio o define. Você não só desfruta da riqueza, mas também se deleita com ela. Gastá-la faz com que a vida pareça mais gratificante.

Como indivíduos, os acionistas familiares podem ter vidas felizes e saudáveis com qualquer uma dessas posturas, exceto as de "rebelar" e "autodefinir", que, em suas formas extremas, podem se tornar destrutivas. Alguém que se rebela contra o patrimônio, por exemplo, se desvinculará da riqueza e da família, e aquele que se autodefine por ela perderá de vista os valores que a criaram em primeiro lugar.

As famílias empresárias tendem a glorificar aqueles que constroem patrimônio. Mas não quer dizer que um familiar seja uma má pessoa por evitar a riqueza, doá-la ou se ver como administrador dela. Estas são todas relações perfeitamente saudáveis com o patrimônio. "Nem todos os proprietários têm os mesmos interesses financeiros e prioridades", observou Ben Persofsky, diretor-executivo do Brown Brothers Harriman Center for Family Business. "Talvez simplesmente por estarem em diferentes fases da vida. E tudo bem. O que importa não é que existam diferenças, mas que vocês encontrem meios de as abordarem de modo transparente."

Depois de identificar a postura dos membros da sua família, você deve conseguir insights para o hoje e um mapa para o futuro. Se ninguém da próxima geração se identificar com as posturas de criação ou administração, por exemplo, talvez você possa se inclinar a vender a empresa. Ou se você tiver uma variedade de posturas, pode ser que veja a próxima geração assumir, naturalmente, papéis diferentes e importantes no futuro. Claro, a relação de uma pessoa com o patrimônio pode mudar durante sua vida. Considere John D. Rockefeller, fundador da Standard Oil Company, que passou de um dos maiores geradores de riqueza do século XIX para um dos maiores filantropos.

Evite criar filhos mimados

Quer saber o que não deixa os proprietários de empresas familiares bem-sucedidas dormirem à noite? Em negócios de todos os tamanhos, localizações geográficas e indústrias, eles compartilham um medo comum: o medo de que seus filhos cresçam e se tornem mimados.

A maioria dos pais da classe alta tem essa preocupação, mas entre os proprietários de empresas familiares essa ansiedade é especialmente forte.

Harvard Business Review – Manual de Empresas Familiares

Será que seus filhos e netos acabarão sendo preguiçosos inúteis que não contribuem para a sociedade — crias de *trusts* —, cujas palhaçadas escandalosas enchem os tabloides e as redes sociais?

Mas a riqueza acaba sendo um fator menos importante do que você imagina nessa situação. Algumas crianças muito ricas acabam sendo bastante motivadas e engajadas — vemos pessoas assim em nosso trabalho todos os dias. Nossa experiência também sugere, no entanto, que as crianças não acabam mimadas misteriosamente. Os pais fazem escolhas que aumentam (e muito) as chances de que os filhos acabem sentindo que o mundo lhes deve alguma coisa.

Essa ideia não surge do nada nas crianças. É uma armadilha montada, sem querer, por pais bem-intencionados. Seu instinto número um como genitores é proteger seus filhos. Uma pessoa mimada é resultado de proteção mal orientada. E a empresa familiar oferece um terreno fértil para pais superprotetores.

Como evitar a armadilha do mimo? Não há respostas simples. Porém identificamos cinco práticas que as famílias vêm usando para promover relacionamentos saudáveis com o patrimônio:

- **Use seu patrimônio para expandir a comunidade.** Os pais que isolam sua família em um círculo social de gente igualmente rica podem estar possibilitando a criação de filhos mimados.

- **Faça com que seus filhos tenham empregos.** Existem muitos meios de contribuir para a sociedade, mas, em algum momento, todo mundo deveria passar pela experiência de ter um chefe, ser responsável e ganhar um salário.

- **Ajude seus filhos a verem um caminho para construir uma carreira legítima.** Os pais que favorecem a carreira dos filhos na empresa familiar não os estão preparando para valorizar o trabalho árduo paterno.

- **Permita que seus filhos tenham contratempos.** Quando pais superprotetores defendem seus filhos dos golpes duros da vida, eles atrapalham o desenvolvimento de resiliência das crianças.

Como Ser Responsável ao Administrar o Patrimônio da Sua Empresa Familiar

- **Instigue uma atitude de gratidão.** O psicólogo Jim Grubman sugere que estimular a gratidão é uma das práticas mais importantes para pais ricos. "A gratidão é o antídoto para o mimo", disse ele.

No entanto, uma atitude de gratidão requer esforço da parte dos pais. Não se pode esperar que os filhos sejam gratos do nada. Demonstrar gratidão e conversar com eles sobre sua tomada de decisão financeira pode ajudar a promover o gosto pela empresa. Por exemplo, Grubman apontou que, sim, você pode simplesmente comprar um carrão novo e dizer aos seus filhos que ama o veículo. Mas, em vez disso, também pode falar sobre como a decisão de fazer essa compra cara reflete seus valores e sua própria gratidão: "Estou gostando muito do novo Porsche. Sempre me sinto muito sortudo por meus pais terem trabalhado tanto, por termos trabalhado tanto e dispormos dos recursos que nos permitem ter algumas das melhores coisas da vida." Sem o contato com esse exemplo claro e recorrente de gratidão, seus filhos podem não entender seus valores sobre nunca desvalorizar o patrimônio. Pratique a gratidão, e seus filhos provavelmente acabarão lhe agradecendo por isso. Esse é um passo indispensável para sair da armadilha do mimo.

É possível lidar de uma maneira saudável com a riqueza, que não seja esbanjadora nem condenatória. Pode começar refletindo sobre a orientação que oferecemos aqui para ver se está no caminho certo. "Não há dúvida de que você pode criar filhos incrivelmente sofisticados e responsáveis em uma família rica", afirmou San Orr, presidente da BDT Capital Partners, LLC, um banco comercial que aconselha empresas familiares, investindo nelas e em negócios liderados pelos fundadores. "A chave é prepará-los para assumir as responsabilidades que estão sendo colocadas em seus ombros, um alicerce que servirá para o resto de suas vidas."

Resumindo

○ As preocupações em relação ao patrimônio são comuns em empresas familiares. Por um lado, os proprietários se preocupam em não desperdiçar o que foi criado. Por outro, ficam ansiosos com o impacto que o dinheiro terá na família. A riqueza pode ser um assunto desconfortável para muitos, mas você não pode evitá-lo se quiser uma empresa multigeracional.

○ Pense nas escolhas que está fazendo para proteger a galinha dos ovos de ouro. Existe uma diferença entre uma estratégia que maximiza o valor financeiro e uma que promove a resiliência em longo prazo. Se você quer a última opção, deve seguir estas práticas:

● Priorize a sobrevivência e a lucratividade em detrimento do rápido crescimento.

● Contraia dívidas com cuidado, se for o caso.

● Reinvista a maior parte dos lucros na empresa.

○ Pense no negócio como um portfólio. Construa um que mantenha o espírito inovador e atenda às diversas necessidades dos sócios, como crescimento, empreendedorismo e segurança. E adote uma política de dividendos para promover certa independência financeira da empresa familiar.

○ Prepare a próxima geração para o futuro. Tente criar uma conexão pessoal entre as crianças e a empresa para que elas tomem gosto por ela em vez de tratá-la apenas como um investimento. Reconheça que existe mais de uma forma saudável de lidar com o patrimônio. Encoraje os familiares a encontrarem uma maneira de conectarem suas posturas em relação à riqueza com seus valores pessoais. E tome medidas para prevenir que a geração mais jovem se torne mimada, em especial ao promover atitudes de gratidão.

12.

Conflito na Empresa Familiar

Dois irmãos que compartilhavam uma empresa bem-sucedida de 4ª geração no ramo do concreto se desentenderam amargamente por um motivo improvável: um veleiro. O mais velho acusou o mais novo de ter usado os fundos da empresa para sustentar suas corridas de barco. O outro retrucou que, como ele recebia clientes na embarcação com frequência, estava seguindo o mesmo caminho que o mais velho havia tomado por anos, fazendo com que o negócio pagasse por despesas que eram tanto pessoais quanto profissionais, e apontou para o chalé de esqui que havia sido custeado pela empresa há muito tempo. Esse conflito, que revelou preocupações antigas de ambos sobre suas funções e contribuições em relação à empresa, já estava esperando para explodir há tempos. Conforme o impasse continuava, eles se recusaram a ficar juntos no mesmo cômodo, tornando quase impossível a tomada de grandes decisões corporativas e deixando os funcionários no meio da disputa. No final das contas, venderam a empresa por um preço

Harvard Business Review – Manual de Empresas Familiares

bem abaixo do razoável e nunca mais trocaram uma palavra; seus filhos cresceram como estranhos, não como primos. E a empresa familiar acabou.

Como descrevemos anteriormente, os proprietários familiares têm o poder de destruir os negócios. De fato, nada pode prejudicar uma empresa de sucesso mais rápido do que um conflito não resolvido entre seus acionistas. Nenhuma organização está imune a líderes narcisistas ou relações complicadas entre funcionários. A maioria dos negócios não familiares, no entanto, tem regras que regem o comportamento de todos, desde a base da pirâmide até a cadeira mais alta do corporativo.

Porém o conflito acontece de maneira diferente nas empresas familiares, porque os proprietários fazem as regras e, portanto, também podem quebrá-las. Depois que uma grande briga começa, pode ser difícil pará-la. Até que os proprietários concordem em ceder, os conflitos continuarão, trazendo implicações potencialmente devastadoras para a empresa e a família.

É compreensível que muitas famílias temam o impacto potencial dos conflitos, o que faz com que elas se concentrem em manter a harmonia. Porém, a busca pela paz constante pode sair pela culatra. Certo desacordo é normal em uma empresa familiar, e a capacidade de lidar com isso é algo saudável, pois evitar confrontos a todo custo também pode trazer consequências terríveis. O excesso ou a falta de conflito é insustentável. Neste capítulo, vamos ajudá-lo a desenvolver as seguintes habilidades para lidar com eles:

1. Identificar a "zona *Goldilocks*" (também conhecida como zona habitável ou zona Cachinhos Dourados) do conflito, ou seja, a zona aceitável de conflito.

2. Passar da falsa harmonia para o conflito construtivo.

3. Reconhecer a trajetória da espiral de conflitos.

4. Escapar de uma briga familiar, se você estiver em uma.

5. Adotar estratégias para evitar brigas familiares, para começo de conversa.

Conflito na Empresa Familiar

Encontrando a zona habitável do conflito

Para a maioria das pessoas, o conflito é incômodo. Isso pode ser especialmente verdade em famílias que viram discussões familiares despedaçarem empresas bem-sucedidas. Considere os irmãos Ambani, na Índia, que lutaram com amargura pelo controle da empresa familiar, a Reliance Communications, depois que o pai morreu e não deixou nenhum testamento. Ou os fundadores da Adidas, cuja briga levou os irmãos a dividirem a empresa alemã, formando as rivais Adidas e Puma. Existe, ainda, a família Redstone nos Estados Unidos, cuja batalha familiar pelo controle do império midiático tem aparecido nas manchetes há anos.

Para muitas famílias, o medo do conflito é tão difundido que fazem de tudo para evitá-lo. Porém é mais raro reconhecerem que a *falta de conflito* pode ter um impacto igualmente destrutivo. Na verdade, os efeitos de muito ou pouco confronto na família e na empresa são quase idênticos. Em ambos os casos, o negócio pode sofrer com crescimento limitado, decisões ruins, perda de vantagem competitiva e, em casos graves, pode acabar sendo vendido ou dividido. Da mesma forma, em qualquer um dos extremos, as famílias tendem a se dividir em subgrupos e sofrem com o sucateamento de suas relações. Os mecanismos são diferentes, mas os resultados são iguais.

O conflito é um problema parecido com o da *Goldilocks* (Cachinhos Dourados). Ambas as extremidades do espectro são insustentáveis, então o melhor lugar é o meio. Falar em Cachinhos Dourados pode lembrar o conto de fadas, mas podemos achar uma analogia melhor no nosso sistema solar. A Terra está no que os astrônomos chamam de zona *Goldilocks*. Se ela estivesse mais perto do sol, o planeta seria muito quente para ter vida. Se ficasse mais distante, a Terra seria muito fria. Embora as causas sejam diferentes, ambos os extremos tornariam a Terra inabitável.

O conflito em uma empresa familiar funciona de um jeito parecido. Quando a dinâmica em uma família está no calor do momento, no nível da gritaria, berros e raiva expressa de jeitos não saudáveis, fica impossível administrar um negócio. Quando o conflito esfria, há um silêncio fervilhante, uma caixa de Pandora de emoções esperando para ser liberada quando aberta. Entre esses dois extremos está um meio-termo saudável, em que questões complicadas podem ser levantadas, abordadas e resolvidas sem que os envolvidos causem danos permanentes aos relacionamentos ou ativos compartilhados.

É raro que os interesses de uma família estejam alinhados com perfeição. Conforme descrito no Capítulo 1, as pessoas têm objetivos diferentes simplesmente porque estão em lugares diferentes no sistema. Como resultado, é inevitável que haja certo conflito de interesses. Portanto, a prioridade é *administrá-lo*, não apenas tolerá-lo ou eliminá-lo.

As famílias no lado do confronto excessivo do espectro têm dificuldade em reduzir a intensidade dos conflitos de modo a possibilitar conversas construtivas. Já aquelas do lado da falta de confronto devem aprender a discordar em voz alta para liberar a pressão que se acumula internamente. Com base na nossa experiência, vemos que este lado é muito mais comum, embora receba menos atenção da mídia. A maioria das famílias é condicionada a não brigar. Se você perguntar a qualquer pessoa o que lhe é mais importante, ela responderá que são as relações familiares, incluindo a capacidade de passar tempo juntos para celebrar feriados, casamentos e outros acontecimentos.

No entanto, a pressão de ser uma família perfeita que nunca discorda muitas vezes acaba semeando uma destruição futura. Sempre que as famílias nos dizem que se dão perfeitamente bem, ficamos atentos. Na maioria das vezes, trata-se de uma falsa harmonia que reflete a falta de debate sobre questões importantes. Parece muito um iceberg: a superfície até parece agradável, mas o perigo está logo ali embaixo.

A definição de conflito excessivo (o oposto da discordância construtiva) depende da interpretação pessoal e da cultura familiar. Algumas famílias podem tolerar conflitos com mais facilidade do que outras, e também varia até que ponto deixarão seus interesses pessoais de lado para apoiar bravamente a causa comum. Mas a zona *Goldilocks* compartilha certas características em todas as famílias. Aqui está um questionário dividido em três partes, você pode usá-lo para ver se sua família encontrou a zona:

1. **Estão todos satisfeitos com o rumo da empresa familiar?** Vocês podem não estar felizes com tudo, mas, sem dúvida, é melhor ficarem juntos do que separados.

Conflito na Empresa Familiar

2. **Estão abordando as questões importantes nas decisões?** Não precisam abordar todos os pontos de desacordo, mas todos concordam que não deixaram de resolver nenhum problema grave.

3. **As relações familiares são boas o suficiente para vocês trabalharem e celebrarem juntos?** Vocês não precisam ser melhores amigos para possuir ativos significativos juntos. Em vez disso, devem ser bons parceiros de negócios, o que significa que concordam nas grandes questões e conseguem desfrutar da companhia um do outro, pelo menos na maior parte do tempo.

Se você respondeu "sim" para as três perguntas, é provável que esteja na zona *Goldilocks*. Caso contrário, terá trabalho a fazer, seja para baixar a temperatura ou para aumentá-la.

Passando da falsa harmonia ao conflito construtivo

A Sierra Nevada Brewing Co. é uma cervejaria familiar. Seu slogan, que aparece em todas as latas e garrafas, é *"Family Owned, Operated & Argued Over"* ["Propriedade de posse, operação e discussão familiar", em tradução livre]. Ken Grossman, o fundador, nos contou: "É engraçado, mas é a verdade. Podemos nos reunir e discutir sobre o que é melhor para nós enquanto empresa, mas fazemos isso de boa-fé, sabendo que todos queremos o melhor no geral."

E na sua empresa familiar, a situação é parecida? Se não, pode ser que você se encontre em uma posição difícil justamente por evitar conflitos. Veja, por exemplo, a experiência de uma família no ramo varejista. Ao longo dos anos, os ânimos começaram a esquentar — não porque houvesse muita discordância, mas porque os líderes evitavam decisões importantes em vez de lidar com possíveis divergências: embora todos os membros da 3ª geração trabalhassem na empresa, havia uma grande discrepância em seus níveis de comprometimento e contribuição. Aqueles que faziam horas extras para terminar suas obrigações começaram a se ressentir daqueles que apareciam quando queriam, mas a família resistia a estabelecer quaisquer padrões que pudessem alienar alguém. No fim, os líderes decidiram vender o

Harvard Business Review – Manual de Empresas Familiares

negócio em vez de resolver os desentendimentos que ameaçariam perturbar a harmonia familiar durante a transição para a 3ª geração. Infelizmente, a venda não resolveu o problema. Houve queixas sobre a divisão dos proventos e um sentimento de que os familiares tinham desistido do seu legado com muita facilidade. E, sem a empresa para manter os membros da família juntos, eles começaram a se distanciar. Em poucos anos, muitos remoeram a venda, considerando-a um erro. Tanto a empresa quanto a intimidade familiar se foram.

Se, como esta família, você está no lado do espectro da falta de conflitos, aqui estão alguns conselhos para ajudá-lo a entrar na zona *Goldilocks*:

- **Estabeleçam regras básicas em reuniões para as discussões serem saudáveis.** Para um exemplo, consulte a caixa "Exemplos de regras básicas para reuniões". Vocês devem estabelecê-las antes de entrar em discussões substanciais e, então, revisá-las antes de cada reunião. Quando o comportamento de alguém se desviar do combinado, usem de maneira gentil, mas direta, a regra específica para alertá-lo.

- **Comecem estipulando um propósito compartilhado.** Falem sobre o que estão tentando conquistar ao administrarem a empresa juntos. Isso ajuda a criar a base para a ação e o sacrifício coletivos. Vocês também podem articular um *propósito negativo* — identificar os fins que estão tentando evitar, lidando com eles logo. Usem essa ameaça do futuro para ajudar a motivar a ação e manter a coesão.

- **Esforços preliminares para gerar ímpeto.** Muitas vezes, a extensão da mudança é assustadora, e pode ser útil ter um ponto de partida simples. Geralmente é melhor ser evolutivo do que revolucionário. Por exemplo, estávamos explorando maneiras de integrar parentes por afinidade nas estruturas de governança com uma família cliente nossa. Houve relutância em colocá-los no conselho familiar, então iniciamos uma força-tarefa com a próxima geração para criar um ponto de partida. Certifiquem-se de trabalhar junto às atuais fontes de autoridade, não tentem derrubá-las.

- **Foquem em princípios, não em pessoas.** Evitem tomar decisões tendo em mente pessoas específicas, pois a postura de cada indivíduo será moldada pelo jeito que isso o afeta. Em vez disso, comecem com princípios mais amplos que, então, possam aplicar a uma situação específica. Tentem desenvolvê-los antes de precisar deles. Por exemplo, as empresas criam uma política de emprego familiar bem antes de a próxima geração estar pronta para entrar no mercado de trabalho e antes que os pais comecem a advogar pelos filhos. Se vocês estiverem precisando lidar com um problema "ao vivo", tentem enquadrá-lo como um precedente que possa afetar qualquer um no futuro.

- **Enxertem novas ideias nas já existentes.** Nas abundantes pesquisas sobre a disseminação das ideias, uma das principais descobertas foi que novas ideias são mais aceitáveis se forem adicionadas às já existentes em vez de interpretadas como inéditas.[1] A mudança é difícil para a maioria das famílias e é melhor recebida quando está conectada ao conhecimento já aceito. Essa prática emprega a noção de *enxerto*, ou seja, integrar conscientemente uma nova ideia às que já existem. Por exemplo, tentamos ajudar uma família a mudar uma regra imposta pelo pai. Foi mais fácil aceitá-la quando eles relacionaram essa mudança com exceções que ele próprio fizera sobre a mesma questão no passado.

- **Afirmem o valor daquilo que veio antes.** Em um processo de mudança, os líderes devem resistir à tendência de rebaixar a ideia atual para defender uma nova. Essa abordagem negativa costuma criar uma postura defensiva em quem criou o sistema vigente. Em vez disso, comece identificando por que o que existe hoje é totalmente racional, dadas as circunstâncias predominantes quando as escolhas foram feitas. Em seguida, explique como o novo cenário faz com que essas abordagens não sejam mais viáveis.

Ninguém almeja conflito na empresa e, pior ainda, na família. Mas certas divergências são, de fato, saudáveis. Oferecem uma chance de lidar com ressentimentos persistentes e problemas potenciais e, quem sabe, até mesmo de encontrar um processo produtivo para discordar e ainda tomar decisões. O conflito não precisa destruir uma família — se bem administrado, ele pode fortalecer os laços —, mas quando se permite que sentimentos ruins infectem o resto, o caminho até a destruição definitiva das relações pode ser rápido.

A espiral de conflitos: dos interesses divergentes às guerras familiares

Como discutimos, os conflitos nas empresas familiares podem sair do controle como poderosos tornados que destroem tudo pelo caminho. Nenhuma família planeja entrar em uma briga. E, ainda assim, isso acontece. Esse enigma nos levou a explorar o desenrolar das rixas familiares. Descobrimos sete etapas padrão de conflito (Figura 12-1). Apesar de as pessoas tenderem a acreditar que, se deixarem um confronto de lado, ele permanecerá o mesmo, descobrimos que, o que mais acontece é ele piorar com o tempo. Os grandes conflitos têm uma gravidade que puxa as famílias para a espiral em uma progressão de etapas, que faz sentido, já que uma após a outra não consegue resolver a situação.

Exemplos de regras básicas em reuniões

Para garantir que a reunião encoraje conversas construtivas, faça com que os participantes concordem com antecedência sobre algumas diretrizes básicas para essas ocasiões. Considere afixá-las na sala como um lembrete.

- Presumam boas intenções. Se houver várias interpretações possíveis para o comentário de alguém, deem-lhes o benefício da dúvida e assumam que a pessoa quis dizer a melhor das opções.

- Entendam que lidaremos com questões difíceis e que o objetivo é debater como seguir em frente, não atribuir culpa.

- Falem apenas por si mesmos, não o façam em nome de ninguém.

- Resistam à tentação de dizer "vocês sempre" ou "vocês nunca". Em vez disso, usem o formato ABC:
  - A: "Quando esta situação acontece..."
  - B: "Eu sinto..."

- C: "Eu gostaria..."

- Concentrem-se em escutar ativamente e aprender uns com os outros.

- Usem um "estacionamento de ideias" para tratar de questões que não conseguirem resolver no dia.

- Fiquem no lugar certo. Por exemplo, se for uma reunião da Sala dos Acionistas, coloquem os tópicos da Sala da Família no estacionamento.

- Garantam que todos sejam ouvidos e tenham tempo para falar.

- Limitem o uso de eletrônicos a propósitos relacionados à reunião (por exemplo, fazer anotações).

- Se sentirem que alguém do grupo precisa de uma pausa, façam-na.

- Expressem apreço uns pelos outros.

FIGURA 12-1
A espiral de conflitos

Harvard Business Review – Manual de Empresas Familiares

1. **Interesses divergem.** No livro *Como Chegar ao Sim*, os negociadores de Harvard Roger Fisher, William Ury e Bruce Patton definem interesse como um desejo amplo que uma pessoa ou grupo de pessoas nutre por algo. Alguns são compartilhados; outros, individuais. A maioria das famílias empresárias está unida principalmente pelo desejo de proteger a galinha dos ovos de ouro — para manter o negócio saudável. No entanto, como os familiares assumem diferentes funções e responsabilidades à medida que a empresa cresce, é natural seus interesses divergirem. Alguns membros trabalham na empresa, e outros são acionistas. E tem quem faça as duas coisas e aqueles que não pertencem a nenhum dos grupos. As pessoas empregadas na empresa estarão mais inclinadas a canalizar os lucros para reinvestimento e bônus, enquanto os sócios que não estão no negócio podem estar dispostos a pagar dividendos mais altos. A postura de alguém sobre uma questão será influenciada por sua posição nesse sistema.

2. **Posições se endurecem.** Uma vez que os interesses divergem, os indivíduos ou grupos normalmente adotam posições diferentes. A posição é a maneira específica pela qual as pessoas tentam obter o que desejam, e ela fica clara quando se faz necessário tomar decisões. Todas as famílias precisam fazer escolhas importantes (como o local da casa e a escola dos filhos), mas as famílias empresárias são obrigadas a fazê-las com mais frequência. Como essas decisões costumam envolver a alocação de recursos, as escolhas das pessoas podem se degenerar em jogos de soma zero: umas querem mais; portanto, outras recebem menos. As posições enrijecem e, de repente, todos sentem que a questão só pode ser resolvida de um jeito — o próprio. A barganha das posições começa e, mesmo que uma solução seja alcançada, um dos envolvidos costuma achá-la injusta. Como consequência, essa barganha costuma levar a resultados que não são bem-sucedidos nem sustentáveis.

3. **Comunicação falha.** Quando os envolvidos não reconhecem seus interesses comuns e as posições se tornam intransigentes, a comunicação fica bem confusa. Os familiares começam a se afastar ou a enviar e-mails raivosos. Normalmente, a situação não é nem de silêncio nem de luta total, mas sim uma dinâmica tensa em que as pessoas se afastam e não conversam por um tempo.

Conflito na Empresa Familiar

Então, a tensão cresce até explodir. Já trabalhamos com uma família em que três irmãos entravam em grandes discussões aos berros e insultos e depois ficavam sem conversar, o que ameaçava a empresa, porque nenhuma decisão era tomada. Embora fossem efetivamente o CEO, o COO e o CFO, eles não se falavam por meses depois de brigarem, nem mesmo sobre os negócios.

4. **Alianças são formadas.** Quando as pessoas param de conversar diretamente, é inevitável que alianças comecem a surgir. Todos se sentem forçados a tomar partido, e as divisões aparecem, muitas vezes começando com o cônjuge do familiar "injustiçado". As alianças se fortalecem conforme os vieses de confirmação se instalam. Todas as ações do lado rival são interpretadas através de lentes que confirmam que a visão da aliança está certa. Nesse estágio, os conflitos ficam bastante pessoais, e cada lado rotula o outro de irracional, estúpido, preguiçoso ou até pior. Essa polarização dificulta ainda mais o compromisso. Nas famílias empresárias, há cinco tipos comuns de alianças: (1) ramos familiares (ex: lado do irmão versus lado da irmã); (2) grupos de proprietários (acionistas votantes versus não votantes); (3) níveis de participação (operadores versus investidores); (4) gênero; e (5) gerações (atual versus futura).

5. **Disputas entre facções começam.** Conforme as alianças se consolidam, os lados opostos procuram meios de reforçar suas posições e, inevitavelmente, envolvem terceiros na batalha. Os familiares alistam internos, como gestores não familiares e funcionários, para serem peões em um jogo que ninguém vai ganhar. As guerras entre facções assumem várias formas. Em uma empresa muito grande, os negócios alinhados com o lado rival ou liderados por ele são vendidos, gerentes seniores filiados são demitidos e os dividendos são retidos para prejudicar alguns investidores às custas de muitas pessoas. Em uma família cliente nossa, por exemplo, um conselheiro ameaçou um CFO que estava com o lado rival de fazer uma auditoria trabalhista extraordinária, acusando-o de fraude de forma nada sutil.

6. **Defensores são convocados.** Depois de envolver inocentes internos, o próximo passo na espiral de conflitos é trazer especialistas de fora como defensores de um ponto de vista ou posição particu-

Harvard Business Review – Manual de Empresas Familiares

lar. Por exemplo, em uma família, co-CEOs rivais, que eram primos, chamaram um consultor de remuneração, a quem um deles acusou de ser tendencioso. Os primos dispensaram o consultor, mas a tensão entre eles aumentou. Para piorar, os membros da família arrumaram advogados. Como esses profissionais são obrigados a defender seus clientes, acabam montando o argumento mais forte e inflexível possível para explicar por que um lado está certo, e o outro, errado. A natureza do diálogo também muda, pois a busca por comportamento ilegal ocupa o centro do palco, em detrimento da reconciliação. Por isso, mesmo os advogados mais bem-intencionados quase sempre intensificam o conflito. Lembramo-nos de uma triste reunião do conselho em que estavam sete membros do conselho de família, cada um com um advogado sentado atrás de si. Como a reunião levou a uma objeção legal após a outra, as tentativas de tomar decisões importantes foram sufocadas.

7. **Guerra familiar começa.** A fase final é uma luta voraz pela supremacia, na qual apenas um lado pode vencer, e os fins justificam praticamente todos os meios. Muitas vezes, essas guerras familiares assumem a forma de ações judiciais. Os processos são quase sempre contraproducentes e saem caro tanto financeira como psicologicamente. Lembre-se da briga entre as redes de supermercados Market Basket no início do livro. Nosso colega, Steve Salley, ele próprio um ex-advogado, resumiu a situação: "O litígio familiar é a forma mais feia de guerra: a guerra civil. Reféns e vítimas superam em muito os vencedores aparentes, e as cicatrizes permanecem. Qualquer vitória acaba sendo tragicamente insatisfatória." Quando as famílias pensam em ações judiciais como a solução, elas não estão levando em conta o provável arrependimento que sentirão nos próximos cinco a dez anos, ou até mais, nem o impacto em seus funcionários e na comunidade.

Essas etapas são previsíveis, mas também, evitáveis se os proprietários das empresas familiares as conhecerem e souberem se livrar delas quando caírem em uma espiral. Como um cliente nos disse: "O conflito é inevitável, mas o combate é opcional." Nem toda situação segue o mesmo padrão, mas muitas famílias em conflito acharam útil entender em que altura da espiral estavam. Isso as ajudou a reconhecer que a situação não foi causada por nenhum indivíduo em particular, mas um processo crescente que afetava todos eles. Entender em que altura da espiral você está pode ajudá-lo a lidar com a situação junto aos outros membros da empresa, pois continuar assim pode levá-los a perder o controle facilmente e acabar em uma guerra familiar que ninguém quer.

Fugindo de uma rixa familiar

Infelizmente, muitas famílias empresárias presenciam o trágico desdobramento dessas sete etapas dos conflitos. Já observamos grandes angústias e frustrações, famílias desfeitas, carreiras e negócios arruinados. Mas esse não precisa ser o seu destino. Existe um caminho, difícil, mas possível, para sair da espiral de conflitos — alguns passos importantes que podem recolocá-lo na estrada certa.

Crie alinhamento para a mudança

Via de regra, os conflitos não terminam até que os desejos mudem. Ou seja, os combatentes precisam concluir que seus interesses comuns em encontrar uma solução supera os interesses conflitantes pelos quais estavam brigando. Normalmente esse tipo de mudança acontece por causa de algum nível de sofrimento, seja financeiro, emocional ou ambos. Se os familiares sentirem dor o suficiente, estarão dispostos a interpretar seus interesses sob uma nova perspectiva e, com isso, os lados em confronto podem encontrar compromissos que não existiam antes. Em algum momento, seja lá qual for o motivo da briga, ela se torna menos importante do que a necessidade de acabar com o conflito.

Se você se encontrar nessa situação, procure oportunidades para chegar a um acordo sobre seus interesses comuns. Isso não significa que, de repente, você vá deixar de lado tudo o que o trouxe até aqui. Seu acordo não precisa ir muito além da percepção de que, como disse uma família com a qual trabalhamos, "o status quo não é uma opção." Muitas vezes ainda

Harvard Business Review – Manual de Empresas Familiares

é possível acessar alguns restos de vínculos familiares. As famílias podem recorrer a um reservatório visceral, quase biológico, de conexão familiar, cujo foco geralmente é preservar os laços para o futuro. Como disse um familiar: "Vamos resolver nossas diferenças para não envenenarmos a próxima geração."

Coloque todas as opções na mesa

Estando alinhados sobre a necessidade de mudança, o próximo passo é identificar o caminho a seguir. É preciso colocar todas as opções na mesa. Resoluções antes impensáveis podem ser a única saída agora, já que a alternativa é voltar ao sofrimento de estar preso na rixa familiar.

Comece tentando apresentar todas as opções disponíveis. Elas costumam se enquadrar nestas categorias principais:

- Vender a empresa para alguém de fora.
- Fazer com que uma parte da família compre o restante da sociedade.
- Dividir a empresa — ou os ativos — entre os acionistas.
- Montar uma "grande negociação" que mantenha a família unida como proprietária, mas sob um novo acordo.

Os três primeiros caminhos representam uma tentativa de resolver o conflito subjacente, alterando a relação dos familiares como proprietários da empresa. Tragicamente, há momentos em que as famílias simplesmente não conseguem tirar nenhum proveito da própria dor. Não conseguem voltar atrás e encontrar interesses comuns, tampouco perdoar os erros do passado. A dor é profunda demais, então é chegada a hora de vender ou dividir a empresa para salvar o que resta das relações familiares.

O último caminho mantém o grupo proprietário intacto, mas muda a natureza da sua relação com o negócio. Nós o chamamos de *grande negociação*, porque geralmente envolve abordar várias questões ao mesmo tempo, e cada lado consegue o que mais lhe importa, fazendo concessões

Conflito na Empresa Familiar

em outras áreas. Esse caminho muitas vezes envolve mudanças em todos os cinco direitos dos acionistas descritos na Parte 2.

Uma família com a qual já trabalhamos se viu em um impasse devido a várias divergências sobre o futuro do negócio. Depois de ela cair na espiral de conflitos, o desempenho da empresa estagnou, pois as relações familiares, antes próximas, foram prejudicadas. Percebendo que todos eles queriam continuar como acionistas apesar de tudo o que haviam passado, os membros concordaram em fazer uma grande negociação que incluía várias decisões:

- Passar do tipo de propriedade familiar Parceria para o Distribuído. Isso significava que membros da família que não trabalhavam no negócio agora poderiam ser acionistas.

- Construir Salas dos Acionistas, do Conselho de Administração e da Família para substituir o loft em que trabalhavam. Isso distribuiu o poder de decisão em grupos mais adequados para tomar boas decisões.

- Criar um novo propósito para impulsionar a empresa. Mudar a Estratégia de Acionistas, passando de controle e liquidez para controle e crescimento.

- Informar a próxima geração sobre a empresa para que ela pudesse tomar decisões conscientes em relação a fazer parte da empresa como funcionários, membros do conselho ou acionistas. A melhora na comunicação aumentou muito o envolvimento da próxima geração.

- Criar um plano sucessório de comum acordo que acabaria por igualar a propriedade entre todas as partes. Essa decisão resolveu uma rixa entre dois ramos da família que durou uma década.

Cada grande negociação que ajudamos a construir tem um aspecto diferente, dependendo das necessidades da família no momento. Se você está tentando criar uma para sua família, resista à tentação de procurar por uma solução milagrosa. Os grandes conflitos são invariavelmente causados por uma enorme gama de fatores; portanto, é provável que uma única solução não vá funcionar.

Harvard Business Review – Manual de Empresas Familiares

Reconstrua a confiança com o tempo

Em meio a uma rixa familiar, alguns membros se recusarão a participar da mesa de negociações porque não sentem que podem confiar naqueles sentados do outro lado. A falta de confiança é completamente razoável. No Capítulo 6, definimos confiança como: "a disposição de se mostrar vulnerável a outrem, baseada na crença de que essa pessoa é competente, aberta, compassiva e confiável." Como confiar no outro envolve ser vulnerável, conforme o conflito piora e as pessoas se sentem menos seguras, é comum terem mais dificuldade em confiar umas nas outras.

O desafio é quando a confiança se torna uma precondição para o progresso. Esse requisito é irreal. Ter mais confiança é uma *consequência* provável da resolução do conflito, não sua *causa*. Como ela reflete os comportamentos da outra pessoa, é possível reconstruí-la com o tempo. De fato, antes mesmo de começar a negociar os pormenores de um conflito, você deve tomar medidas concretas para construir confiança, demonstrando competência, transparência, cuidado e consistência para com os outros. Isso inclui definir diretrizes vinculadas a esses quatro comportamentos para planejar como todos se comportarão. Com essas ações, o nível de confiança aumentará aos poucos, o que, por sua vez, não só trará outras opções, mas também aumentará a probabilidade de você aliviar suas relações familiares desgastadas.

Obtenha ajuda externa

Gerir sozinho a sua saída de uma rixa familiar é uma tarefa incrivelmente difícil. Quando quase não há confiança, é provável que você precise de um intermediário honesto que possa fazer a ponte entre a comunicação e facilitar conversas tensas. Também ajuda ter alguém que traga ideias para resolver a situação.

A ajuda externa pode vir da sua rede de contatos, de um conselheiro de confiança, de um parente, de um membro do clero ou de um amigo em comum. Se você não tiver alguém que possa desempenhar essa função, há vários especialistas, como mediadores, terapeutas e consultores de empresas familiares, que podem ajudar. "Existem alguns sistemas em que as relações (por exemplo, entre irmãos) são tão tóxicas, muitas vezes por razões históricas, que comentários triviais produzem reações explosivas e desviam a atenção de uma decisão conjunta para os dois indivíduos", disse David Ager, da Harvard Business School. "Para evitar a paralisação do sistema, o único jeito de avançar em qualquer decisão significativa é por meio do uso de um terceiro confiável e neutro, cuja responsabilidade é conduzir a conversa entre os membros da família, muitas vezes reformulando e interpretando as falas, com o objetivo de evitar atribuições errôneas em todas as declarações proferidas pelo outro familiar."

Evitando a espiral de conflitos

Ainda melhor do que saber como sair de uma batalha que está caindo na espiral, porém, é saber como evitá-la em primeiro lugar. Se você e sua família querem evitar a desastrosa espiral de conflitos, fiquem atentos às sete etapas de agravamento. Quando as pessoas discordam, muitas vezes pensam que a melhor solução é partir para a ação. E o difícil é que essa reação costuma ser racional. Se algum familiar não está honrando um acordo por escrito, o lógico é recorrer a um advogado. Também faz sentido que a outra pessoa contrate seu próprio defensor. Se consideradas individualmente, todas essas etapas fazem sentido. É irônico, mas essas ações racionais que desencadeiam reações racionais podem mandar as famílias empresárias para uma espiral devastadora.

Aconselhamos, portanto, que respirem fundo antes de partirem para a próxima etapa. Reconheçam que, sempre que alguém disser: "Acho que esta é a única maneira de lidar com isso", vocês estão se encaminhando para o agravamento de um conflito em seu sistema de empresa familiar. Sempre que desistem de tentar se comunicar de verdade, estão caminhando para uma guerra total. Cada uma das sete etapas do conflito é um passo que um membro ou ramo familiar pode decidir dar ou não dar — há uma escolha. A guerra total não é inevitável. Todos vocês têm muitas chances de evitar que a família e a empresa se autodestruam. É uma oportunidade e responsabilidade gigantesca.

Harvard Business Review – Manual de Empresas Familiares

Então, reserve um tempo para entender os conflitos, tanto os motivos pelos quais uma empresa familiar saudável precisa deles quanto as circunstâncias nas quais eles saem do controle. Se a situação começar a piorar, coloque todos na mesma página sobre o potencial impacto de vocês não chegarem a um consenso. Uma compreensão minuciosa do custo do litígio — por exemplo, seu caráter extremamente desagradável e a possibilidade de grande arrependimento no futuro — pode ajudar muito a evitar uma guerra cruel. Poucas famílias permanecem intactas depois de uma luta entre membros no tribunal.

Além de estar ciente das desvantagens de brigas excessivas, esteja um passo à frente para tratar dos problemas que têm maior probabilidade de causar desentendimentos familiares. Se sua empresa foi bem-sucedida em algum momento, você certamente encontrou o equilíbrio certo entre os extremos da escala de conflito. Esse sucesso tem sido baseado em algum acordo sobre a prática dos cinco direitos fundamentais dos acionistas familiares. Mas as empresas familiares são dinâmicas — pessoas morrem, e outras se juntam à família, dispersam-se e se reúnem, os negócios passam por altos e baixos. Essas mudanças podem criar choques prejudiciais ao sistema que funcionou muito bem no passado. Quando tudo estiver bem, instale "amortecedores", considerando com cuidado as mudanças necessárias para lidar com as prováveis rupturas futuras. Por exemplo, criar uma política de emprego familiar muito antes que qualquer membro da próxima geração considere ingressar na empresa garantirá que as decisões que se apliquem a alguém não sejam pessoais. Além disso, revise os cinco direitos dos acionistas, sempre atento aos problemas futuros. Esses exercícios prospectivos não são uma crítica ao que funciona hoje ou foi eficaz no passado. Você está simplesmente reconhecendo que algumas abordagens podem não dar certo no futuro. Ao concordar com as mudanças necessárias com antecedência e avançar gradualmente na direção delas, você aumentará de forma significativa as chances da sua empresa familiar permanecer na zona *Goldilocks*.

Os conflitos são necessários à sobrevivência de qualquer empresa. Se bem administrados, eles não rendem boas manchetes. Quando bem controlados, podem fortalecer uma empresa familiar em vez de destruí-la.

Resumindo

○ O conflito acontece de maneira diferente nas empresas familiares por causa da presença dos proprietários. Como eles podem fazer as regras, também podem quebrá-las.

○ Trata-se de um problema parecido com o da *Goldilocks*. Tanto em excesso quanto em falta, ele leva a resultados igualmente prejudiciais para a empresa e a família. Apesar de as brigas familiares receberem grande parte da atenção da mídia, a falsa harmonia, na qual a verdadeira discordância é empurrada para debaixo do tapete, é muito mais comum. Nessas situações, as famílias precisam aprender como discordar de forma construtiva.

○ As grandes brigas em empresas familiares costumam seguir um padrão, que chamamos de *espiral de conflitos*. Você pode até pensar que a situação permanecerá a mesma ou melhorará, mas na maioria das vezes ela piora se não for resolvida. O conflito tem uma atração gravitacional, mesmo ações comuns com a intenção de resolvê-lo podem, em vez disso, consolidar ainda mais a disputa.

○ Se você estiver no meio de uma rixa familiar, provavelmente precisará procurar uma grande negociação que resolva uma série de questões em vez de ir atrás de uma solução milagrosa. Tente identificar as necessidades básicas de cada participante na disputa e coloque todas as opções na mesa ao procurar uma solução para o conflito.

○ Para evitar as rixas, fique à frente da situação. A maioria dos grandes conflitos surge porque as mudanças no sistema da empresa familiar viraram de cabeça para baixo a forma como as coisas vinham funcionando há tempos. Por exemplo, a morte de uma matriarca ou a entrada da próxima geração na empresa ou na propriedade pode semear a discórdia. À medida que você vivenciar essas mudanças, ou as vir chegando, fique de olho na prática dos cinco direitos dos acionistas familiares. Pode ser necessário considerar mudanças em sua estrutura de governança ou na Estratégia de Acionistas.

13.

O *Family Office* em uma Empresa Familiar

"Odeio ter que dizer isso, mas sempre acabamos voltando à necessidade de um *family office*." Bastante relutante, Phil reconheceu que o negócio precisava formalizar os serviços de apoio que há muito prestava aos parentes. Ele foi um dos líderes da 2ª geração de uma próspera empresa familiar que sempre teve funcionários dedicados a atender às necessidades tributárias, financeiras, filantrópicas, entre outras, dos acionistas. O contador da empresa lidava, digamos, com as declarações de impostos pessoais dos membros, os pagamentos de hipotecas, as doações para a caridade e assim por diante. Essa estrutura funcionou muito bem para o pai, o fundador, e os irmãos de Phil, que dedicaram suas vidas ao crescimento do negócio. Para eles, havia pouca separação entre empresa e família. E gostavam da falta de burocracia e da informalidade da configuração atual, que se encaixava na abordagem administrativa simples e eficiente que adotavam.

Harvard Business Review – Manual de Empresas Familiares

Porém acabaram percebendo que a falta de estrutura poderia causar problemas para a próxima geração. Phil e a irmã Natalia sempre contaram com os recursos do negócio para ajudar na logística de suas vidas, por exemplo, usando aviões e carros corporativos de graça. A empresa conseguiria manter esse tipo de estrutura na próxima geração, com sete pessoas? Ao olhar para o futuro, Phil reconheceu que essa abordagem mais livre já estava causando conflito na geração seguinte, que incluía familiares que trabalhavam na empresa e outros que não o faziam. Apesar do custo e da burocracia extras, era hora de formalizar os serviços de apoio que os familiares vinham recebendo do negócio para que a distribuição fosse justa.

Conforme sua empresa e sua família crescem, um desafio que você enfrentará é o de gerenciar tudo que não está associado à operação da empresa, mas que pode ser vital para seu sucesso. Essas atividades podem incluir o pagamento de impostos, a criação de apólices de seguro de vida, doações para a caridade, a coordenação das reuniões de família e de sócios, a supervisão de uma casa de férias ou o investimento do dinheiro distribuído por meio de dividendos. São questões pessoais, mas que podem ter um efeito importante sobre a empresa direta (por exemplo, um proprietário não se planeja para pagar impostos sobre a propriedade, forçando a venda da empresa após sua morte) ou indiretamente (como no caso de uma briga familiar pelas casas de férias que respinga no negócio). Começar um *family office* pode ser uma solução para a complexidade que vem com a propriedade de uma empresa familiar.

Quando essa modalidade é mencionada, as pessoas costumam pensar em grandes *pools* de investimentos de ativos controlados por famílias incrivelmente ricas, mas não era isso que Phil tinha em mente. Sua empresa familiar reinvestiu quase todos os lucros em crescimento. O negócio tinha patrimônio líquido, mas ele foi mantido na empresa e investido de forma bastante conservadora. Os proprietários não precisavam de gestão de ativos. Em vez disso, eles só exigiam um meio de garantir que os impostos complexos de cada um deles fossem pagos corretamente e que suas propriedades compartilhadas, doações e a necessidade de segurança e fundos para educação familiar fossem devidamente supervisionadas.

O termo *family office* se tornou tão amplo que perdeu muito do seu significado. Participamos de vários trabalhos de *benchmarking* com nossos clientes para aprender mais sobre esse assunto. O ponto principal parece ser que cada família tem uma versão diferente dessa função. Como um cliente nosso resumiu após um desses esforços: "Cada *family office* é um *family office*."

Essa modalidade explodiu por volta de 2010. A Campden Wealth e a Ernst & Young estimaram que existam, globalmente, entre 7 mil e 10 mil *family offices*.[1] E agora, uma grande gama de provedores de serviços, centros de treinamento e cursos educacionais visam atender essa demanda.

Enquanto acionista de uma empresa familiar, como você caminha por esse cenário crescente e, muitas vezes, confuso? Você precisa de um *family office*? Se sim, de que tipo? Já tem e não sabia? Se sim, ele atende às suas necessidades ou adiciona o tipo de custo e camadas desnecessárias que Phil temia?

Neste capítulo, descreveremos as principais funções que um *family office* pode desempenhar. Em seguida, ajudaremos você a decidir se sua família está pronta para adotá-lo e descreveremos seus diferentes tipos. Por fim, orientaremos a criação do seu próprio *family office* — e o ajudaremos a descobrir se é hora de fechar o que você já tem.

As funções de um *family office*

Parte da confusão sobre os *family offices* vem do uso que as pessoas fazem de um mesmo termo para descrever funções muito diferentes. Eles são tipicamente criados para atender a três propósitos principais.

Investimento

Os *family offices* podem ser criados para administrar o patrimônio familiar fora da empresa operacional. Você pode ter vendido um dos negócios em seu portfólio ou aberto o capital de um deles, criando um evento de liquidez. Ou pode ter um negócio que gera mais dinheiro do que você consegue

Harvard Business Review – Manual de Empresas Familiares

reinvestir na prática. Ou talvez tenha decidido conscientemente tirar dinheiro da empresa para diversificar seu risco. Você pode, ainda, ter criado um fundo a fim de pagar as necessidades de educação e saúde da família ou fazer doações para a caridade.

Nesses casos, um *family office* funciona como o fundo patrimonial de uma grande universidade ou hospital. Existe uma estratégia de investimento, que muitas vezes consiste em um misto de ações e títulos, bem como os chamados investimentos alternativos, como *private equity* e *hedge funds*. Alguns *family offices* contratam apenas gestores para investir seus fundos, enquanto outros têm funcionários para procurar negócios operacionais e comprá-los. A maioria dos prestadores de serviços da área está focada em apoiar quem tem dinheiro para investir, medindo-se pelos seus "ativos sob gestão."

Apoio

Uma segunda função dos *family offices* é fornecer uma variedade de serviços que ajudem a família a lidar com as complexidades decorrentes da propriedade conjunta de ativos consideráveis. Muitos desses serviços de apoio se relacionam com as implicações fiscais da propriedade. Muitas empresas familiares são mantidas em *pass-through entities* (por exemplo, *S-corps* e *LLC* nos Estados Unidos), nas quais os lucros e perdas fluem direto para os impostos pessoais dos acionistas individuais. Esse arranjo cria declarações de impostos incrivelmente complicadas que exigem conhecimento real para serem concluídas. Se a sua empresa familiar for mantida em um *trust* ou em uma série de *trusts*, você enfrentará situações fiscais e financeiras que um *family office* pode resolver.

Também é possível formar *offices* de apoio para administrar os ativos familiares não financeiros fora da empresa. Muitas famílias possuem casas, carros, aviões, obras de arte ou outros objetos de valor que requerem cuidado e supervisão. Esses bens são, com frequência, um motivo desproporcional de conflito familiar (em especial, a propriedade compartilhada; veja o quadro "Gerenciando a propriedade familiar compartilhada"), por-

O Family Office em uma Empresa Familiar

tanto, a gestão desses recursos pode requerer alta prioridade. Alguns *offices* também apoiam as famílias em suas vidas pessoais, seja no pagamento das contas ou na administração de atividades filantrópicas.

Alguns *family offices* têm especialistas internos que fornecem esses serviços. Outros terceirizam o trabalho, mas assumem a responsabilidade de identificar e administrar a rede de prestadores de serviço.

Governança

Um terceiro objetivo dos *family offices* é implementar estruturas e processos de governança. Com o crescimento da família e da empresa, o trabalho envolvido no modelo das Quatro Salas pode se expandir, ultrapassando o tempo, talento ou interesse da família. Os *family offices* podem preencher essa lacuna. Podem apoiar as estruturas já existentes, por exemplo, organizar reuniões para os conselhos de família e de acionistas e assembleias familiares. Uma líder de um *office* descreveu a reunião familiar anual como seu Super Bowl, já que ela era a responsável pela organização do evento, desde a chegada da família até a partida das pessoas.

Os *family offices* também costumam estar envolvidos na manutenção do funcionamento das coisas. Alguns desempenham uma função análoga ao papel das relações com investidores em uma empresa de capital aberto, gerenciando a comunicação entre a empresa e os acionistas. Já trabalhamos com uma empresa familiar que tornou seu líder do *family office* o ponto de contato para qualquer dúvida ou solicitação familiar sobre a empresa. Cabia a esse líder responder as perguntas e descobrir o jeito certo de resolvê-las, coordenando com o conselho e a gestão quando necessário. O oficial de ligação atua como uma ponte e um amortecedor entre a empresa e a família. Outros *offices* se encarregam de criar a plataforma de comunicação da família, seja um site familiar ou um programa de armazenamento de documentos. Muitos deles buscam programas educacionais para treinar pessoas para as funções que desempenham ou desempenharão nas Quatro Salas.

Um *family office* pode ajudar em qualquer uma dessas três categorias ou em todas elas. Quando você começar a pensar na proposta dele, use-as para esclarecer suas necessidades. A Tabela 13-2 lista exemplos de serviços para cada uma delas. Você pode iniciar sua discussão em grupo verificando o que é relevante para você, tanto agora quanto durante seu preparo para a transição para a próxima geração.

Essas categorias também podem ajudá-lo a encontrar prestadores de serviços relevantes e *family offices* similares. Ao abordar prestadores, enquadre suas perguntas de acordo com as funções que deseja preencher.

Como saber se você precisa de um *family office*

Como reconhecer que sua família chegou a um momento em que poderia se beneficiar de um *family office*? Você saberá quando suas atividades ou preocupações crescerem a ponto de já não poderem ser resolvidas facilmente por familiares que atuam em funções de liderança ou pelos executivos da empresa. Kathryn McCarthy, que passou várias décadas aconselhando as principais empresas familiares sobre a formação de *offices* após sua carreira na Rockefeller Trust Company, citou alguns sinais claros de que chegou a hora de considerar essa modalidade:

O Family Office em uma Empresa Familiar

Gerenciando a propriedade familiar compartilhada

Barney Corning e Laird Pendleton fizeram uma pesquisa com os mais de cem membros da sua rede de *family office*, a CCC Alliance, e lhes perguntaram: "na ampla gama de atividades familiares em que seu *family office* se envolve, liste três que criam harmonia familiar e três que criam discórdia." Casas de férias e condomínios familiares apareceram em ambas as listas. Na melhor das hipóteses, as propriedades compartilhadas fornecem um local para os familiares se reunirem e cultivarem relações através das gerações. Trabalhamos com muitas famílias que atribuem ao tempo passado com irmãos ou primos durante os fins de semana ou férias enquanto eram jovens um papel de grande ajuda na construção da confiança que lhes permitiu trabalhar juntos e de maneira efetiva quando adultos.

Ao mesmo tempo, por terem tanto valor sentimental, essas propriedades também podem causar algumas das brigas mais feias que já vimos. Por exemplo, já aconselhamos um grupo de cinco irmãos cuja empresa estava passando por um momento complicado. Eles precisavam colaborar entre si para tomar algumas decisões difíceis: escolheriam mudar o rumo da empresa ou vendê-la? Porém, em todas as reuniões, os irmãos passavam a maior parte do tempo discutindo sobre questões relacionadas à casa de férias que herdaram dos pais: fulano a estava usando demais, sicrano estava fazendo alterações sem permissão, beltrano não estava pagando sua parte etc. A casa incorporou o espírito dos pais e algumas das memórias mais felizes da infância deles, então entendemos sua emoção. Mas era algo que representava menos de 5% dos ativos compartilhados e os estava incapacitando de fazer o trabalho necessário para lidar com os 95% restantes.

Para evitar esse tipo de situação, é melhor criar um plano para qualquer propriedade familiar compartilhada que tenha valor financeiro ou emocional significativo. Você pode usar a estrutura principal dos cinco direitos dos acionistas como base para o plano, conforme mostrado na Tabela 13-1.

Harvard Business Review – Manual de Empresas Familiares

TABELA 13-1
_____

Desenvolvendo um plano de propriedade familiar compartilhada

Desenhar
- O que está incluso na propriedade familiar compartilhada? Há partes que pertencem a membros específicos da família?
- Quem pode ser proprietário?
- Quais proprietários podem participar das tomadas de decisões?

Decidir
- Quais estruturas de governança são necessárias para supervisionar a propriedade? Use o modelo das Quatro Salas como ponto de partida.
- Que políticas você precisa implementar? Concentre-se nas políticas de uso. Por exemplo, quem pode fazer uso da propriedade? Quem tem prioridade nisso e quais são as despesas envolvidas?

Valorizar
- Qual é a finalidade de administrar esta propriedade?
- Quais são os objetivos da sua família para a empresa?
- Você está esperando que o ativo valorize?
- Você quer gerar renda ou *breakeven*, ou está disposto a contribuir para financiá-la?
- Você consideraria vender parte dela a terceiros ou fazer empréstimos para pagar grandes despesas?
- Quais limites você deveria colocar na propriedade? Por exemplo, há um orçamento máximo anual?

Informar
- Como educar os membros da família sobre as finanças, posse, regras etc. da propriedade?
- Como comunicar as diretrizes sobre o uso da propriedade?

Transferir
- Quais são as regras para vender e doar partes da propriedade? Elas estão expressas em um acordo de acionistas?

Uma família com a qual já trabalhamos era, há sete gerações, proprietária conjunta de uma fazenda, que foi fonte de muitas lembranças, assim como de vários desentendimentos. Usando essa estrutura descrita na tabela, eles desenvolveram um plano de propriedade compartilhada que ajudou a fazenda a continuar como fonte de harmonia familiar e, ao mesmo tempo, minimizou as divergências.

O Family Office em uma Empresa Familiar

TABELA 13-2

O que um *family office* pode fazer por você? Um exemplo dos serviços possíveis

Investimento	Apoio	Governança
• Estratégias de investimento	• Administração contábil	• Logística de eventos e reuniões familiares
• Alocação de recursos	• Planejamento e gestão tributária para pessoas físicas e jurídicas	• Comunicação entre as Quatro Salas
• Seleção de gestores	• Planejamento de finanças, patrimônio e seguros	• Relações com investidores (reuniões, *proxy statements*, perguntas)
• Medição de desempenho e *benchmarking*	• Administração das doações familiares	• Educação (cursos, recursos etc.)
• Política de investimentos	• Pagamento das contas da família	• Desenvolvimento e progressão de carreira
• Relatórios de investimento	• Gestão dos bens familiares (aviões, casas etc.)	• Site ou portal da família
• Prospecção de oportunidades de investimento e diligência prévia	• Gestão dos prestadores de serviço	
• Gestão de caixa		

- **Necessidades urgentes não são atendidas.** Você identificou questões que precisam de gestão profissional, como a diversidade e liquidez dos investimentos, a interação entre a empresa e os funcionários familiares ou externos ou questões relacionadas aos ativos compartilhados, como casas de férias da família.

- **Falta experiência profissional.** Os ativos e as necessidades da sua família vão além do que, digamos, um CFO competente dentro da empresa consegue administrar. Por exemplo, você precisa de serviços para *trusts* familiares de alto nível. Já trabalhamos com uma família que exigia experiência em tributação, tanto do ponto de vista empresarial quanto do familiar. A CFO levantou a preocupação de que sua equipe estava tentando preencher as duas funções, mas não era tão eficiente quanto duas equipes seriam: um grupo interno para tratar dos impostos da empresa e um externo para cuidar dos da família.

- **A governança familiar ou societária precisa de apoio.** Um *family office* pode desempenhar um importante papel administrativo ao manter a governança das Quatro Salas organizada. Quem convocará as reuniões de acionistas? Quem garantirá que os familiares sejam informados sobre acontecimentos importantes? Quem se responsabilizará por educar e orientar a próxima geração? Mesmo quando um membro da família desempenha um papel de liderança nessas situações, pode ser útil contar com apoio profissional para organizar a agenda e a logística.

Harvard Business Review – Manual de Empresas Familiares

Tipos de *family office*

Até agora, estávamos supondo que existe um *family office* real e nítido, com localização física e equipe dedicada. Na verdade, existem quatro tipos principais de *family offices*, cada um com suas vantagens e desvantagens (Tabela 13-3):

- Um **family office embutido** é integrado à empresa operacional. Pode ser que exista um departamento dedicado a atender às necessidades descritas anteriormente. Ou, mais comumente, esses serviços são fornecidos junto com um suporte ao negócio. Por exemplo, na empresa familiar de Phil, o departamento de tesouraria é responsável tanto pelas necessidades de caixa da empresa quanto pelas dos proprietários. O departamento tributário é responsável pelas declarações de impostos corporativos e pessoais, que estão conectados, já que a empresa de Phil possui uma estrutura corporativa *pass-through*.

- Um **family office individual** (muitas vezes chamado de SFO, *single family office*, em inglês) é uma entidade separada dedicada a atender às necessidades de uma família específica. Ela geralmente tem sua própria equipe e espaço, embora às vezes tenha contratos distintos com a empresa para suprir uma delas ou ambas (equipe e espaço).

- Com um **family office virtual** (ou VFO, *virtual family office*, em inglês), a família contrata uma ou mais empresas externas para atender às suas necessidades de investimento, apoio e governança. Por exemplo, há uma empresa familiar cujos proprietários contrataram uma empresa de contabilidade para fazer todas as suas declarações de impostos pessoais, que antes eram feitas pela equipe do CFO. A empresa de contabilidade trabalhava diretamente com o CFO para garantir que as informações corretas fossem compartilhadas de um lado para o outro.

- Um **multifamily office** (ou MFO) é uma empresa criada para atender às necessidades de várias famílias. Ela emprega profissionais em uma ampla gama de áreas, como contabilidade, planejamento sucessório, governança familiar e filantropia, e os clientes podem acessar esses especialistas ao ingressar. Muitos *multifamily offices*, como o Bessemer Trust e o Brown Brothers Harriman, começaram atendendo uma família e acabaram abrindo suas portas para outras.

O Family Office em uma Empresa Familiar

TABELA 13-3

Prós e contras dos diferentes tipos de *family offices*

Tipo de *family office*	Prós	Contras
Family office embutido	• Aproveitamento dos recursos da empresa • Simplicidade de governança	• Restrições no que pode ser fornecido • Conflito sobre os vários níveis de uso
Family office individual	• Serviços exclusivos • Expertise personalizada para as necessidades da família	• Custo da equipe responsável • Necessidade complexa de administrar equipe adicional
Family office virtual	• Possibilidade de pagar apenas pelo que usar • Oportunidade de selecionar os melhores prestadores de serviço de cada categoria	• Complexidade de múltiplos prestadores • Responsabilidade de fornecer orientação é da família
Multifamily office	• Amplitude de serviços • Profundidade de expertise em diversas áreas • Flexibilidade	• Pacote de serviços no qual nem tudo pode ser necessário • Falta de personalização • Fora do controle familiar

A maioria das empresas familiares começa com um *family office* embutido. De fato, muitas vezes ele existe e não tem sequer um nome; mas é assim que as coisas funcionam. Custeado pela empresa, assim como qualquer outra despesa operacional, esse modelo semelhante a um loft é comum em especial na geração fundadora, que muitas vezes não faz distinção entre bens pessoais e profissionais. A empresa pode ser proprietária de casas, carros, aviões, obras de arte e assim por diante, e ficar responsável por gerenciar tudo.

Uma vez que o escopo de serviços aumenta substancialmente, a empresa costuma criar uma estrutura formal de *family office*. De novo, o arranjo pode não ser chamado assim, mas há pessoas dedicadas a atender às necessidades da família e dos sócios. Esse *office* muitas vezes começa a cobrar os familiares pelos serviços se eles não estiverem relacionados aos negócios ou forem prestados em diferentes níveis de intensidade para os membros da família.

257

Harvard Business Review – Manual de Empresas Familiares

Em algum momento desse processo evolutivo, o *family office* costuma se separar do negócio principal. Seus funcionários ainda podem estar na folha de pagamento da empresa, mas o *office* terá liderança e governança próprias. Há gatilhos específicos, incluindo os eventos a seguir, que estimulam essa separação:

- A empresa se torna pública, e essa nova estrutura muda os requisitos de relatórios e as regras contábeis.

- Existem vários tipos de acionistas — operadores, governadores e investidores — com diferentes necessidades (como no caso de Phil).

- Os membros da família começam a valorizar a privacidade em relação aos seus assuntos financeiros e já não querem que eles sejam mantidos nos sistemas da empresa, nem que funcionários saibam deles.

- A complexidade do sistema de governança requer novos tipos de expertise (por exemplo, administração de *trusts*) que normalmente não estão disponíveis em uma empresa.

Antes de continuar, pare para avaliar sua situação atual. Você tem um *family office*, mesmo que não o chame assim? Se sim, em qual destes quatro tipos ele se encaixa? Quais são os serviços oferecidos? Eles estão atendendo bem às suas necessidades? Se você não tiver um *family office*, precisa de um? Em caso afirmativo, qual das três funções principais — investimento, apoio ou governança — tem a maior prioridade?

Construindo seu *family office*

Não há uma única maneira certa de formar seu *family office* ou expandir o que você já criou. Cada *office* existe para atender às necessidades de uma família proprietária de uma empresa, e eles variam tanto entre as famílias quanto dentro delas com o passar do tempo.

O Family Office em uma Empresa Familiar

Tendo isso em mente, aqui estão algumas sugestões para você levar em conta enquanto estiver considerando criar ou expandir seu *family office*:

- **Pense no futuro.** Pendleton e Corning, que apresentamos anteriormente, são os chefes da CCC Alliance, uma importante rede de *family offices*. Os dois líderes também criaram seus próprios *offices* e, durante o trabalho na CCC, tiveram acesso a mais de cem criações dessas estruturas. Segundo sua experiência, eles nos contaram que "é um erro começar sem ter o final em mente. Pense em como você quer que o *family office* fique em longo prazo, ou seja, daqui a de 25 anos. Famílias novas muitas vezes começam a investir, construir estruturas e contratar pessoal antes de terem uma ideia clara da visão de futuro." Pendleton e Corning enxergam a educação como um objetivo no qual os *family offices* devem se concentrar desde cedo, já que "uma próxima geração desinformada e desengajada, mesmo com o melhor planejamento tributário, jurídico e financeiro, é capaz de destruir o patrimônio em dez a vinte anos".

- **Identifique o líder antes de concluir a estrutura.** A consultora de *family offices* McCarthy nos contou que as famílias devem "procurar seu líder (seja ele familiar ou externo) antes da construção da estrutura ou paralelamente a ela. Você não pode construir um e só depois entregá-lo para alguém administrar." Quando perguntamos o que faz um bom líder de *family office*, ela apontou principalmente para as *soft skills*, as habilidades interpessoais: "Eles devem ser bons comunicadores de verdade. Precisam querer sair e interagir com a família e a empresa, em vez de ficarem sentados em um escritório. É importante que tenham uma presença que imponha o respeito de todas as partes e lhes permita construir confiança. Devem ser humildes — a arrogância não é bem-vista. E eles precisam ser capazes de lidar com a ambiguidade que acompanha a função. Um líder fica preso ali no meio, então precisa lidar com isso. Competências técnicas são facilmente compradas; mas essa função trata de características pessoais."

- **Crie uma personalidade jurídica separada.** Fazer com que o *family office* estabeleça suas próprias demonstrações de lucros e perdas ajuda a criar mais responsabilidade e transparência, o que pode não ser vital nas primeiras gerações, mas o será com o tempo. Pode ser útil man-

Harvard Business Review – Manual de Empresas Familiares

ter o *office* sob as asas da empresa, por exemplo, tornando-o uma subsidiária. Ou fazendo acordos em nível de serviço que permitam à empresa pagar as despesas relacionadas a ele. Se o *family office* não for uma personalidade jurídica separada, deve pelo menos ser algo à parte dentro da empresa familiar, de acordo com McCarthy.

- **Estabeleça boa governança para o *family office*.** Alguns *family offices* passam por dificuldades porque sua responsabilidade não é clara. Ou prestam contas aos líderes empresariais e não à própria família. A governança pode ajudar a lidar com essas questões. Deixe clara a subordinação do líder do *family office* — ele presta contas ao conselho de família, de acionistas ou ao da empresa? Na maioria dos casos, recomendamos formar um conselho específico para o *office* a fim de garantir que receba orientação e supervisão apropriadas. Esse conselho pode consistir de uma mistura de familiares, consultores externos e líderes do negócio.

- **Promova uma cultura de respeito pelo papel do *family office*.** De acordo com McCarthy, existe o risco de os funcionários do *family office* serem "tratados como cidadãos de segunda classe. Podem não ter autoridade para agir dentro da empresa e, portanto, nem sempre são respeitados. Às vezes, são vistos como responsáveis por funções que ninguém mais quer fazer." Quando esse tipo de cultura surge, os funcionários do *family office* podem ter dificuldade em realizar seu trabalho. Também se torna difícil atrair e reter bons talentos. Os proprietários devem comunicar a importância do papel do *family office* e reforçar suas palavras demonstrando-lhe respeito, principalmente na presença de outros líderes da empresa familiar.

- **Prepare-se para adaptar seu *family office* ao longo do tempo.** Como Pendleton e Corning colocaram, "as famílias evoluem, então o *family office* precisa de uma estrutura flexível para que possa mudar junto." McCarthy disse que ele será afetado por uma série de mudanças no ambiente. Elas incluem o impacto da tecnologia, a coexistência de várias gerações, já que a expectativa de vida vem aumentando, e a dispersão de muitas famílias por vários países. Por fim, ela advertiu que "não se deve presumir que a mesma pessoa liderará o *family office* por 25 anos. É preciso fazer mudanças na liderança de vez em quando para se manter atualizado."

Decidindo quando fechar seu *family office*

Os *family offices* não duram necessariamente para sempre. Existem várias razões pelas quais eles podem acabar sendo fechados, de acordo com McCarthy, incluindo estas:

- **Inadequações no nível de serviço:** no fim das contas, um *family office* depende dos serviços oferecidos. Com uma equipe pequena e orçamento limitado, os níveis de serviço podem não atender às expectativas da família.

- **Relacionamento difícil com funcionários e familiares:** pode ser um desafio recrutar e manter uma equipe de *family office* competente e confiável que atenda às necessidades contínuas de uma família grande e diversificada — e pagar a quantia que esses serviços exigem no mercado aberto. As famílias não necessariamente podem esperar contratar, digamos, um dos melhores consultores de investimentos e remunerá-lo de acordo com o valor pago aos principais funcionários da empresa. Os melhores profissionais do *family office* podem exigir uma remuneração bem maior, e as famílias nem sempre aceitam isso com facilidade.

- **As diversas necessidades da família são muito amplas para um único *office*:** por mais que a ideia de um lugar que resolva tudo seja agradável para uma família, às vezes um único *family office* não consegue lidar com a variedade de requisitos de uma determinada família.

Existem inúmeras outras razões pelas quais os *family offices* são descontinuados, mas muitas delas se encaixam na diferença entre as altas expectativas e a realidade. Às vezes, uma geração valoriza mais o *office* do que a outra. Em outros casos, os membros da família concordam em mantê-lo para agradar um patriarca idoso, mas querem independência quando chega a sua hora de dar as cartas. Ou as relações familiares são complicadas demais para continuarem unidas na tomada de decisões. É possível (e, às vezes, aconselhável) que os *family offices* sejam descontinuados, disse McCarthy, ou transferidos para um *multifamily office*, no qual há mais flexibilidade para membros individuais da família.

Harvard Business Review – Manual de Empresas Familiares

Resumindo

○ Um *family office* pode ser um jeito útil de gerenciar as múltiplas funções que acompanham uma empresa e uma família em crescimento. Mesmo que você não tenha um *family office* formal, é provável que já possua algumas de suas funções integradas à sua empresa operacional.

○ Os *family offices* têm três funções principais. Eles gerenciam os *investimentos* familiares, prestam serviços de *apoio* e implementam estruturas e processos de *governança*. À medida que você explora a criação ou reavaliação de um *family office*, comece identificando a quais tipos de necessidades ele atenderá.

○ Considere formar um *family office* quando suas necessidades de investimento, apoio ou governança não forem atendidas porque os líderes empresariais não têm tempo ou experiência para tal. Se decidir criá-lo, pense em suas necessidades em longo prazo e o projete tendo-as em mente. Lembre-se de que ele precisa de governança dedicada, como um conselho, para se manter nos trilhos.

○ Os *family offices* vêm em diferentes formatos e tamanhos, cada um com seus próprios prós e contras. O *family office embutido* fica dentro da empresa operacional, muitas vezes sem liderança centralizada; o *individual* é separado da empresa e dedicado à sua família; o *virtual* pode ser montado identificando um ou mais prestadores de serviços para preencher as funções-chave e um *multifamily office* se dedica a apoiar um grupo de famílias com uma variedade de recursos especializados.

○ Se você tiver um *family office*, reserve um tempo para reavaliar se ele está atendendo às suas necessidades. Caso contrário, considere adaptá-lo, trocando de tipo (por exemplo, passando de um *family office* embutido para um *virtual*), ou fechá-lo.

14.

Os Perigos de Perder o que Você Construiu

As histórias de rixas familiares amargas que acabaram arruinando a empresa e a família são coisas de tabloides e filmes feitos para a TV. Na vida real, os familiares muitas vezes perdem o que valorizaram por gerações de maneiras muito menos dramáticas, mas tão insidiosas quanto. Três caminhos principais conduzem a essa perda:

1. Você perde o controle, ao abrir mão explícita ou implicitamente dos seus direitos fundamentais de acionista.

2. Você se perde como acionista familiar, pela erosão dos valores que o guiam.

3. Você perde a empresa, porque não soube lidar adequadamente com uma crise econômica.

Harvard Business Review – Manual de Empresas Familiares

O que esses três cenários têm em comum é que são consequência da ação ou falta dela por parte dos proprietários. A perda pode parecer vir do nada, como uma onda traiçoeira que derruba um navio desavisado. No entanto, em cada caso, há momentos em que é possível agir para evitar o perigo. Apresentaremos instruções para fugir desse destino.

Reconhecendo os alertas de que você pode estar perdendo o controle

Durante anos, Devin e os membros de sua família foram acionistas desconectados e descomprometidos em relação à empresa familiar de 3ª geração. Nenhum deles trabalhava no negócio, e os membros do conselho aprovavam as decisões administrativas sem a devida reflexão. Ainda assim, eles ficaram chocados quando o CEO não familiar disse que eles precisariam viver sem dividendos — ou vender a empresa. Como essa surpresa se esgueirou até eles? Esses empresários foram proprietários cada vez mais passivos até que se depararam com a realidade do risco de perder o negócio que estava na família há três gerações. Na verdade, eles mesmos causaram esse destino com sua indiferença para com os direitos e responsabilidades da propriedade.

Embora os detalhes variem, é comum ouvir histórias de acionistas familiares que perderam o controle da empresa sem querer. Considere outro caso, em que um patriarca relativamente jovem morreu de repente, sem deixar nenhum plano de sucessão em vigor. Os filhos não estavam preparados para assumir a empresa, e a viúva não tinha experiência nos negócios. Ela contratou um CEO externo que, infelizmente, reconheceu a fraqueza da família como proprietários. Então, ele passou a tratar a empresa como seu feudo pessoal. Por fim, tentou comprar o negócio a um preço deflacionado. A família conseguiu segurar as pontas, expulsando o CEO, mas a experiência prejudicou o emocional e o financeiro dela.

Embora um CEO não familiar às vezes desempenhe o papel de vilão nessas situações, a culpa costuma ser dos acionistas, que criaram um vácuo de poder para outros preencherem. Na falta de orientação substantiva dos

Os Perigos de Perder o que Você Construiu

sócios, esses executivos, compreensivelmente, seguiram seus próprios interesses. E mesmo quando as famílias têm a sorte de encontrar aquele líder não familiar altruísta e protetor — e há muitos —, os acionistas ainda precisam expressar em uníssono o que desejam. Caso contrário, não há como garantir que seus interesses sejam atendidos.

Aqui estão cinco sinais de alerta de que você pode estar caminhando para perder o controle da sua empresa familiar:

- **Os dividendos nunca mudam.** Se você recebe dividendos estáveis ano após ano, então você deveria se preocupar. Ter metas de dividendos é uma boa, mas os de uma empresa bem administrada são sempre incertos e devem variar de acordo com o desempenho do negócio e suas oportunidades futuras. Todo ano, deve haver certa discussão sobre os lucros da empresa e o que fazer com eles. Se você se acostumar a receber dividendos anuais — no pior dos casos, tratando-os como um direito —, perderá um mecanismo essencial para controlar o negócio, ou seja, decidir quanto do seu dinheiro deve ser reinvestido anualmente. Você, de fato, terá colocado sua Estratégia de Acionistas no piloto automático.

- **As reuniões do conselho são uma formalidade.** Para empresas familiares maiores, um conselho de administração (ou os conselheiros) é usado para garantir que o negócio persiga os objetivos dos proprietários. Na melhor das hipóteses, conselheiros independentes trazem sabedoria, experiência e disposição para desafiar a gestão. Os sócios devem garantir que o conselho esteja devidamente formado e empoderado. Seu conselho se encontra raramente ou só aprova as recomendações da gestão sem refletir antes? Ele é composto por amigos da família ou pelo CEO e aliados do executivo? Seu papel na empresa é obscuro? Se você responder sim a qualquer uma dessas perguntas, significa que, para manter o controle, está abrindo mão de uma ferramenta essencial.

- **São fornecidas informações demais ou insuficientes sobre a empresa.** Como proprietário de um patrimônio, você deve receber informações sobre o seu desempenho de forma oportuna e apropriada. Tanto as atualizações que levam quinze minutos ("O negócio está ótimo!" ou "Aproveite seus dividendos!") quanto os "resumos" de duzentas páginas devem soar um alerta. Se você não trabalha na empresa, já

265

está em desvantagem, sem saber em primeira mão o que está acontecendo. Quando a administração o deixa sedento por detalhes ou o afoga neles, fica muito difícil entender o desempenho e o potencial da sua empresa.

- **O CEO parece insubstituível.** Alguns líderes empresariais podem administrar seus negócios e entregar excelentes resultados e ainda cultivar um envolvimento familiar adequado. Faça o que puder para manter pessoas assim. Cuidado, no entanto, se você (e eles) falar e agir como se eles fossem insubstituíveis. Respeito e apreço por um trabalho bem feito são saudáveis, medo e dependência, não. Executivos insubstituíveis podem começar a tomar decisões de forma independente, acreditando que sabem mais do que você. Podem até se referir aos donos do negócio como "as crianças". Se o seu grupo de acionistas familiares pisar em ovos com o CEO não familiar, esse comportamento de vocês pode sinalizar um perigoso desequilíbrio de poder.

- **Os membros da família são excluídos da empresa.** Às vezes, os acionistas familiares perdem o controle do negócio porque a geração anterior não lhes concedeu acesso durante o processo de sucessão. Como existe a percepção de que falta talento à próxima geração — ou o medo dos perigos de conflitos familiares —, são implementadas políticas de emprego que impedem ou dificultam muito que membros da família trabalhem no negócio. Por vezes, essa "profissionalização" da empresa familiar pode fazer sentido. Mas fique ciente que o vínculo direto da família com as operações da empresa será cortado. Você não precisa administrá-la, mas a presença de acionistas empregados no negócio ajuda a família a manter o controle dele.

Corrigindo o curso: voltando ao controle

Caso perceba que perdeu parte ou a maioria do controle sobre sua empresa, então é hora de se perguntar se quer continuar sendo proprietário dela. Talvez você decida que é hora de vender. Mas se desejar mantê-la além de num sentido técnico, deve começar a se envolver como acionista. Não precisa começar a microgerenciar executivos de repente ou se intrometer nas decisões operacionais. É preciso, no entanto, renovar e reafirmar seus direitos de proprietário.

Os Perigos de Perder o que Você Construiu

Se os acionistas ainda não criaram um conselho ou se o atual virou uma "estrutura vazia" (consulte "Leitura Adicional"), é hora de fundar um. Ele pode moldar ou reformular suas prioridades como proprietários e permite que as abordem em uníssono junto ao conselho e à gestão. Criem uma declaração de Estratégia de Acionistas para ajudar a guiar essa priorização. Implementem políticas financeiras claras para dividendos e níveis de endividamento e estabeleçam limites financeiros e não financeiros, como metas de retorno sobre o investimento ou proibições de alguns investimentos (por exemplo, tabaco). Vocês, como proprietários, precisam atribuir ao conselho a responsabilidade de escolher um CEO que apoie sua agenda, não a do executivo.

É possível que você nunca se torne um especialista em retorno sobre o capital investido ou outros detalhes financeiros. O fato de você e seus sócios não serem necessariamente experts só ressalta a importância de estruturas que permitam que contem com o conhecimento de pessoas que apreciem seus valores e sigam sua agenda. Mas, a cada geração, a presença de proprietários ativos e eficientes lhes permitirá abrir mão de muitas decisões — sem perder o controle da empresa no processo.

Mantendo os valores familiares

Embora vocês possam entregar algumas decisões aos especialistas, não podem se dar ao luxo de abrir mão dos seus valores familiares, que constituem a base da empresa. Eles são a razão pela qual vocês escolheram ficar juntos no negócio como uma família. É preciso cultivá-los e transferi-los de uma geração para outra. Os valores familiares fornecem importantes limites éticos para manter a empresa nos trilhos.

Veja, por exemplo, o legado deixado pelo avô de Robert Pasin. Ao assistir ao funeral do avô, Pasin, hoje CEO da Radio Flyer, ficou impressionado com as demonstrações de carinho e respeito pelo patriarca da família, que fundou a fabricante de brinquedos que estava na 3ª geração. "Um monte de gente que trabalhava na fábrica", ele revelou, "vários fornecedores me contaram histórias sobre meu avô. Ele não quebrava promessas. Um fornecedor

Harvard Business Review - Manual de Empresas Familiares

me disse que nunca havia assinado um contrato, que apenas apertavam as mãos. Lembro que me senti orgulhoso e grato por esse tipo de pessoa ter fundado nossa empresa." Foi uma lição que Pasin absorveu ao longo dos anos ao observar o avô e o pai administrando o negócio e que se tornou parte do seu DNA. "Quando você começa com valores realmente bons, é muito mais fácil mantê-los", disse Pasin.

Com tantas vantagens para a empresa familiar, como ter certeza de que vocês não deixarão seus valores se perderem e prejudicarem o negócio que sua família passou gerações construindo?

Em *Como Avaliar Sua Vida?*, o professor da Harvard Business School, Clayton Christensen, e seus coautores argumentaram que o caminho para a ruína acontece aos poucos. Cada escolha individual que se afasta do lado moral facilita que haja uma próxima nesse sentido. Essa é a teoria por trás do pensamento marginal: vocês fazem o que parecem ser escolhas completamente racionais sobre a decisão imediata em questão, sem nunca considerar os custos totais que ela trará ao longo do tempo. Por exemplo, em 2005, a General Motors decidiu não redesenhar uma chave de ignição defeituosa que estava ligada a acidentes de carro, pois isso acrescentaria US$1 ao custo de fabricação de cada carro[1]. A decisão de manter o defeito acabou levando a US$4,1 bilhões em reparos, indenização para as vítimas e outros custos, sem falar no número de audiências públicas e no fiasco de relações públicas.

O mesmo pensamento também surge em relação a nossa integridade pessoal. Você pode pensar "Só desta vez, posso fazer uma escolha eticamente questionável ou ignorar as regras. Só desta vez." Exceto que, para a maioria de nós, argumentam Christensen e os coautores, o "só desta vez" continua se repetindo. De acordo com nossa experiência trabalhando de perto com empresas familiares multigeracionais, o risco do pensamento marginal pode claramente desempenhar um papel importante ao afastar uma empresa dos valores que ela já defendeu. Muitas se encontram em situações que nunca pretenderam enfrentar devido ao acúmulo de pequenas decisões lógicas e incrementais. Permanecer fiel a esses valores requer trabalho e vigilância de todas as gerações. Há seis sinais de alerta que sugerem que sua empresa familiar pode estar se desviando do caminho.

Os Perigos de Perder o que Você Construiu

Você perde sua narrativa familiar

Os valores familiares são transmitidos de geração em geração por meio de histórias, mas é preciso não contar apenas as triunfantes. É preciso compartilhar tanto os sucessos quanto os fracassos da história da empresa familiar, o que Marshall Duke, professor da Universidade Emory, chamou de "narrativa oscilante" — um reconhecimento dos altos e baixos. Entender os motivos de a família ter enfrentado desafios difíceis e as estratégias utilizadas para superá-los pode fornecer orientações para ajudar as gerações futuras a resistir à tentação de comprometer seus valores para obter ganhos em curto prazo.

Você acha que "profissionalizar" a empresa significa despi-la de sua alma

Steve Shifman, que se tornou CEO da empresa familiar da esposa Julie, a Michelman Incorporated, fabricante de especialidades químicas, teve dificuldade para achar o equilíbrio entre as qualidades que tornavam a empresa de 3ª geração especial e a necessidade de a manter competitiva quando assumiu em 2003. "Eu estava determinado a profissionalizar toda a empresa", Shifman compartilhou conosco. "Porém, aos poucos, percebi que havia criado uma falsa dicotomia entre 'empresa familiar' e 'negócio profissional'. Parte do que nos tornou capazes de recrutar e reter nossos incríveis talentos também nos fez especiais enquanto empresa familiar. Somos movidos por propósitos e valores, não apenas pelo mercado. A empresa não é só uma máquina de geração de riqueza para nós; é mais do que isso. Percebi que havia algo mágico em jogo."

Você só permite que pessoas "credenciadas" estejam presentes ao tomar decisões importantes

À medida que as empresas familiares crescem, muitas vezes, elas criam conselhos com profissionais externos. Os membros que supostamente não estão à altura do cargo (com frequência, familiares) são ignorados ou ex-

Harvard Business Review – Manual de Empresas Familiares

cluídos. Os externos costumam assumir que o Retorno Total ao Investidor é o objetivo final — e defendem escolhas consistentes com essa meta. Como já discutimos, permitir que esses profissionais determinem os objetivos dos acionistas pode levar a um desastre, até porque as escolhas feitas por um executivo ou um membro do conselho que não é proprietário podem parecer boas no papel, mas são inconsistentes com os valores da sua família.

Proteger essas crenças geralmente requer um familiar com uma perspectiva externa, que esteja em posição de levantar perguntas importantes. Na verdade, alguns dos melhores membros do conselho de administração de empresas familiares que já vimos não têm experiência tradicional, mas sempre fazem as perguntas mais difíceis. Em um exemplo notável, citamos um familiar que estivera relativamente alheio ao negócio durante a última década e desafiou o conselho a justificar por que havia concordado em usar matérias-primas de origem não sustentável para o negócio de manufatura industrial da empresa. A lógica marginal econômica era clara — os materiais eram mais baratos do que os de origem sustentável —, mas os valores familiares fundamentais não apoiavam o investimento. Sem uma nova perspectiva para interromper a conversa e garantir que tal passo fosse consistente com as crenças da família, a empresa poderia ter caminhado para uma direção da qual se arrependeria no futuro.

Você começa a definir a si e a sua família pelo dinheiro

Como discutido no Capítulo 11, membros individuais da família às vezes começam a se definir por meio do dinheiro e da atenção pública. Pior ainda é quando todos os familiares passam a agir dessa forma, emprestando seus nomes para batizarem prédios, parques e outros espaços públicos. Pode haver diversos bons motivos cívicos para apoiar causas beneficentes, mas se a motivação subjacente é exibir seu dinheiro, a família começou a seguir um caminho perigoso. Quando a necessidade da adulação de estranhos domina suas decisões, são essas pessoas — e não os familiares — que começam a definir os valores familiares. E depois de conceder aos outros o direito de escolher as crenças da sua própria família, você pode se sentir pressionado a pegar atalhos e fazer gestos cada vez mais grandiosos que mantenham sua imagem pública.

O lucro se torna seu principal motivo

Acadêmicos e líderes de pensamento vêm nos dizendo há anos que o objetivo de uma corporação é maximizar o valor para os investidores. Essa observação pode estar correta para empresas de capital aberto, mas as familiares são livres para serem diferentes. Elas têm a vantagem de que os proprietários podem escolher o que priorizar — seja lucro, harmonia familiar, responsabilidade social ou algum outro aspecto. Quando enfatizam demais o lucro em detrimento dos clientes ou das comunidades em que vivem, podem parar no caminho errado. Mas as que conseguem articular de forma clara seus motivos além do lucro podem ajudar a reforçar valores e fortalecer a harmonia familiar. Já trabalhamos com uma empresa familiar cujos proprietários optaram por administrar um dos negócios apesar do prejuízo que ele trazia, porque proporcionava carreiras para os familiares e um serviço público muito necessário para a comunidade.

Como as empresas familiares enfrentam tão pouca inspeção do mundo exterior, pode ser muito fácil dar pequenos passos no estilo "só desta vez" para uma direção que pode, no fim, destruir os valores que você preza. Pasin, da Radio Flyer, relembrou um desses momentos com seu pai quando, anos atrás, questionou sua decisão de não usar materiais mais baratos para um dos vagões vermelhos, que são a marca registrada da empresa:

> *Lembro que meu pai estava decidindo se deveria usar aço e pneus mais baratos em um dos nossos vagões anos atrás. E eu lhe perguntei: "Isso realmente importa? Os consumidores vão perceber?" E ele disse: "Não tenho certeza. Mas, em caso de dúvida, gosto de pecar pelo excesso, porque assim não perco o sono. Você perderá por muitas coisas ao administrar este negócio, mas esta não será uma delas." Penso nisso todos os dias. É uma das lições mais importantes que meu pai já me ensinou.*

Harvard Business Review – Manual de Empresas Familiares

Você abre mão dos seus valores em uma tentativa de evitar conflitos

Quando as empresas familiares perdem de vista as responsabilidades dos seus acionistas, muitas vezes isso é resultado de um esforço equivocado para evitar conflitos na família. Seguindo uma tendência bastante humana, a de evitar conflitos, os acionistas podem hesitar em fazer perguntas desafiadoras uns aos outros. Deixam de resolver problemas graves. Cada um pensa consigo: "Não vou desafiar os profissionais que devem saber mais do que eu." É comum que os sócios tenham sido preparados de forma inadequada para suas funções e não saibam como e quando se manifestar diante de uma dificuldade em uma decisão. Então, em vez disso, não dizem nada, mesmo quando seus instintos apontam que há algo de errado.

No final das contas, as empresas familiares mais saudáveis não evitam as discussões difíceis. Também não aprovam decisões de qualquer jeito. E, o mais importante de tudo, entendem que os direitos dos acionistas também carregam responsabilidades. Levá-las a sério é a melhor forma de preservar o legado da família por muitas gerações.

Respondendo a uma crise econômica

Um terceiro grande risco para a empresa familiar é não responder de forma eficaz a uma crise econômica. Ocasionalmente, há uma interrupção que torna impossível fazer negócios como de costume. Eventos como a Grande Depressão ou a crise financeira de 2008 podem afetar até mesmo a viabilidade de empresas saudáveis. Por exemplo, quase todas as empresas familiares que conhecemos foram seriamente afetadas pela pandemia de Covid-19. Quase 90% sofreram algum impacto negativo nos negócios, de acordo com uma pesquisa que realizamos em meados de 2020, no auge do coronavírus. Algumas delas precisaram lutar para sobreviver.[2]

Os acionistas de empresas familiares têm a capacidade única de partir para ações críticas que podem ajudar seu negócio em tempos tão difíceis. Conforme discutido neste livro, seus cinco direitos lhes conferem a habili-

Os Perigos de Perder o que Você Construiu

dade de mudar quase todos os aspectos do funcionamento da empresa. Em circunstâncias normais, esses direitos são poderosos, mas em uma crise no mundo dos negócios, o poder dos proprietários é ampliado.

Uma crise força as empresas familiares a fazer concessões que antes seriam inimagináveis. O estresse, a ansiedade e o medo que surgem nesse contexto podem amplificar dinâmicas já desafiadoras, paralisando a tomada de decisões em todo o negócio ou fazendo com que o conflito saia do controle. Ou então os desafios podem ser uma chamada para a ação, levando os proprietários familiares a se unirem pela causa, deixando de lado suas diferenças e trabalhando duro para garantir que o negócio sobreviva. O impacto final de uma crise em sua empresa será em boa parte moldado pelo jeito como você lidou com esse momento. Por meio das suas escolhas, ou da falta delas, você influenciará o gerenciamento da crise e o tipo de empresa, caso ainda haja um negócio, que surgirá do outro lado dessa travessia.

Se você se esforçou para exercer seus cinco direitos de acionista, deve estar em boa forma para enfrentar os desafios que surgirem no caminho. Porém, em uma crise, é preciso considerar as ações específicas de cada direito para garantir que os líderes da empresa tenham a orientação e as ferramentas adequadas para lidar com ela.

Desenhar: defina que tipo de empresa familiar você deseja preservar

Uma crise nos negócios pode forçá-lo a reconsiderar as principais escolhas de projeto quanto à propriedade conjunta, aos acionistas e à prática do controle. É preciso esclarecer aos líderes da empresa se alguma dessas opções pode ser revista caso isso os ajude a lidar com a crise ou se os líderes precisam trabalhar dentro dessas restrições de projeto. Para tomar essa decisão, primeiro, é importante considerar discutir estes tópicos na Sala dos Acionistas:

- Quais ativos da empresa devem ser mantidos e há alguma flexibilidade para vender ou economizar em certas partes para salvar o todo?

Harvard Business Review – Manual de Empresas Familiares

- Sob que circunstâncias vocês considerariam abrir a propriedade para funcionários, parentes por afinidade ou investidores externos trazerem novas formas de capital?

- É preciso considerar mudar o tipo de empresa (por exemplo, de Parceria para Distribuído a fim de atrair mais acionistas familiares)?

Decidir: revise as estruturas e os processos de governança

Gerenciar uma crise requer a capacidade de tomar decisões importantes mais rápido do que nunca. As ações que pareciam drásticas meses atrás podem rapidamente se tornar insuficientes para lidar com os desafios enfrentados pela empresa. Há uma forma de trabalho embutido na empresa familiar que talvez precise mudar. Cabe a você "decidir como decidirá" durante as dificuldades. Conforme o ritmo e a magnitude das escolhas aumentam, o risco de perder o controle também cresce. Garanta que os acionistas estejam adequadamente envolvidos nas grandes decisões. Reflita sobre as seguintes perguntas:

- Os fóruns necessários para todas as Quatro Salas existem? Se faltar um local importante para tomar decisões críticas durante a crise, como preencher essa lacuna?

- Como tomar as decisões importantes que estão por vir? Existem algumas em que os proprietários devem estar mais ou menos envolvidos durante o período? Está claro quem tem autoridade para fazer as principais escolhas?

- Será necessário revisar quaisquer políticas que você tenha definido (por exemplo, dividendos, contratação de familiares)? Ou será preciso estabelecer novas políticas para essas circunstâncias específicas?

Valorizar: revise a Estratégia de Acionistas da empresa

Atualize sua declaração de Estratégia de Acionistas para a situação atual. Durante uma crise, os líderes da empresa precisam deixar claro o que é mais importante para os proprietários para, assim, poderem fazer o melhor para consegui-lo. É provável que sua Estratégia mude em uma crise. Entre as perguntas que devem ser consideradas estão:

- Quais valores informarão sobre seu modo de agir durante a crise?

- Que objetivos definir para a empresa? Se a sobrevivência é primordial, do que você está disposto a desistir para alcançá-la? Cerca de um terço dos entrevistados da nossa pesquisa cortaram dividendos ou planejam fazê-lo.

- Como fazer compensações entre as partes interessadas? Por exemplo, as necessidades dos funcionários (salários, benefícios), clientes (manter o negócio aberto, aumentar o crédito) e fornecedores (pagar as contas) são prioridade? Você está disposto a perder dinheiro com alguns objetivos (como manter funcionários e apoiar a comunidade)? Em nossa pesquisa, dois terços dos entrevistados contam que reduziram ou mudaram as despesas operacionais para preservar o caixa.

- Você está aberto a mudar a estrutura de capital da empresa? Aumentará seus limites de empréstimo se a empresa precisar de dívidas adicionais? Está disposto a recapitalizar o negócio? Mais de 40% dos entrevistados estão captando dinheiro com novas dívidas ou capital.

Informar: use a comunicação para manter relações de confiança

Em uma crise, seus principais stakeholders precisam, mais do que nunca, ver e ouvir os proprietários e líderes da empresa. É possível que você precise compartilhar informações que costuma reter. Por exemplo, pode ser necessário acalmar os temores sobre a falta de viabilidade do negócio, abordando

Harvard Business Review – Manual de Empresas Familiares

reservas de caixa ou lucros. Ajude os líderes a determinar o que pode ser compartilhado com cada um dos seus principais ouvintes. Considere estas questões:

- Como vocês manterão o contato entre si e com o resto da família?

- Como vocês ficarão informados sobre o que está acontecendo na empresa e como expressarão dúvidas e preocupações?

- O que deve ser compartilhado com os funcionários sobre a situação da empresa e seu comprometimento com ela?

- Como vocês administrarão a comunicação com o público e a imprensa, em especial se for necessário tomar decisões difíceis?

Transferir: considere as implicações da transição para a próxima geração

As empresas familiares que querem perdurar por gerações têm um olho no presente e outro no futuro. Em geral, a crise é um momento de focar o olhar, mas também pode ser a janela para as mudanças que já vinham há muito se aproximando. Os líderes prestarão atenção nos acionistas para ver se devem colocar seus planos de transição em prática ou engavetá-los. Discuta estas questões em grupo:

- Os atuais líderes familiares precisam ficar na empresa mais tempo do que o planejado para administrar os negócios? Ou eles precisam abrir caminho para novas ideias e energia inexplorada?

- Vocês devem acelerar os planos sucessórios atuais devido ao *valuation* mais baixo? Ou devem deixá-los em segundo plano por causa dos custos ou das distrações envolvidos?

- Como usar esta oportunidade para ensinar as gerações futuras sobre os valores e princípios fundamentais, envolvendo-as nas principais decisões dos acionistas?

Os proprietários devem revisar juntos todas essas cinco áreas e abordar as ações-chave em cada uma delas para ajudar os líderes da empresa a navegar a crise atual e se preparar para o futuro. O alinhamento é vital — empresas com um grupo de propriedade unificado conseguem agir de forma decisiva, ao passo que casa dividida não fica em pé.

Comecem se organizando para concluírem o trabalho e permanecerem unidos. Com que frequência se encontrarão? Como (pessoalmente, virtualmente)? Quem será o responsável por definir a pauta e facilitar a reunião? Quem mais deve estar na sala quando vocês se reunirem (por exemplo, CEO ou CFO da empresa, presidente do conselho, diretor do *family office*)? Durante uma crise, os fatos mudam depressa. Você precisará encontrar a cadência certa que lhe permita ficar por dentro da situação sem sobrecarregar a equipe de gestão.

Enquanto você e seus sócios trabalham, reconheçam suas emoções e se ajudem nos altos e baixos. Foquem no propósito em comum de levar a empresa até o outro lado intacta. A união durante a crise presente é essencial para sustentar o que já construíram.

As empresas familiares possuem características que lhes permitem superar outros tipos de empresas tanto em ambientes normais como nos de crise. São ótimas empregadoras, contribuem positivamente para suas comunidades, são disciplinadas financeiramente e têm proprietários comprometidos. Aproveitar de modo produtivo o poder da propriedade familiar os ajudará a enfrentar qualquer tempestade.

Harvard Business Review – Manual de Empresas Familiares

Resumindo

○ Há momentos no ciclo de vida de uma empresa familiar em que tudo está em jogo, nos quais vocês consolidarão mais uma geração de sucesso ou adiantarão o fim dessa jornada conjunta.

○ Fiquem atentos aos três principais tipos de perigos:

- **A perda de controle por parte dos acionistas coloca os gestores no comando.** Fiquem atentos a sinais de alerta como um CEO insubstituível, dividendos imutáveis, tomadas de decisões irrefletidas e uma família que fica trancada do lado de fora da Sala da Gestão. Se virem coisas como essas acontecendo, reafirmem seus papéis como sócios se quiserem manter a empresa. Organizem-se para fazer valer seus cinco direitos.

- **A perda dos valores que orientam a família cria uma empresa que você ainda possui, mas da qual não se orgulha.** Os valores familiares não costumam ser perdidos a passos largos, mas, sim, com uma série de pequenos passos que, juntos, levam vocês à deterioração ética. Para evitar esse caminho, foquem nos diferenciais das empresas familiares. Não definam sucesso só pelo dinheiro. Evitem a falsa dicotomia entre a empresa administrada profissionalmente e a dotada de alma. Faça cada geração entender que sempre houve altos e baixos para que os novos acionistas não ajam por desespero quando chegarem à inevitável fase difícil.

- **As crises econômicas colocam sua empresa em risco.** Usem a crise como uma oportunidade para a união em torno do objetivo comum de sobrevivência. Durante este período, será preciso considerar mudanças nas práticas padrão e talvez redefinir o que entendem por sucesso. Usem os cinco direitos para identificar o trabalho a ser feito.

○ Ao enfrentarem esses ou outros perigos, lembrem-se do poder da propriedade familiar. Vocês podem fazer as regras e quebrá-las. Grande parte do seu sucesso futuro depende do seu cuidado ao criá-las ou quebrá-las.

Conclusão

Uma Boa Jornada, Juntos

Neste livro, nós lhe fornecemos muitas maneiras de entender e melhorar sua empresa familiar. Mas o que fazer agora? Por onde começar os trabalhos?

Como indivíduo, você desempenha um papel importante na sua empresa familiar. Comece reconhecendo como pode se aperfeiçoar nos papéis de acionista, futuro acionista, membro da família empresária, funcionário de confiança ou consultor e como você, pessoalmente, pode construir relações melhores. Que comportamentos específicos você poderia mudar para aprimorar essas funções e relacionamentos? Pode não ser fácil e nem sempre será divertido. Porém prometemos que nunca se arrependerá de trabalhar mais nas relações que lhe são importantes.

Embora você possa aplicar diretamente algumas das lições deste livro, lembre-se de que a empresa familiar é um esporte coletivo. Como discutimos ao longo dos capítulos, o negócio é um *sistema* — que envolve (e re-

Uma Boa Jornada, Juntos

quer) colaboração para atingir seus objetivos. Crie um roteiro de mudança com os envolvidos. Sugerimos três passos para você começar:

- Faça uma avaliação do funcionamento do seu sistema.
- Nas áreas problemáticas, esclareça o que está ausente, bagunçado ou funcional e o que talvez possa ser trabalhado mais tarde.
- Construa um roteiro e selecione duas ou três áreas para vocês redirecionarem sua jornada, juntos.

Primeiro, vocês precisam chegar a um consenso sobre a avaliação do seu sistema. A seguir, oferecemos uma estrutura de avaliação simples com base nos capítulos das Partes 2 e 3. Reúna os membros do seu sistema, peça que avaliem individualmente cada aspecto dele e, em seguida, discutam coletivamente as classificações (Tabela C-1). Você não está julgando ninguém ou lhe atribuindo culpa por problemas do passado, só está querendo saber como melhorar. Lembre-se de que a maneira antiga de fazer as coisas foi fundamental para chegar onde está hoje, mas pode não ser suficiente para atingir os objetivos de amanhã. Você deve acabar descobrindo que a própria discussão os auxiliará a encontrar pontos sustentáveis.

Ao discutir sua avaliação, oriente seu grupo a concentrar seus esforços de mudança em uma ou duas áreas do sistema que não estejam funcionando bem, conforme o resultado que apresentar muitas opções de "discordo totalmente" ou "discordo" da Tabela C-1, e na possível influência do seu grupo sobre a mudança.

Mas o que fazer nessas áreas? Para as que você avaliou que necessitarão de reparos, releia o capítulo relacionado a elas para sugestões de abordagem nelas. Isso ajuda a classificar possíveis mudanças em elementos ausentes, bagunçados, funcionais ou que podem ficar em segundo plano. A Tabela C-2 mostra como você pode classificar as atividades-chave envolvidas na criação de um plano de transferência da propriedade familiar. É possível adicionar linhas para abordar os outros direitos dos acionistas, como o de decidir sobre governança e o de desenhar seu tipo de empresa.

Uma Boa Jornada, Juntos

TABELA C-1

Avaliação da sua empresa familiar

Afirmação (número do capítulo)	Discordo totalmente	Discordo	Neutro	Concordo	Concordo totalmente	Não sei
Desenhar: o tipo de propriedade familiar que projetamos está adequado para atender às nossas necessidades futuras (3).						
Decidir: temos as estruturas de governança certas (ex: conselho de acionistas, diretoria) e processos (ex: política de dividendos) nas Quatro Salas para tomar decisões importantes com consistência (4).						
Valorizar: temos um propósito convincente como proprietários, chegamos a um consenso sobre os objetivos que queremos que a empresa alcance e estabelecemos limites claros para aqueles que a administram (5).						
Informar: estamos nos comunicando de forma eficiente para construir as relações de confiança necessárias à prosperidade da nossa empresa (6).						
Transferir: temos um plano de continuidade bem elaborado para fazer a transição dos nossos ativos, funções e capacidades (7).						
Rupturas: nossa família empresária está preparada para rupturas como mortes, novos cônjuges, desigualdades e distúrbios comportamentais (8).						
Plano de carreira: membros da família, cônjuges e funcionários não familiares são capazes de atingir todo o seu potencial no seu trabalho na empresa (9).						
Política de emprego familiar: temos uma política de contratação de familiares adequada e bem compreendida (10).						
Patrimônio: estamos dando os passos certos como empresa e família para lidar com nosso patrimônio de modo responsável (11).						
Conflito: encontramos a zona *Goldilocks* do conflito em nossa empresa familiar (12).						
Family office: temos a infraestrutura para atender às nossas necessidades de investimento, apoio e governança montada (13).						
Perigos: nossos proprietários familiares estão no controle do destino e dos valores da nossa empresa (14).						

Uma Boa Jornada, Juntos

TABELA C-2

No que você precisa trabalhar?

Exemplo de classificação das atividades-chave envolvidas na criação de um plano de transferência

Área	Ausente	Bagunçada	Funcional	Talvez depois
Transferir	• Plano para transferir funções • Plano para desenvolver capacidades • Plano sucessório (pessoal)	• Plano para transferir os ativos • Planejamento tributário	• Plano sucessório (irmã)	• Planejamento dos líderes atuais para a aposentadoria

---

Por fim, crie seu roteiro. De maneira geral, ele precisa descrever as mudanças que você gostaria de fazer em seu sistema durante os próximos dois ou três anos, detalhando as modificações em curto prazo mais especificamente do que as posteriores. A não ser que haja uma emergência, como uma morte inesperada na família, não se apresse nem faça muitas mudanças de uma vez só. Em vez disso, selecione alguns itens nas categorias "ausente" e "bagunçada" que você e os outros proprietários desejam melhorar e conseguem influenciar. Lembrem-se de que, em um sistema, qualquer alteração pode trazer consequências involuntárias. Deixe-as surgirem antes de enfrentar outra grande mudança. Trabalhar em algumas alterações relativamente diretas pode prover o seu grupo de certa experiência com trabalho em equipe e maior confiança para enfrentar desafios mais difíceis. Vocês devem acabar descobrindo que, com sucesso, sua capacidade de gerenciar conflitos e de conhecer e apreciar uns aos outros aumenta intrinsecamente. Depois que seu grupo abordar o primeiro conjunto de ações, concentrem-se no próximo.

As empresas familiares exigem bastante trabalho para se manterem. Mas, talvez contraintuitivamente, esse requisito seja uma bênção. O trabalho em uma empresa familiar, quando os membros o fazem bem e atuam juntos, pode ser excepcionalmente recompensador. Você se conecta com sua família, vê crescimento pessoal no seu relacionamento com os outros, sente orgulho das suas contribuições e vivencia sucesso financeiro, proximidade com funcionários antigos e a expressão dos seus valores na comunidade mais ampla — isso tudo pode acontecer. Um dos nossos clientes chama esse trabalho de "uma boa jornada, juntos". E nós não poderíamos concordar mais.

Notas

Introdução: Entendendo Sua Empresa Familiar

1. Embora as relações familiares sejam mais fluidas hoje, e algumas pessoas tenham relacionamentos íntimos duradouros com alguém a quem se referem como parceiro em vez de cônjuge, usamos este termo no livro para nos referirmos ao parceiro permanente de qualquer pessoa.

Capítulo 1: Decodificando a Empresa Familiar

1. Ao longo deste livro, usamos o "G" para falar das gerações. Por exemplo, 2G faz parte da segunda geração.
2. Este conceito se baseia em JERVIS, Robert. *System Effects: Complexity in Political and Social Life*. Princeton: Princeton University Press, 1997. Consulte "Leitura Adicional."

Capítulo 3: Desenhar: Escolha o Seu Tipo de Propriedade Familiar

1. Trabalhamos com algumas empresas familiares que, como a que acabamos de citar, não querem aumentar seus ativos compartilhados, tampouco vendê-los. Embora essas famílias administrem um negócio coletivamente (e desejem seu sucesso), estão mais focadas em gerar riqueza fora da empresa. Referimo-nos a esse tipo de propriedade como uma estrutura *aninhada*. Vale a pena considerar essa abordagem quando os sócios discordam sobre as estratégias de expansão da empresa, mas veem valor em mantê-la. A estrutura aninhada também pode ser útil quando as famílias desejam deliberadamente limitar o escopo

Notas

do que possuem em conjunto. Fora o negócio principal, tudo — filantropia, investimentos, novos empreendimentos e afins — é feito individualmente ou por ramo. Esse tipo de estrutura suscita perguntas importantes. Por exemplo, como manter a vitalidade do negócio quando seu combustível está sendo desviado para outras atividades? Ou por quanto tempo uma empresa consegue aguentar, em especial em um mercado cheio de mudanças constantes? Mas, em certos casos, uma estrutura aninhada pode resolver situações que resultariam em conflito destrutivo ou na venda prematura da empresa.

2. A pesquisa aconteceu em 2020 e contou com 190 entrevistados.

Capítulo 4: Decidir: Estruture a Governança para Tomar Grandes Decisões Conjuntas

1. Os proprietários exercem seu poder de maneira direta, por meio de seus direitos como acionistas, ou indiretamente, por meio de um conselho que controlam. É claro que eles devem agir de acordo com as leis e regulamentos legais, tributários e atuar em conformidade com os países em que operam e as regras determinadas por qualquer *trust* ou outros veículos estabelecidos para manter suas ações.

2. Em algumas empresas familiares, o conselho de acionistas não tem autoridade legal e só pode recomendar decisões aos acionistas. Quando todos os proprietários estão presentes nas reuniões, o que costuma acontecer quando são membros da 1ª e da 2ª geração da família, não há distinção significativa entre uma recomendação e uma decisão. Em alguns conselhos de acionistas, o resto dos acionistas delega legalmente ao conselho a tomada de determinadas decisões. Nesses casos, às vezes são chamados de comitês de sócios em vez de conselhos.

3. Uma cláusula *tag along* exige que o acionista majoritário ou acionistas permitam que os proprietários minoritários se juntem a uma venda. Já a *drag along* exige que eles vendam suas ações se a maioria concordar com a venda. Ambas conferem aos acionistas minoritários o direito de receber o mesmo preço, termos e condições que qualquer outro vendedor.

Capítulo 6: Informar: Use Comunicação Efetiva para Construir Relações de Confiança

1. A propriedade traz consigo o potencial para um monopólio virtual de informações sobre a empresa. Esse direito pode ser conferido nas proteções estabelecidas para acionistas minoritários. Na maioria das jurisdições, qualquer proprietário tem o direito de acessar um amplo escopo de dados — informações

Notas

organizacionais, demonstrações financeiras, contratos com clientes etc. — dentro de alguns limites básicos que protegem a empresa. Por exemplo, os proprietários podem exigir acessar uma lista dos clientes, mas só se comprometerem não vendê-la para um concorrente. A menos que cedam esses direitos a terceiros (como ao assinar *covenants* bancários), esses benefícios são restritos aos acionistas da empresa.

2. MISHRA, A. K. Organizational Responses to Crisis: The Centrality of Trust. *In*: KRAMER, A.M.; TYLER, T.R. (ed.) *Trust in Organizations: Frontiers of Theory and Research*. Thousand Oaks, Califórnia: Sage, 1996. p. 261–287.

3. STACK, Jack; BURLINGHAM, Bo. *The Great Game of Business: The Only Sensible Way to Run a Company*. Nova York: Currency, 2013.

4. VICTOR, Daniel. "Trump Tweet About L. L. Bean Underscores Potential Danger for Brands", *New York Times*. 12 de janeiro de 2017. Disponível em: <www.nytimes.com/2017/01/12/us/politics/linda-bean-ll-bean-boycott.html>.

5. 2019 EDELMAN TRUST BAROMETER. *Implications for Family Business*. Disponível em: <https://www.edelman.com/sites/g/files/aatuss191/files/2019-06/2019_Edelman_Trust_Barometer_Implications_Family_Business.pdf>.

6. As leis de divulgação internacional estão forçando cada vez mais até mesmo multinacionais de capital fechado a divulgar suas demonstrações financeiras e propriedades. Essa tendência aparece de várias formas em diferentes países como requisitos de transparência de "propriedade definitiva".

7. BERNE, Eric. *Games People Play: The Basic Handbook of Transactional Analysis*. Nova York: Ballantine Books, 1996.

8. DiSC é uma ferramenta de avaliação de comportamento baseada na teoria do psicólogo William Moulton Marston. Na época, ela foi desenvolvida como uma ferramenta de avaliação comportamental pelo psicólogo organizacional Walter Vernon Clarke. Disponível em: <https://www.discprofile.com/>.

9. ELLISON, Sarah. *War at the Wall Street Journal: Inside the Struggle to Control an American Business Empire*. Boston: Houghton Mifflin Harcourt, 2010. p. 59.

Capítulo 7: Transferir: Planeje a Transição para a Próxima Geração

1. BHALLA, Vikram; KACHANER, Nicolas. *Succeeding with Succession Planning in Family Businesses: The Ten Key Principles*. BCG. 25 de março de 2015. Disponível em: <www.bcg.com/en-us/publications/2015/leadership_talent_growth_succeeding_with_succession_planning_family _businesses.aspx>.

Notas

2. TAYLOR, Bill. "Hire for Attitude, Train for Skill". *Harvard Business Review*, 1º de fevereiro de 2011.

Capítulo 8: A Família Empresária: Quatro Rupturas que Você Enfrentará e Como Lidar com Elas

1. Agradecemos nossa colega Marion McCollom Hampton por seus insights e sabedoria ao nos ajudar a construir este capítulo. Consulte: COUTU, Diane. "Embracing the Complexity of Families: A Conversation with Marion McCollom Hampton". Banyan Global. Disponível em: <https://banyan.global/wp-content/uploads/2019/10/2019_Updated_Partner-Interview_Marion_Embracing-the-Complexity-of-Families.pdf>.

2. Para calcular o número de relacionamentos e o crescimento da sua família, use esta fórmula: o número de relacionamentos (R) para um número de familiares (N) é R = N x (N 1)/2. Consulte: GERLACH, Peter K. "Family Relationships. Break the Cycle!". Disponível em: <http://sfhelp.org/fam/pop/formula.htm>. Acesso em: 12 de julho de 2020.

3. Martin E. P. Seligman, diretor do Positive Psychology Center da Universidade da Pensilvânia conduziu uma pesquisa sobre o assunto. Consulte: "Giving Thanks Can Make You Happier". *Healthbeat*, Harvard Health Publishing. Disponível em: <www.health.harvard.edu/healthbeat/giving-thanks-can-make-you-happier>. Acesso em: 12 de julho de 2020.

Capítulo 11: Como Ser Responsável ao Administrar o Patrimônio da Sua Empresa Familiar

1. Estudo da Shell citado em GEUS, Arie de. *The Living Company*. Boston: Harvard Business School Press, 1997, p. 150.

2. Gregory Clark citado em: PAPPAS, Stephanie. "Surname Status: Elite Families Stay Elite for Centuries". *Live Science*, 2 de dezembro de 2014. Disponível em: <www.livescience.com/48951-surnames-social-mobility.html>.

3. CLARK, Gregory. "Your Ancestors, Your Fate". *Opinionator* (blog), *New York Times*, 21 de fevereiro de 2014. Disponível em: <https://opinionator.blogs.nytimes.com/2014/02/21/your-fate-thank-your-ancestors/?referringSource=articleShare>.

Notas

4. BARONE, Guglielmo; MOCETTI, Sauro. "What's Your (Sur)Name? Intergenerational Mobility over Six Centuries". *Vox (CEPR Policy Portal)*, 17 de maio de 2016. Disponível em: <https://voxeu.org/article/what-s-your-surname-intergenerational-mobility-over-six-centuries>.

Capítulo 12: Conflito na Empresa Familiar

1. PRICE, Richard. "Reversing the Gun Sights: Transnational Civil Society Targets Land Mine". *International Organization*, vol. 52, n. 3 (verão 1998), p. 613–644. Disponível em: <https://www.jstor.org/stable/2601403>.

Capítulo 13: O Family Office em uma Empresa Familiar

1. GRAHAM, Alastair. "Single Family Offices — Who Knows the Numbers?". *Family Wealth Report*. Clearview Financial Media, Londres: 26 de julho de 2019. Disponível em: <www.fwreport.com/article.php?id=184381#.Xubb_WpKjPh>; LEAV, Hilary. "How Many Family Offices Are There in the United States?". *Family Office Exchange*, Chicago: 9 de agosto de 2019. Disponível em: <www.familyoffice.com/insights/how-many-family-offices-are-there-united-states>.

Capítulo 14: Os Perigos de Perder o que Você Construiu

1. LIENERT, Paul; THOMPSON, Marilyn. "GM Avoided Defective Switch Redesign in 2005 to Save a Dollar Each". Reuters. 1º de abril de 2014. Disponível em: <https://www.reuters.com/article/us-gm-recall-delphi/gm-avoided-defective-switch-redesign-in-2005-to-save-a-dollar-each-idUSBREA3105R20140402>.

2. A pesquisa entrevistou 190 pessoas em 6 continentes e mais de 25 indústrias.

Leitura Adicional

Capítulo 1: Decodificando a Empresa Familiar

DOUD, Ernest A. Jr.; LEE, Hausner. *Hats Off to You 2: Balancing Roles and Creating Success in Family Business*. Santa Bárbara: DoudHausnerVistar, 2004.

GERSICK, Kelin E. et al. *Generation to Generation: Life Cycles of the Family Business*. Boston: Harvard Business School Press, 1997.

JERVIS, Robert. *System Effects: Complexity in Political and Social Life*. Princeton: Princeton University Press, 1997.

KERR, Michael E. *One Family's Story: A Primer on Bowen Theory*. Washington, DC.: Bowen Center for the Study of the Family, 2003.

MCGOLDRICK, Monica; GERSON, Randy; PETRY, Sueli. *Genograms: Assessment and Intervention*. Nova York: W.W. Norton & Company, 2008.

SCHUMAN, Amy; STUTZ, Stacy; WARD, John L. *Family Business as Paradox*. Londres: Palgrave Macmillan, 2010.

Capítulo 2: O Poder da Propriedade Familiar

BARON, Josh. "Why the 21st Century Will Belong to Family Businesses". *Harvard Business Review*, 28 de março de 2016.

GADDIS, John Lewis. *On Grand Strategy*. Nova York: Penguin Press, 2018.

KACHANER, Nicolas; STALK, George; BLOCH, Alain. "What You Can Learn from Family Business: Focus on Resilience Not Short-Term Performance". *Harvard Business Review*, novembro de 2012.

Leitura Adicional

KIECHEL, Walter. *The Lords of Strategy: The Secret Intellectual History of the New Corporate World*. Boston: Harvard Business Press, 2010.

MILLER, Danny; BRETON-MILLER Isabelle Le. *Managing for the Long Run*: *Lessons in Competitive Advantage from the Great Family Businesses*. Boston: Harvard Business School Press, 2005.

REEVES, Martin; HAANAES, Knut; SINHA, Janmejaya. *Your Strategy Needs a Strategy*. Boston: Harvard Business Review Press, 2015.

Capítulo 3: Desenhar: Escolha Seu Tipo de Propriedade Familiar

ARONOFF, Craig E.; WARD John L. *Family Business Ownership*: *How to Be an Effective Shareholder*. Nova York: Palgrave Macmillan, 2011.

CASPAR, Christian; DIAS, Ana Karina; ELSTRODT, Heinz-Peter. "The Five Attributes of Enduring Family Businesses". *McKinsey and Company*, 1º de janeiro de 2010.

POZA, Ernesto J.; DAUGHERTY, Mary S. *Family Business*. Mason, Ohio: South-Western Cengage Learning, 2014.

Capítulo 4: Decidir: Estruture a Governança para Tomar Grandes Decisões Conjuntas

HAMPTON, Marion McCollom; LORETO, Nick Di. "Empty Structures Syndrome: Losing the Energy That Drives Governance". *Trust & Estates*, agosto de 2018.

INTERNATIONAL FINANCE CORPORATION. *IFC Family Business Governance Handbook*. 4ª ed. Washington, DC: International Finance Corporation World Bank Group, 2018.

LORSCH, Jay W.; CARTER, Colin. *Back to the Drawing Board: Designing Corporate Boards for a Complex World*. Boston: Harvard Business School Press, 2003.

PENDERGAST, Jennifer M.; WARD, John L.; PONTER, Stephanie Brun De. *Building a Successful Family Business Board: A Guide for Leaders, Directors, and Families*. Nova York: Palgrave Macmillan, 2011.

ROGERS, Paul; BLENKO, Marcia W. "Who Has the D?: How Clear Decision Roles Enhance Organizational Performance". *Harvard Business Review*, janeiro de 2006.

SALLEY, Steve; BIRD, Devin; WALSH, Judy Lin. "Family Business Boards: The Arbiter of Fairness". *In*: BROWN BROTHERS HARRIMAN. *Owner to Owner*. Q1. 1º de março de 2016.

Capítulo 5: Valorizar: Crie uma Estratégia do Proprietário para Definir Seu Sucesso

BUNGY, Stephen. *The Art of Action*: *How Leaders Close the Gap Between Plans, Actions, and Results*. Londres: Quercus, 2011.

BURLINGHAM, Bo. *Small Giants: Companies That Choose to Be Great Instead of Big*. Nova York: Penguin Group, 2005.

FRANKL, Viktor E. *Man's Search for Meaning*. Boston: Beacon Press, 2006.

LIDDELL HART, Basil Henry. *Strategy*. Nova York: Meridian/Plume, 1991.

Capítulo 6: Informar: Use Comunicação Efetiva para Construir Relações de Confiança

BERNE, Eric. *Games People Play: The Basic Handbook of Transactional Analysis*. Nova York: Ballantine Books, 1996.

HARRIS, Thomas A. *I'm OK — You're OK*. Nova York: HarperCollins, 2004.

TIERNEY, John; BAUMEISTER, Roy F. *The Power of Bad: How the Negativity Effect Rules Us and How We Can Rule It*. Nova York: Penguin Press, 2019.

STACK, Jack; BURLINGHAM, Bo. *The Great Game of Business: The Only Sensible Way to Run a Company*. Nova York: Currency, 2013.

Capítulo 7: Transferir: Planeje a Transição para a Próxima Geração

BHALLA, Vikram; KACHANER, Nicolas. "Succeeding with Succession Planning in Family Businesses: The Ten Key Principles". *In*: BOSTON CONSULTING GROUP. *BCG Perspectives*, 25 de março de 2015.

KORINE, Harry. *Succession for Change: Strategic Transitions in Family and Founder-Led Businesses*. Nova York: Palgrave Macmillan, 2017.

LANSBERG, Ivan. *Succeeding Generations: Realizing the Dream of Families in Business*. Boston: Harvard Business School Press, 1999.

Leitura Adicional

SONNENFELD, Jeffrey A. *The Hero's Farewell: What Happens When CEOs Retire.* Oxford: Oxford University Press, 1991.

STALK, George; FOLEY, Henry. "Avoid the Traps That Can Destroy Family Businesses: An Emerging Set of Best Practices Can Turn Age-Old Problem of Generational Succession into an Opportunity to Thrive". *Harvard Business Review*, janeiro–fevereiro de 2012.

Capítulo 8: A Família Empresária: Quatro Rupturas Que Você Enfrentará e Como Lidar com Elas

BROWN, Fredda Herz. *Reweaving the Family Tapestry.* North Charleston, Carolina do Sul: BookSurge, 2006.

BROWN, Fredda Herz; LOTERY, Fran. *The Essential Roadmap: Navigating Family Enterprise Sustainability in a Changing World.* Tenafly, Nova Jersey: Relative Solutions, LLC, 2020.

MAYOCLINIC.ORG. "Drug Addiction (Substance Use Disorder)". 26 de outubro de 2016. Disponível em: <https://www.mayoclinic.org/diseases-conditions/drug-addiction/symptoms-causes/syc-20365112>.

KAYE, Kenneth. *Family Rules: Raising Responsible Children.* Nova York: Walker and Co., 1984.

KERR, Michael E.; BOWEN, Murray. *Family Evaluation.* Nova York: W.W. Norton & Company, 1988.

KETS DE VRIES, Manfred F. R.; CARLOCK, Randel S.; FLORENT-TREACY, Elizabeth. *Family Business on the Couch: A Psychological Perspective.* West Sussex: Wiley, 2007.

LIBBY, Ellen. *The Favorite Child: How a Favorite Impacts Every Family Member for Life.* Amherst: Prometheus, 2010.

NATIONAL ALLIANCE ON MENTAL ILLNESS. *Warning Signs and Symptoms,* 26 de outubro de 2016. Disponível em: <https://nami.org/About-Mental-Illness/Warning-Signs-and-Symptoms>. Acesso em: 12 de jullho de 2020.

RUIZ, Don Miguel. *The Four Agreements: A Practical Guide to Personal Freedom.* San Rafael: Amber-Allen Publishing, 2001.

Leitura Adicional

Capítulo 9: Trabalhar em uma Empresa Familiar

WALSH, Judy Lin; PORTO, Aline. "Is It Time to Leave the Family Business?". *Harvard Business Review*, 24 de janeiro de 2020.

Capítulo 10: Política de Emprego Familiar

WALSH, Judy Lin; FRANCOIS, Ben. "When Should You Fire Your Child from the Family Business?". *Harvard Business Review*. 24 de julho de 2019.

Capítulo 11: Como Ser Responsável ao Administrar o Patrimônio da Sua Empresa Familiar

GALLO, Eileen; GALLO Jon. *Silver Spoon Kids: How Successful Parents Raise Responsible Children*. Nova York: McGraw-Hill Education, 2002.

GRUBMAN, James. *Strangers in Paradise: How Families Adapt to Wealth Across Generations*. Burlington: Family Wealth Consulting, 2013.

HUGHES, James E., Jr. *Family Wealth: Keeping It in the Family*. Princeton, Nova Jersey: Bloomberg Press, 2004.

LEVINE, Madeline. *The Price of Privilege: How Parental Pressure and Material Advantage Are Creating a Generation of Disconnected and Unhappy Kids*. Nova York: HarperCollins, 2006.

LUCAS, Stuart E. *Wealth: Grow It and Protect It*. Upper Saddle River, Nova Jersey: Pearson Prentice Hall, 2006.

MCCULLOUGH, Tom; WHITAKER, Keith. *Wealth of Wisdom*. West Sussex: Wiley, 2018.

PERRY, Ellen. *A Wealth of Possibilities: Navigating Family, Money, and Legacy*. Washington, DC.: Egremont Press, 2012.

STOVALL, Jim. *The Ultimate Gift*. Colorado Springs: David C. Cook, 2001.

Capítulo 12: Conflito na Empresa Familiar

BAUMOEL, Doug; TRIPPE, Blair. *Deconstructing Conflict: Understanding Family Business, Shared Wealth and Power*. Beverly: Continuity Media, 2016.

FISHER, Roger; SHAPIRO, Daniel. *Beyond Reason: Using Emotions as You Negotiate*. Londres: Penguin Books, 2006.

Leitura Adicional

FISHER, Roger; URY, William L.; PATTON, Bruce. *Getting to Yes: Negotiating Agreement without Giving In*. Londres: Penguin Books, 1983.

Capítulo 13: O Family Office em uma Empresa Familiar

CAMPDEN WEALTH AND UBS. "Building a Family Office: The Global Family Office Report 2019". 24 de setembro de 2019. Disponível em: <www.campdenwealth.com/article/global-family-office-report-2019>.

FIDELITY INVESTMENTS. *Evolving the Family Office*. 2019. Disponível em: <https://clearingcustody.fidelity.com/app/proxy/content?literatureURL=/9884440.PDF>.

Capítulo 14: Os Perigos de Perder o que Você Construiu

CHERNOW, Ron. *The House of Morgan*. Nova York: Simon & Schuster, 1991.

CHRISTENSEN, Clayton M.; ALLWORTH, James; DILLON, Karen. *How Will You Measure Your Life?* Nova York: HarperCollins, 2012.

ELLISON, Sarah. *War at the Wall Street Journal: Inside the Struggle to Control an American Business Empire*. Boston: Houghton Mifflin Harcourt, 2010.

Índice

A

ABC Pest Control, 128
acionista(s), 12–15, 100, 236
  acordo de, 38, 78, 117
  assembleia de, 67
  código de conduta, 118
  controlador(es), 67
  de empresas familiares, 25, 84, 188
  direitos dos, 36, 116
  discordam sobre as prioridades, 132
  familiares
    cinco direitos dos, 35, 244
  governadores, 258
  guerra dos, 29
  individuais, 47
  interesses dos, 86
  investidores, 258
  majoritário, 66
  minoritários, 65
  operadores, 258
  profissionais, 146
Acionista Único, modelo, 44, 71
ações, 50
  com direito a voto, 134
  de classe dupla, 92
  detentores de, 67
  metodologias de valuation das, 78
  ordinárias, 65
  recompras de, 217
  regras de compra e venda das, 78
acordo(s)
  dois tipos principais de, 77
  formais, 77
  pré-nupcial, 162
Adidas, 229
Advance Publications, 12
Ager, David, 79, 243
Ambani, irmãos, 229
Antinori, 56
Antinori, Albiera, 33, 56
Antinori, Alessia, 33, 56
Antinori, Allegra, 33, 56
Antinori, Piero, 33, 56
aposentadoria, 33, 127, 134
Apple, 14
assembleia familiar, 73, 122, 162
ativos
  compartilhados, mapa de, 48
  familiares, proteja os, 161
  sob gestão, 250
  transferência de, 132–138

B

Bacardi Limited, 53

Índice

Bacardí Massó, Don Facundo, 53

Bancroft, família, 122

BCG, 32

estudo do, 129

BDT Capital Partners, LLC, 225

Bean, Linda, 114

Bean, L. L., 114

benefícios

fiscais, 134

não altruístas, 100

Bessemer Trust, 256

Blenko, Marcia, 75

Brasil, leis de herança, 36

Brenninkmeijer, família, 52

Brown Brothers Harriman, 256

Brown Brothers Harriman Center for Family Business, 223

Burlingham, Bo, 86

C

Campden Wealth, 249

Camus, Cyril, 52

capacitação, 133, 146

da próxima geração, 130

capital

aberto, empresas de, 25

custos de, 110

de relacionamento, 121

financeiro, 108

humano, 108

privado, 92

restrições de, 57

retorno mínimo sobre o, 96

social, 108

capitalismo, 35

caridade, 89, 134, 159

doações para a, 248

carreira

dos funcionários familiares, 197

na empresa familiar, 175

planos de

em empresas familiares, 198

Caterpillar, 133

CCC Alliance, 101, 253–256

CEOs, 28, 34, 53

demitidos, 28

externos, 71

familiares, 12

não familiar, 9, 84, 186

parece insubstituível, 266

poderosos, 10

sucessão dos, 139

Christensen, Clayton, 268

Clark, Gregory, 220

clientes, 100, 107

relações com, 34, 145

COFRA, 53

competência(s), 14, 107, 186, 242

comportamento(s)

impactos sobre os, 20–21

padrões de, 17

comprometimento, 81, 171, 187

comunicação, 275

aberta, 108

aspectos da, 106

aumentar a, 77

entre os familiares, 119, 165

formas diferentes de, 122

gerenciando a, 251

incapacidade de, 106

melhora na, 241

plano de, 115

política de, 115

saudável, 71

tipo desejado de, 121

Concentrado, modelo, 44, 53, 66, 71, 133

confiança, 165, 171

falta de, 242

reconhecimento constrói, 121

reconstruir a, 160

relações de, 107

conflito(s), 12, 28, 54, 66, 166, 227

administrar os, 72

Índice

ameaça destruir o negócio, 56
de interesses, 19, 77
disputa entre os líderes da próxima geração, 141
esforço equivocado para evitar, 272
espiral de, 192, 234–239
etapas de agravamento, 243
excessivo, 230
fonte do, 60
resolução do, 242
zona habitável do, 229
cônjuge(s), 65, 71, 105, 112, 134, 183
novos, 160–164. *Consulte* Sala dos Acionistas e Sala da Família
papel significativo, 18–19
conselheiro(s)
não familiares, 92
remuneração do, 135
conselho(s)
consultivos, 81
de acionistas, 66, 75
de administração, 75, 265, 270
decisões que cabem ao, 67
supervisionar o negócio, 68
de família, 72, 81

independentes, 30
consenso, 66, 134
consistência, 107, 242
continuidade, plano de, 148–151
contratação
política de, 181
vieses de, 195
controle, 70, 84, 92
compartilhado, 53
de propriedade, 50
de voto, 14
Corning, Barney, 253–256
Costco, 29
Covid-19, 214, 272
crescimento, 84, 92, 213
limitado, 229
limitar o, 86
cuidadosa, 107, 121, 242
cultura, 260
da família, 165, 176, 218
da inovação, 94
influências, 18
custo do litígio, 244

D

Davis, John, 20–21
decisão, tomada de, 20, 27, 59, 75, 80
consenso nas, 53
controle sobre a, 93
corporativas, 227
em conjunto, 60
papel importante na, 66

pratiquem a, 148
processos de, 111
regras e limites, 62
decisões, 13
essenciais, 63
poder de, 241
processos-chave de, 75
qualidade das, 61
defensores, 237
Demoulas, Arthur S., 29
Demoulas, Arthur T., 28
desempenho
financeiro, 36
metas de, 207
métricas de, 113
métricas para avaliar, 96
desigualdade
nas famílias empresárias, 164–166
desligamento de familiares
indenização compensatória, 205
Dillon, família, 44
DISC, 120
discordância
construtiva, 230
distribuições
de impostos, 218
especiais, 218
Distribuído, modelo, 44, 71, 133, 241
distúrbios
comportamentais, 167–170

Índice

dicas para lidar com, 168

dívida(s), 87

externa, 92

nível de endividamento, 96, 214

dividendos, 36, 61, 83, 110, 217–219

estáveis, 265

política de, 135, 218

políticas eficazes, 77

Dow Jones, 122

drag along, 78

Duke, Marshall, 269

E

Edelman Trust Barometer, 34

efeito borboleta, 22

emprego familiar

política de, 193–210

regras para, 195–197

empresa

de capital aberto, 12, 28, 84, 123

transições em, 144

de capital de risco, 213

grau de interesse na, 134

híbrida, 44

empresa não familiar, 13

empresa(s) familiar(es), 14, 62, 71, 84

bem-sucedidas, 111

três características de, 3

critério de participação dos membros, 52

de propriedade conjunta, 51

função comunicativa na, 106

longevidade das, 31

multigeracionais, 100, 215, 268

regra das três gerações, desmistificando, 30

saída da, 204

sete posturas em relação ao patrimônio, 222

sucessão nas, 139

trabalhar em, 175–177

engajamento, 111, 134

Ernst & Young, 249

escolhas, 101

concretas, 91

consistentes x inconsistentes, 270

Estratégia de Acionistas, 4, 85, 94, 111, 218, 241, 265

declaração de, 98–102, 122, 142, 267–268

triângulo da, 92

estratégia(s)

de informações, 121

de transferências de ativos e funções, 126

para ter sucesso, 31

estrutura(s), 64, 75, 181

corporativa pass-through, 256

de capital da empresa, 87

de propriedade, 111

exposições da juventude ao negócio, 221

F

falência, 30

risco de, 214

família(s)

empresária(s), 122

multigeracionais, 165

novos membros na, 160

trabalhar com, 179–181

Families in Business, programa, 79

family office, 101, 115, 123, 247

criar ou expandir seu, 258–260

liderança e governança próprias, 258

quando fechar seu, 260–261

quatro tipos principais, 256

sinais para considerar essa modalidade, 252–255

três propósitos principais, 249–252

feedback(s), 188, 199

filantropia, 99–101, 138, 223

familiar, 100

orçamento, 148

Índice

responsabilidade social corporativa, 100

Fisher, Roger, 236

fornecedores, 107

relação com, 145

Fortune 500, 34

fóruns, 64, 274

bem definidos, 74

discutir questões relevantes, 122

familiar, 166

fracasso, 31, 198

franquia(s), 133, 157

Freedom House ONG, 89

funcionários, 100, 107, 113

compartilhar informações com os, 113

programa de benefícios para, 29

retenção e engajamento de, 34

funções, 131

delegação de, 139

mudança de, 130

fundadores, 72

G

General Motors, 268

gênero, 18, 33, 146, 237

barreira de, 197

genograma, 15

geração, 89

desenvolver talentos e liderança na próxima, 99, 126

liderança em cada, 96

próxima, 71, 117

golden share, 50

Gorman, Shawn, 114

governadores, 47, 110

governança, 59–61, 74–82, 95, 123, 131, 143, 157

estruturas e processos de, 251, 274

familiar, 27

novas estruturas de, 57

gratidão, 166, 225

Grossman, Ken, 231

Grubman, Jim, 225

H

Hampton, Marion McCollom, 17, 163

herança, 47, 135

Herz Brown, Fredda, 161

hierarquia

falta de, 66

subir na, 141, 184

Hilcorp, 113

Hildebrand, Jeffery, 113

HIPAA (a lei de privacidade médica), 169

House of Camus, 52

Hyatt, rede de hotéis, 137

I

impostos, 135

de transmissão de bens, 17

pagamento de, 248

informação

compartilhamento de, 115

direito de acessar, 36

é poder, 186

sobre a empresa, 265

interesse(s), 20, 64

comuns, 239

definição, 236

investidores, 47, 110

relações com, 123

investimentos moonshot, 216

J

Jenkins, Robert "Bob", 128

John D. Rockefeller, 223

Johnson, Jack, 155

justiça, 193

L

legado, 57, 88, 112, 188, 193

desistência do, 232

familiar, 72

Libby, Ellen Weber, 165

liderança, 29, 47, 96, 133

funções de, 60

limites, 13, 27, 62, 70

Índice

emocionais, falta de, 180

estabelecer, 162, 184

financeiros, 96

financeiros e não
financeiros, 267

não financeiros
quatro categorias
principais, 96–98

para os acionistas, 95

liquidez, 84

interesse primário, 142

lucro(s), 13, 36, 213

distribuição de, 45, 94

retidos, 92

M

mais dinheiro, menos
capital, 134

Marchesi Antinori, 33

Market Basket, 28, 238

Mars, Incorporated, 90

matriarca, 130, 158,
170, 194

matriz de autoridade de
decisão, 75

McCabe, Dave, 158

McCarthy, Kathryn,
252–255

metas, 64

agressivas, 90

de retorno sobre o
investimento, 267

dos acionistas, 91

Michelman
Incorporated, 269

mimado(s), 111, 200–201

filhos, 223

Mishra, A. K., 107

modelo de liderança
colaborativa, 53

modelo de três círculos,
20–21

morte na família, 156–159

passos básicos,
preparação para, 158

mudança(s), 81

alinhamento para a, 239

necessidade de, 240

roteiro de, 280

Murdoch, Rupert, 12, 122

N

narrativa oscilante, 269

negociação, grande, 240

negócio(s), 17

dividir o, 128

em constante
mudança, 54

estratégia de, 84

poder de destruir os,
228

transferir seu, 126

Newhouse, S. I., 12

O

objetivos, 85–95

filantrópicos, 101

O'Connor, Arden,
167–169

operadores, 47, 70, 110

ordinary income, 136

Orr, San, 225

P

Parceria, modelo, 44, 71,
133, 241

parente por afinidade, 112,
180–182

Pasin, Robert, 267

pass-through entities, 250

patriarca, 130, 158, 186,
194, 213

falecimento do, 133

morreu jovem, 264

patrimônio(s), 222

compartilhado e
individual, 162

dissipação do, 220

diversificação e
crescimento do,
215–226

divisão dos, 45

relacionamentos
saudáveis com, 224

responsabilidades com
o, 212

significado e as
responsabilidades
do, 99

Patton, Bruce, 236

Pendleton, Laird, 253–256

perder o controle da
empresa, 264

cinco sinais de alerta,
265–266

Índice

Persofsky, Benjamin, 223

pirâmide corporativa, 26

planejamento sucessório, 99, 158–159

e distúrbios comportamentais, 169

planejamento tributário
eficiente, 136
ferramentas de, 135

plano de continuidade, 129, 149–151

criar um, 126

planos de transição, 276

poder, 66

da propriedade, 10
de destruir, 28
exercício do, 27
moeda de troca é o, 14

política(s), 35, 63, 122

criar, 77
de desligamento, 204
de dividendos, 38
de emprego familiar, 205, 233
de escritório, 184

portfólio, xv, 11, 97, 215–226

posse direta, vantagens da, 136

práticas empresariais, 98

PricewaterhouseCoopers, 122

primogenitura, 52–53

Pritzker, Jay, 137

Pritzker, Robert, 138

privacidade, 106

processo(s), 63, 74, 131

de integração, 75
de stage-gate, 117

programa de participação de lucros e resultados, 29

propósito

compartilhado, 232
declaração de, 90
de uma família empresária, 87
foque no, 165
negativo, 232
superficial, 88

propriedade familiar, 84

compartilhar o controle da, 50
mudança no tipo de, 56
poder da, 25
poder destrutivo da, 29
quatro tipos básicos de
Concentrado, 57
Distribuído, 53
Parceria, 52
Único, 52
seis sinais de alerta de desvios, 268
tipos de, 132

propriedade(s)

compartilhada, 53, 250
é fundamental, 26

linhagem familiar, direito à, 47

poderes e responsabilidades da, 28

proprietário(s), 81

direito ao residual, 86
influência no crescimento, liquidez e controle, 87
papéis dos, 47
podem escolher o que priorizar, 271
poder ampliado dos, 273
poder de decisão dos, 59
responsabilidades do, 272

Proprietário Único, modelo, 133

Puma, 229

Q

Quatro Salas, 76, 122, 186

construir conexões entre, 76
governança, 157
liderança dos, 129
modelo das, 61, 251
decisão e o fluxo de informações, 63
papéis cruciais nas, 146
participam da decisão, 209
revisitar seus, 144

R

Radio Flyer, 267

Índice

reciprocidade, 18

Redstone, família, 229

regra(s), 62

  das três gerações, 219–221

  explícitas ou implícitas, 23

relacionamentos, 10–14

  bons, 107

Reliance Communications, 229

remuneração

  dos familiares, 202–203

  modelos de, 202

  negociar sua, 180

renúncias, 92

reputação, 180–182

resiliência, 172–174

resultados, 18, 96

  tangíveis, 84

Retorno Total ao Investidor, 270

reuniões, regras básicas em, 234

riqueza

  embutida na empresa, 221

  familiar multigeracional, 215

risco(s)

  do pensamento marginal, 268

  substancial, 67

rixa familiar, 238, 242, 263

Robbie, Elizabeth, 157

Robbie, Joe, 157

Rockefeller Trust Company, 252

Rogers, Paul, 75

rupturas na família empresária, 170–172

S

Sala da Família, 81, 99, 122, 186, 241

  duas estruturas comuns, 72

  é adjacente às outras, 62

  membros da, 72

  objetivo principal, 71

  papel importante na, 162

Sala da Gestão, 63, 186

  decisões relacionadas aos negócios, 70

  membros da, 70

Sala do Conselho de Administração, 63, 123, 241

  função da, 67

  membros da, 69

Sala dos Acionistas, 63, 122, 162, 241

  funcionamento, 65

  metas e limites, 99

  principais membros, 65

Salley, Steve, 238

Sarah Ellison, 122–123

serviços de apoio, 248

Shifman, Steve, 269

Sierra Nevada Brewing Co., 231

sistema(s), 17

  dinâmica de, 10

  quatro principais, 17

  empresa familiar é um, 280

  o negócio é um, 74

sobrevivência, priorizar a, 213

sócio(s), 52, 133, 236

  capacitar em novas habilidades, 147

  individuais

    papéis distintos, 110

  investidores, 110

Standard Oil Company, 223

sucessão

  escolha do sucessor, 141–144

  posicionamentos sobre a, 116

  processo de, 266

sucesso, 64

  contribuir para o, 113

  definição de

    três possíveis resultados, 84–85

Summitas, 123

sustentabilidade, 13, 36, 98

Índice

T

tag along, 78

Tagiuri, Renato, 20–21

The Power of Bad (livro), 121

Toyota, 133

trabalho em equipe, 3–4, 171

transferir a empresa inteira, 129

transição de poder, 126, 143

celebre a, 145

comece com antecedência, 145

comunicação estruturada, 144

cronograma regular de reuniões, 145

momento da, 36

organizar a, 143

para a próxima geração, 33

planejada, 126

superestruturada, 137

transição dos relacionamentos-chave, 145

transições geracionais, 111, 132–133

bem-sucedidas, 193

transparência, 77, 106, 107, 181, 242, 259

Trump, Donald, 114

Trusted Family, 123

trusts, 15, 27, 36, 48, 65, 117, 131, 157, 224, 250

de dinastia, 138

jurisdições que permitem, 136

vantagens, 136

voting trust, 50

Tugboat Institute, 213–226

U

Ury, William, 236

usufruto, 135

V

valores, 84, 225

familiares, 111, 267–268

vantagem competitiva

perda de, 108, 229

sustentável, 35

Velloso, Regina Helena Scripilliti, 220

vender para um externo, 127

vieses de confirmação, 237

Vitamix, 53

Vogue, 12

volatilidade, 214

Votorantim, Grupo, 220

vulnerabilidade, 112

W

Wall Street Journal, 122

Walmart, 12–13, 29

Walton, Sam, 12

WHU — Otto Beisheim School of Management, 122

Wintour, Anna, 12–13

Z

zona Goldilocks, 228, 244

conselhos para entrar na, 232

ROTAPLAN
GRÁFICA E EDITORA LTDA
Rua Álvaro Seixas, 165
Engenho Novo - Rio de Janeiro
Tels.: (21) 2201-2089 / 8898
E-mail: rotaplanrio@gmail.com